本书是 2013 年度国家社会科学基金重点项目
"信息哲学的基础理论研究"（13AZD096）的成果之一

西安交通大学信息哲学丛书

信息时代的哲学精神
——邬焜信息哲学思想研究与讨论

邬焜　成素梅 ／ 主编

中国社会科学出版社

图书在版编目（CIP）数据

信息时代的哲学精神：邬焜信息哲学思想研究与讨论／邬焜，
成素梅主编．—北京：中国社会科学出版社，2016.2
ISBN 978-7-5161-7542-2

Ⅰ.①信…　Ⅱ.①邬…②成…　Ⅲ.①信息学—哲学—研究
Ⅳ.①G201-02

中国版本图书馆 CIP 数据核字（2016）第 018050 号

出 版 人	赵剑英
责任编辑	冯春凤
责任校对	张爱华
责任印制	张雪娇

出　　版	中国社会科学出版社
社　　址	北京鼓楼西大街甲 158 号
邮　　编	100720
网　　址	http：//www.csspw.cn
发 行 部	010-84083685
门 市 部	010-84029450
经　　销	新华书店及其他书店

印　　刷	北京君升印刷有限公司
装　　订	廊坊市广阳区广增装订厂
版　　次	2016 年 2 月第 1 版
印　　次	2016 年 2 月第 1 次印刷

开　　本	710×1000　1/16
印　　张	18.25
插　　页	2
字　　数	297 千字
定　　价	68.00 元

凡购买中国社会科学出版社图书，如有质量问题请与本社营销中心联系调换
电话：010-84083683

编辑委员会

总　序

如果从控制论的创始人维纳先生关于信息的哲学意义的阐释算起，世界范围内的信息科学中的哲学问题的研究已经有 60 多年的历史，但是，真正意义上的信息哲学的概念却是由中国学者在 20 世纪 80 年代初（1982年）提出的，并且，系统化的信息哲学理论则是由中国学者在 80 年代中期（1985 年，1987 年）公诸于世的，这些成果标志着信息哲学的创立。经过 30 多年的发展，中国学者创立的信息哲学理论已经开始走向成熟，并引起了西方学者的高度关注。同时，近 10 多年来，世界范围内的信息哲学理论的研究也已经和正在更大范围内兴起，西方学者也独立地提出了自己的信息哲学研究纲领（2002 年）。

西安交通大学于 2010 年 12 月正式成立了西安交通大学国际信息哲学研究中心。该中心是中国首个信息哲学研究中心，也是世界上第一个国际性信息哲学研究机构。该中心的基本任务是：有效整合世界范围内的信息哲学研究队伍；深化开创性的信息哲学研究；加强信息哲学成果的国际交流和对话，推动中国和世界范围的信息哲学研究的发展。目前，该中心成立了由众多国家相关著名学者加盟的领导机构，其国际学术活动也已经在有条不紊地展开。

策划与编辑"西安交通大学信息哲学丛书"是西安交通大学国际信息哲学研究中心的一项重要工作。该丛书的出版旨在向学术界展示世界范围内的信息哲学研究的重要成果，并由此推动中国和世界范围的信息哲学研究的发展，激励更多学者投入信息哲学领域的研究。

本丛书的编辑委员会由西安交通大学国际信息哲学研究中心的顾问兼学术委员会成员，以及具体负责研究中心工作的主任和副主任组成。

由于信息哲学的研究是一个极富学术挑战性的全新开拓的领域，其发展出来的门派、不同的观点和理论将可能很多。打破门派壁垒，兼容百家学说，倡导一种自由讨论和相互批评的哲学态度，鼓励对相关问题进行一种有差异的，甚至是对立的，多维视角的探讨是本丛书选稿的重要原则之一。我们认为，只有采取这样的一种开放式研究的态度，才能为学者们提供一个自由宽松的研究平台，从而更好地促进信息哲学这门新兴哲学学科的发展。

　　本丛书将在中国社会科学出版社哲学编辑室的支持下不定期分批出版。

西安交通大学信息哲学丛书编辑委员会
2011 年 6 月 28 日

目　录

第三编　商榷与讨论

附　录

前　言

马克思当年曾经强调指出"任何真正的哲学都是自己时代的精神上的精华",是"文化的活的灵魂"。①

任何真正的哲学都不应当远离它所处的那个时代。在今天,在信息科技革命、信息经济和信息社会革命的伟大变革浪潮面前,越来越多的人已经认识到,能够真正体现我们这个时代精神的哲学应当是信息哲学。

为了推动信息哲学的发展,2014 年 5 月,由上海社会科学院《哲学分析》编辑部提议,联合西安交通大学国际信息哲学研究中心和陕西省自然辩证法研究会共同向国内外相关学者发出了举办题为"第十届《哲学分析》论坛:信息时代的哲学精神全国学术研讨会"的征稿函。会前我们共收到论文 25 篇。经专家评审,我们从中选取了 20 篇作为会议录取论文,其中包括两篇分别由法国和丹麦著名学者布伦纳(Joseph E. Brenner)和索伦(Søren Brier)提交的论文。

2014 年 10 月 12—15 日,会议如期在西安交通大学召开。来自《哲学分析》编辑部、西安交通大学、北京大学、北京邮电大学、中国人民大学、中国社科院、陕西省社科院、中国青年政治学院、东华大学、西安建筑科技大学、空军工程大学、西安石油大学等单位的 40 多位专家学者,其中包括 10 多位西安交通大学哲学专业的博士生、硕士生和本科生参加了本次会议。丹麦著名学者、符号信息学家索伦和他的中国学生周理乾还通过视频作了会议报告,并参与了讨论。

此次会议的主题是围绕西安交通大学国际信息哲学研究中心邬焜教授创立的信息哲学进行研讨。会议报告和讨论的内容大致可以分为三个方

---

① 《马克思恩格斯全集》(第 1 卷),人民出版社 1995 年版,第 220 页。

面：一是对邬焜信息哲学的意义和价值的阐释和研究；二是对邬焜信息哲学和信息科学，以及与国外其他学者提出的信息哲学的观点和理论，或与其他相关的科学和哲学理论的比较性和拓展性研究；三是对邬焜信息哲学的某些观点和理论的商榷、质疑和讨论。

本次会议相当成功。参会者很有代表性，既有哲学家，也有科学家，还有国外著名学者的参与，这不仅体现着信息哲学和信息科学的联盟，而且还体现着中国信息哲学发展的国际化趋势。专家学者们的学术交锋既友好，又激烈，充分展示了学术自由探索的魅力。本次会议有助于清晰了解国内外信息哲学研究的现状和推动当代信息哲学的发展。

会后，相关代表又对参会论文进行了进一步的修改。本书将参会的20篇论文中的19篇①，以及邬焜教授的2篇回应性文章和刘琅琅博士的1篇会议综述，共22篇文章结集出版。

收入本书的22篇文章中，有10篇已经在相关学术刊物发表。

《哲学分析》2015年第1期发表了5篇文章：

周理乾　Søren Brier：具有中国特色的信息哲学？——评邬焜教授的信息哲学体系

钟义信：从信息科学视角看《信息哲学》

肖　　峰：信息哲学并未带来"全新的哲学革命"——就三篇文章与邬焜先生商榷

邬　　焜：信息哲学的独特韵味及其超然品格——对三篇文章的回应和讨论

刘琅琅：第十届《哲学分析》论坛——"信息时代的哲学精神"学术研讨会综述

《哲学分析》2015年第2期发表了4篇文章：

Joseph E. Brenner：作为信息时代精神的哲学——对邬焜信息哲学的

---

① 未收入本书的参会论文是中国社会科学院哲学所的段伟文先生的题为《从世界的痕迹到事实的创造——对信息哲学的反思与追问》的文章。虽然我们认为该文很有创意，但是，段先生考虑到相关观点尚未成熟，认为不便于公开发表。在此，我们对段先生严谨的学术态度表示敬意。

评论

张　怡：论信息的随附性特征

邓　波：信息本体论何以可能？——关于邬焜先生信息哲学本体论观念的探讨

邬　焜：与信息本体论相关的若干重大问题的讨论对两篇文章的回应

《自然辩证法研究》2015 年第 5 期发表了 1 篇文章：

王　健：信息存在论的建构路径与哲学观念的变革——对西蒙栋和邬焜信息哲学的比较

邬　焜　成素梅

2015 年 5 月 5 日

第一编　意义与价值

作为信息时代精神的哲学

——对邬焜信息哲学的评论①

［法］Joseph E. Brenner¹，王健²（译）

（1. 法国国际跨学科研究中心研究员；

2. 西安交通大学人文社会科学学院博士生）

一　导　言

信息科学的快速发展对科学、哲学、科学哲学的影响是一种极端复杂的循环过程。邬焜教授曾指出信息对科学的影响，通过至少两种过程或机制而发生在诸多的相关层面。需要指出的有：（1）信息科学中不同次级学科的层次秩序；（2）信息哲学中一种崭新的，主要运作于认知和社会科学之上和之中的信息结构和性质的双重图景。

对此，中国的邬焜②和西方的卢西亚诺·弗洛里迪③在信息哲学中较新领域的研究，相较于其在计算机技术及其在通信理论中的起源，各自独立地提出了新的认识论的和本体论的信息概念。基于作为一种元哲学④的信息哲学的观点，邬焜提供了一种指向科学与哲学相互融合的桥梁。信息科学和哲学不仅不是分离的，而且是在一种哲学的科学化和科学的哲学化的向度上动态地相互作用的。信息哲学和科学中的变革，从哲学立场上，

---

① 英文原稿较长，本译稿作了部分删节。

② Wu, K. 2010. *The Basic Theory of the Philosophy of Information*. Paper, 4th International Conference on the Foundations of Information Science, August, Beijing.

③ Floridi, L. 2010. *The Philosophy of Information*. Oxford：Oxford University Press.

④ Brenner, J. E. 2011. Wu K. and the Metaphilosophy of Information. *International Journal "Information Theories and Applications"*, 18（2），103—128.

在可以被描述为一种根本的信息转向之中，反映为一种时代的信息精神。

二　信息时代的精神

我们首先将一种信息哲学（PI）和一种信息时代的哲学（PIA）规定为两种不同但又理所当然地紧密相关的视角；其次，可以更为强调信息的社会方面。另外，在一个较高的认识论层面，我们可以规定一种作为信息时代精神的哲学。

尽管科学和技术中的近期主要变革，主流哲学出版物的形式和方法论，以及最重要的，哲学的结论并未并行地得到进展，但是卢普斯科在1935 年所指出的[①]，科学、逻辑和哲学保持一种关于现象性质的共通视角的必要性和困难，并未在此期间得到减少。

在什么意义上，我们可以实质上说任何"时代"都具有其"精神"或"Geist"（德语：精神）？必然存在某种因素使得我们知道我们所指的并不仅是通常所理解的科学。用定量的和定性的参量来描述这种精神是必要的。当今时代的精神（Zeitgeist）特别强烈地依赖于计算信息和通信技术，它们在以上的分层中，属于信息科学的领域。然而，尽管信息科学和信息时代所带来的知识增长，人之生存的基础性恒量，个体的自我经验、世界及其最终之消逝的无法减灭的独特性（对此的理解依然是浅薄的）并没有改变。虚拟实在技术明显地改变了使用者的经验内容，甚至可能改变他们的世界观和行为（无论好坏）。但在我看来，技术不能够改变那些人回应他们的行为方式的能力。在生物学的术语中，改变乃是表观遗传的，不能通过基因组进行传递。

有人相信这种改变是可能的，但是它应被看作是信息时代精神的组成部分。因此便存在着许多关于这种精神的哲学，在关于那些新技术改变或不改变，或者在何种程度上改变人类的基础特性的观点上有所不同。我相信，所有这些哲学在涉及某些伦理后果时也不会是不偏不倚的。

---

① Lupasco, Stéphane. 1973. *Du devenir logique et de l' affectivité*；*Vol.* 1：*Le dualisme antago-niste. Essai d' une nouvelle théorie de la connaissance.* Paris：J. Vrin.（Originally published in Paris：J. Vrin, 1935）.

因此，关于这种精神的观念可以是合理的、一般性的，而且我认为它没必要被整个地接受。假设新信息和通信技术的普泛存在的出现，并没有在可能无穷无尽的知识和机器力量的普罗米修斯幻想之中迷失，这是可能的。正如第 6 节将表明的，邬焜的（元）信息哲学所描述一种信息态度或姿态①，乃是当代思想的典型特征。

接下来的任务便是试图确保我们对一个时代——今天，即信息时代的"精神"是什么和有什么，拥有一个共通的理解。问题在于找到一种合适的框架和语言来描述精神。它自身是否是一种哲学或者一种哲学的组成部分，而等效于一种世界观（Weltanschauung）？

因此，在讨论到现实的人、个体和团体时，我们需要详细地探讨一种关于信息的心理学和一种关于信息的哲学。我认为当前信息时代的精神（Zeitgeist），是由描述这一精神的，可被指名为信息主义的信息态度或姿态和基本哲学原则所构成。

三　科学、哲学和信息

尽管通过信息和通信技术（ICTs）对科学的影响，"信息"现在已是一个广为熟知的概念，但是它是一种复杂的过程，信息科学不应被看作是一种单一的学科。事实上，任何影响都将依赖于所涉及的科学。在考察哲学和科学的关系时，我阐述了科学的两个特征：（1）它根据"硬"和"软"，实验的和理论的界限所进行的粗暴的分割；（2）两种类型的不同科学的学科之间的相对独立。

我提议在所有的可能性中对一般科学做出如下最有用的定义：科学可被规定为一种可再生的、可证实的新知识的发现过程；一种发现模式；和一种内容，即所发现的东西的三元体。科学哲学中的一种说法认为将过程、模式和科学的内容连接起来的是它们的信息特征。信息科学——关于信息自身的科学——应被作为科学进行探讨，即使它还处于快速的发展中，并分化在众多的次级学科之中。邬焜对这些次级学科做出了详细的分

①   Wu, K. and Brenner, J. E. 2013. *The Informational Stance：Philosophy and Logic.* Part Ⅰ：The Basic Theories. Logic and Logical Philosophy 22，1—41.

层（如下，第5节）。

在关于"科学"的内容的大量文本中，可以说大多数规定其领域的尝试是不十分科学的。像自然科学、人文或社会科学的指名，精确的或者硬的和软的，允许一种基础的分层，但是并未表明这些活动的相同之处或者它们之间可能的关键性差异。应用于化学和人类学中的科学方法并未对哲学、科学如何进行添加多少知识。考虑到科学努力的目标或对象的极其多样性，我们需要更为逻辑地根据发生和运作在不同对象上的上层领域来规定科学的不同领域。因此我定义了两种科学领域，科学Ⅰ和科学Ⅱ，各自指名为概念—创生的和实用—扩散的。

科学Ⅰ的创生认知处理，无论直觉的或者推理的，本质上对于所有的科学都相同，包括数学，如尼克勒素所指出的[1]，艺术。从系统视角来看，它们主要适用于生命和非生命的、可进入和不可进入的开放系统。科学Ⅱ的过程，适用于闭合的、预备的和主要的非生命系统，其引起的改变可以不涉及伦理关怀，例如一个化学反应堆，或者更为粗略地说，计算机科学系统。

尽管这些科学方法概念似乎是晦涩而难以进一步地分析，但还有其他的方法论观念，在当代科学实践较有意义，我们希望给予重点关注。显而易见，其中的一种便是计算方法。它们能够且正常规地应用于所有的科学之中。另外，它们也涉及了相联合的学科，如当今众所周知的计算的科学哲学[2]，计算哲学和其他次级学科。

第二种方法，似乎严格地限制在人类领域，即将操作的或组织的原则应用于个人或社会认知处理以确定其动力学，"发挥作用的力量"。包含在信息概念中的不同信息处理对科学的影响都将决定于科学的所属类别是什么。

在科学和哲学中，信息乃是一种独特的实体或过程，或者独特的实体和过程体系。它应被看作为一个不能被定义为同一体，而只能作为一个动态交互的物质—能量两重性（本体论属性）和意义（认识论属性）的概

① Nicolescu, Basarab. 2002. *Nous, la particule et le monde*. Paris: Éditions Le Rocher. (Originally published in Paris: Éditions Le Mail, 1985).

② Thagard, P. 1988 *Computational Philosophy of Science*: The MIT Press: Cambridge, MA, USA.

念。认知过程及其相应的分析和理论，具象呈现出类似的两重性，最基本的例子便是自我和他者。

在某种程度上，信息与存在相互联合，或者是基本的存在，但是它尤其难以定义和描述，这是由于其复杂的两重性：它既具有物理的，又具有明显的非物理的组分，既具有现实动力学的，又具有算法的特质。信息（卢恩）既是有意义的又是意义的载体。信息可以被看作是结构良好的数据①，过程②，指涉在此或尚未在此的东西③，这里，特伦斯·迪肯将不在场的动态作用概念应用于信息。

考虑到一般科学，我注意到它和涉及研究自然规律的哲学，仅仅在属于这些规律的确定性的程度上有所不同。哲学中的强大严格性很难获得，但是科学和哲学中共通的信息属性可以成为讨论它们及其相互关系的共通基础。

信息研究的问题依然在于如何去协调信息的物理、科学属性与其作为意义的载体的认识论、哲学特征。然而，需要明白的是，由此便既需要一门物理学（科学），也需要与其一贯的信息哲学，而且信息的哲学和科学应该相互支撑。

当前的信息理论和哲学研究，除了它源自于通信理论的定量测量之外，还涉及定性的、有意义的和价值载负的特性。一种统一信息理论，现在更为可能了，而且多条进路也已被提出来，许多都强调信息在新兴"信息社会"中的伦理角色④。我概括了基于现实逻辑视角的艺术的地位⑤，强调开放的信息定义的作用，从而包含作为过程的信息图景中的对立和不一致的方面。"凭其自身力量"而作为一种动态过程的信息概念，和固着于过程结构而作为一种现象的信息概念不能够完全地分离开来。

正如邬焜曾指出的，为了正确地探究被看作是标准科学之组成部分的

---

①　Floridi, L. 2010. *The Philosophy of Information*. Oxford：Oxford University Press.

②　Brenner, J. E. 2011. Information in Reality：Logic and Metaphysics. *tripleC* 9 （2）：332—341.

③　Deacon, T. W. 2012. *Incomplete Nature. How Mind Evolved from Matter*. New York：W. W. Norton & Co.

④　Hofkirchner, W. *Emergent Information：A Unified Theory of Information Framework*；World Scientific：Singapore, Singapore, 2013.

⑤　Brenner, J. E. 2011. *Information in Reality：Logic and Metaphysics. tripleC* 9 （2）：332—341.

概念—信息—我们还应该重新检查人类知识的整个哲学结构。

因此，现在有必要在继续展现邬焜的信息元哲学及其应用之前，去概述一下现实逻辑的纲要。

四　现实逻辑(LIR)

现实逻辑是一种全新的非命题逻辑①，建基于基础的自我—两重性和能量或者其有效的量子场等价物的性质的两重性之上。这些算法的两重性可被形式化为一个关于具象呈现于复杂高阶现象中的对立或矛盾的结构的、逻辑的和形而上学的原则。因此，现实逻辑能够处理对标准二阶逻辑造成困难的信息问题。

现实逻辑的基础假定，乃是针对所有的在自身的现实化和潜能化量度之间轮流交替的能量现象（所有的现象），以及它们的对立或"矛盾"，但其中哪一个都不会达到 0 或 100% 的绝对限度。

现实逻辑系统具有一个形式的部分—公理、语义学和算法；一个解释的部分—形而上学和分类的本体论；和一个两层的框架以分析解释的相关层次。现实逻辑既不是物理学也不是宇宙学，而是一种能够做出推论的稳定模式，即便是涉及类似概率的元变量。在现实逻辑中，过程是由递归决定的实体之现实化和潜能化及其对立面，以及由宇宙的全部能量梯度所引起的能量状态的系列之系列等所构成。因果关系、决定论和非决定论、时间和空间、部分和整体等，都可在这个理论中获得非标准的解释。

现实逻辑描绘了现实的生物学的、认知的和社会层面上的复杂实体、过程和事件的非分离和不一致的方面的动态结构。现实的实体可以被描述为潜在形式中编码的有效能量，作为相互作用的潜能。在较低层级上的粒子的现实和潜在状态—原子、分子、大分子、细胞等，都是功能性的。实体在任一层级上的剩余潜在性乃是上向因果和在较高一级上涌现的必要的信息载体。在基本物理学中，这为演化和形态发生中的自催化和自组织概念奠定了基础。

在现实逻辑中，现实的结构并不依赖于任何关于人类经验的先验概

---

①　Brenner, J. E. (2008). *Logic in Reality*. Dordrecht：Springer.

念，比如海德格尔或佩蒂托的新康德主义现象学①。物理过程的动力学应该进行非还原的描述。这一逻辑并不是亨普尔的那种逻辑实证主义，而更是哲学中的一种新的本体论转向的组成部分。

考虑到所有复杂实在现象的对反性进路，相比之下，现实逻辑可以看作一种支持关于信息的部分不相容概念和理论的逻辑方法论。事实上，信息是一种在不相容术语中得以描述，或作为一种对反过程的综合现象的完美事例，比如能量和意义。因为现实逻辑将局部价值赋予这些矛盾，所以现实逻辑能够为，比如在最低的数据层次上的语义信息概念和更宽广的应用之间提供桥接概念或"黏合剂"。现实逻辑将这个概念，和霍夫基希纳尔关于信息的"超概念"②，置于自然化物理的、形而上学的和逻辑的文本中。信息既是对世界也是对部分已建模的世界而进行建模的工具，现实逻辑还描述了它们之间的辩证关系。相较于定量信息，现实逻辑为定性信息或作为过程的信息的概念提供了一个新的解释，也为邬焜的信息元哲学提供了一个逻辑框架。

五 邬焜的信息哲学：背景

经典知识整体的分裂，即一边包括科学、哲学和逻辑；另一边包括多种多样的现代科学，众所周知也备受反对。然而，信息科学和信息哲学所导致的变革，不仅对打破学科之间的障碍，也对打破科学和哲学之间的障碍有所贡献。在邬焜的概念体系中，信息对于科学和哲学如同德谟克里特的原子理论那样具有同样的核心作用。在邬焜描述为哲学的科学化和科学的哲学化的科学和哲学的信息变革的影响下，今天我们参与到了一个可循环的发展过程中。然而，在此精神中，科学和哲学都没有丢失其特殊的内容和方法论。

对信息过程进行研究的不同组织的激增，已经搞混乱了信息对科学和哲学的影响的分析处理。为了直接切入这种论辩而聚焦于其实质，我首先

---

① Brenner, J. E. （2008）. *Logic in Reality*. Dordrecht：Springer.

② Hofkirchner, W. 2009. *How to achieve a unified theory of information. TripleC* 7, 357—358.

论说了邬焜关于一种等级安排的提议①，它区分了用于分析和讨论信息的多维概念结构及其相互关系。在这一讨论中，提出这些术语的规定，以在需要进行分类的重叠放置的等级层次之间做出区分是必不可少的，其中最重要的有哲学、逻辑、科学和精神，以及时代。下述表单以包容性的上升序列，标示出了这些结构。

- 信息科学（IS）
- 信息的（元）—哲学（PI）
- 统一信息理论（UTI）
- 一般信息理论（GTI）

关于其中前两条的讨论将引导我们参与到其对科学和哲学的影响中。邬焜曾辩护了被称作为新兴信息知识范式的结构群。就此而言，我只看到了由马里胡安、霍夫基希纳尔和他们的同事共同构成而成的信息科学基金会，但是一个不太严格的体系化的信息哲学基金会，现在看来似乎更为合适。

我通过现实逻辑（LIR）为邬焜对存在结构的重新阐释，增添了一个逻辑—物理的可能视域，使得认知和社会现象的性质和演化可以为信息术语所处理。正如他在 2010 年第 4 届北京国际信息科学大会上所提交的"信息哲学的基本理论"（BTPI）② 中所阐述的，邬焜的理论与科学哲学以及新兴信息社会，与发生在其中的信息转向的精神的哲学相关联。在哲学中，关于认识论、本体论和现象学的角色，它们与科学的关系，和信息科学作为一门学科的性质都需要进一步地明晰。邬焜通过提供一种以信息术语对存在的复杂性的理解，首先讨论了他的信息哲学，其次也提供了一种人道伦理学的科学基础，其中人类的进化（而不是如勒芒③所想象的机器的进化）位于严格思考所关注的核心。正如我们所见，现实逻辑提供了一个增补的逻辑框架以支持邬焜的体系。

---

① Wu, K. 2010. *The Basic Theory of the Philosophy of Information*. Paper, 4th International Conference on the Foundations of Information Science, August, Beijing.

② Ibid. .

③ Brenner, J. E. 2014. *Stanislaw Lem's Summa Technologiae: Cybernetics and Machine Knowing?* In: *Cybernetics & Human Knowing*（in press）.

如果同意信息哲学乃是哲学的"皇后"，那么它可以元哲学地以信息术语告知我们这个 Zeitgeist，即上文所提及的当前信息时代的精神。然而，这一系统阐述的必然结果便是，这一精神不仅是一种哲学的或元哲学的概念，而且是更为复杂和更难触及的东西。

为了探究信息的本质，有必要首先检视一下存在自身领域的范围——存在领域。在这一进路中，整个宇宙中（世界、自然）的所有"存在"被邬焜放置在客观实在、客观不实在和主观不实在作为其三个主要的区域的分类之中。因此，客观存在的范围比客观实在（物质）的范围更宽泛。物质和精神的分类并不包含整个"世界"。在物质和精神之间存在着一个"客观不实在"的领域，这是传统科学和哲学并未给予充分注意的，即使它被赋予了一种物理主义的解释。

因此，邬焜从一种哲学视角定义：信息是标志间接存在的哲学范畴，它是物质（直接存在）存在方式和状态的自身显示。在此文中①，基于过去 30 多年所发表的部分中文文章，信息被认为包括了三个基本的形式：自在、自为和再生的信息，后者在前两者的基础上建构生成。这三种基本形式的信息的统一确立了其进一步发展的第四种形式的信息——社会信息的本质。

在邬焜的体系中，相应于其形式，信息进一步地被描述为三个不同层级的性质：第一性级信息的质是直接显示客观实在的一级客观间接存在；第二性级信息的质显示了客观实在的多级客观间接存在；第三性级信息的质是被编码为信息的人类理解的主观关系。

信息在世界的本体论结构中的奠基，在对知识的研究中起到了重要的作用，即它构成了对科学学科和现代哲学基础之间的经典分离的一种新的和必要的批评。这导致了一种以信息术语所表述的新的世界观，一种新的世界存在图景。尤其是我们将看到，我们的研究为先前较多地在认识论上所进行的信息理论的范畴探讨，提供了一个本体论的维度。

作为其信息哲学的核心部分，弗洛里迪引介了抽象层次概念②作为一

---

① Wu, K. 2012. *The Essence, Classification and Quality of the Different Grades of Information. Information* 3, 403—419.

② Brenner, J. E. Levels of abstraction. Levels of reality. *Philos. Eng. Technol.* 2012, 8, 201—222.

种方法，从而为那些可以为经验数据所建构的信息和系统、模型和结构理论增加更多的严格性。然而，弗洛里迪将他的讨论局限在将抽象层次作为认识论方面的，而躲避了抽象方法是否可以输出到，尤其是本体论的文本中的问题。他反而辩护了一种与其他形式的层次主义的批评相兼容的认识论层次主义的版本。

尽管如此，弗洛里迪的立场在于认为实在的终极本质乃是信息的，并且采取了一种与我们的理论，即一种将实在作为独立于心智的，由既非基质的也非物质的而是信息的结构化客体构成的观点相一致的立场，这是有意义的。现实逻辑为它们的论述提供了一个原理基础和它们可以遵循的逻辑规则。正如我在别处曾指出的，它能够描绘现实信息过程的演化、信息的核心层面，即霍夫基希纳尔等人所进行的研究转向，即其与构成它的能量的关系。在邬焜和我看来，这种双重或二元的存在论正是信息过程的真正的"驱动程序"。

六　信息的元哲学

事实上，邬焜的信息哲学包括信息本体论，关于知识、演化、价值的信息理论，一种"信息思维"和包含一个严格的概念框架体系的社会信息理论，并对信息的自然属性及其生物学意义、方法论方面和社会价值进行了诠释。正如信息哲学基本理论中所概括的，邬焜认为信息哲学是最高形式的哲学，一种包含多种哲学作为其分支的元哲学。信息哲学将信息看作为一个宽泛的概念，它指涉一种存在的普遍形式，一种认识模式和一种价值尺度，而且我们可以探究它的演化原则。从相应的元哲学视角，一种新的信息本体论、信息认识论、信息生产论、信息社会论、信息价值论、信息方法论、信息演化论等都可以进行建构。邬焜相信信息哲学的建立使得一种新的自然观、认识观、社会观和价值观成为可能，而且积极地促进了人类信息社会的发展，和一种更为文明、民主的社会政治、经济和文化信息秩序。

一个重要的方法论结论在于，邬焜的研究对于恢复辩证法作为一种适当的哲学策略和包括社会和政治科学在内的科学策略做出了贡献。邬焜的信息哲学的基本观点在于，客观实在＝客观存在的观点过于贫乏而不能描述信息世界。需要一种合适的新本体论和世界观以描述这一存在的现象学特征。邬焜的信息研究开始于，从现象主义的立场将存在看作为由客观的和主观的存在所构成。然后他将存在的关键术语，客观地和主观地，实在和不实在，与直接地和间接地放置于一个框架或分割模式中，其中每一对术语的结合都规定了一条导致物质—能量和信息各自分立的进路。

邬焜理论的一些当代先驱者即所谓的过程哲学家①，他们的工作同样是元哲学的，涉及哲学边界的重新规定。一个简略的参考包括查尔斯·皮尔士、怀特海和查尔斯·哈茨霍恩，他们影响了尼古拉斯·雷舍尔。然而，这些思想家所叙述的宇宙观被排除在了科学之外，因为对于那些宣称他们的权威性或合法性来自于科学和经典逻辑的当代还原论者而言，它们实际上是不可用的。

现实逻辑的原则事实上为邬焜对存在领域的分割提供了支撑②。现实逻辑使得对客观的和主观的、实在和不实在、内在和外在、直接和间接等等之间的相互关系的讨论更有"逻辑"，而且它不排除一种先验的真实矛盾的存在。邬焜关于信息涉及相互作用过程的观点并非绝对的创新。我所要强调的是其中内在的和外在的因素所得以理解的方式。这就包括作为信息的建构和转换的现实的和潜在的（虚拟的）相互作用之间的多层次性质和特征，其中的相互作用逻辑地和辩证地演化发展。我的主要结论在于，邬焜的研究构成了从整体上对现代哲学基础的崭新的和原创的必要批评。2013 年 10 月，在西安③，邬焜重复了他的信念，即信息本体论原则的创立将为哲学所有领域，包括认识论的变革提供一个基础。这便是对一种值得进一步探究的新的"开放性问题"的陈述。

---

① Browning, D. & Myers, W. T. （eds）. 1998. *Philosophers of Process*. Fordham University Press: New York, NY.

② Wu, K. 2012. *The Essence, Classification and Quality of the Different Grades of Information. Information 3*, 403—419.

③ 邬焜：《哲学的发展与哲学的根本转向》，《首届国际信息哲学研讨会论文集》，西安，2013 年第 10 期，第 18—21 页；邬焜：《存在领域的分割和信息哲学的"全新哲学革命"意义》，《人文杂志》，2013 年第 5 期，第 1—6 页。

信息元哲学需要关注作为一种复杂处理方法论的信息方面，即邬焜称之为信息思维的处理①。由邬焜所构想的信息思维（IT）指的是一种通过考察信息在其演化中，从它的历史缘起到未来可能性和或然性的结构和动态，以把握和描述其本质特征和属性的方式。这一策略涉及对任一复杂过程的细节进行类似胡塞尔式的悬置，以考察其中信息在其动态学上的功能，以及它的逻辑因素之间的辩证关系。然而，它并不接受胡塞尔现象学通过悬置人类在世界之中存在的过程而获得的基本观点。而是认为不应该也不必将此进路与受海德格尔影响的卡普罗的研究完全地分离开来。邬焜的信息思维的另一个范例便是佩德罗·马里胡安对于信息科学自身中的信息思维的崭新方式的基础性工作。

现实逻辑乃是作为信息时代精神的哲学的逻辑。在最为一般的意义上，邬焜的哲学和关于现实的逻辑，乃是关于通常被忽视而未能给予一种适当的本体论地位的领域的重要性的原则。我所想到的有不确定性、模糊性、不连续性、多元性和矛盾。这样，所有被宣称为存在、整体、明晰、完全一致等现象的局限便能被更为真实地看待：绝对同一、肯定或否定的理想化的抽象价值。当然，那些忽视同一性并将世界看作多元性的一种非组织化集合的理论都是同样错误的。

七　信息对哲学和科学的影响

在我看来，正是对信息的独特属性和特征的认知推动了科学和哲学的融合。当前的思考有三个领域阐明了这一点：（1）跨学科；（2）实在论和反实在论之争；（3）现象学问题。

正如 2013 年在西安召开的首届国际信息哲学研讨会所提交的英文论文中所指出的那样②，邬焜的贡献在于，信息科学和哲学的发展揭示了在基础的物质世界中，而且也在人的认知世界中，信息既是一个本体论概念

---

① Wu, K. and Brenner, J. E. 2014. *The Informational Stance: Philosophy and Logic.* Part Ⅱ From Physics to Society. *Logic and Logical Philosophy* 23：81—108.

② 邬焜：《哲学的发展与哲学的根本转向》，《首届国际信息哲学研讨会论文集》，西安，2013 年第 10 期，第 18—21 页；《试论科学与哲学的关系》，《科学技术与辩证法》，2004 年第 1 期，第 1—3 页。

又是一个认识论概念，其中认知世界被看作为先前的信息活动的产物。这一情景之所以可能，是通过信息过程产生物质对象的相应结构的存在论意义而实现的。物质—能量和"心智"之间通过信息中介的可能运动，排除了它们的绝对分离的基础和必要性。这就允许一种新的和根本的哲学转向，它意味着一种对本体论范畴的重建，这也是现实逻辑所提议的。

邬焜基于其关于信息在世界中被发现的理论，如上所述，从哲学的视角重新规定了（1）存在的结构（存在领域）和（2）关于主体和客体之间关系的一种新解释。我所规定的逻辑揭示了自然变化的结构和主客体之间相互作用的动态机制，支持了所有种类的二元对立的必要解构，尤其包括科学和哲学之间的解构（见第7.5节）。

我认为跨学科的涌现作为一个原则，它集中关注不同学科间的共同处，而不是相异处。根据与斯特凡纳·卢普斯科在1984年共同创建巴黎国际跨学科研究中心的现任主席巴萨拉布·尼克勒素的定义，跨学科处于所有学科之中、之间和之上，而且它的最终目的是知识的统一体。在这一原理下，学科之间的障碍是可穿破的，同时也不丢失它们的个体内容和方法论。事实上，这一跨学科观念的"支柱"之一便是包含第三者的逻辑，和/或为讨论一种理论和其对立面或矛盾之间相互关系，以使二者价值都可得以保存而提供一个严格的框架的现实逻辑。由此出发，邬焜所考察的科学和哲学的融合便是完美合乎逻辑的。

结构经验主义允许去否认对于科学和伦理学基础极为重要的物质—能量—信息的存在属性。邬焜的信息概念和信息处理可以用来反对这种形式的经验主义。首先，根据邬焜的信息哲学基本理论，科学实在论的标准观点承认一个外在于人类的物质世界（物质和能量）的存在，但又认识到经验现象的客观实在乃是经由我们的直觉反映所获得的。然而，在从实在客体到直觉现象的道路上，存在着包括信息的选择、转换、建构和虚拟的多维中介状态。相应地，实在和现象之间的关系并不是机械式的反映，而是对多样差异关系的描绘。这一描绘具有两个特征：（1）它不是同构的（仅有部分差异关系被描绘）；（2）它不具有实在自身的标准形式。它只是以一种决定于主体自身性质的方式在这一形式中显示出来。因而，从实在到现象，需要经过一系列由实在自身所决定的道路，而且信息转换的和重构的过程的中介是由主体的认知能力所构成的。

从现象到理论建构的过程也必须经过人类主体认知能力、样式和结构的相同中介。相应地，它是一种信息建构活动，而不是一种机械结构，即一些将人类认知能力和方式作为中介的外在系统或过程的一对一描述。然而，不可否认，理论和实在之间的相关联仅仅因为理论乃是从对现象的处理中而获得的。这里，尽管邬焜承认这种关联，但它不是直接的，因为理论和实在之间存在着信息转换的多维中介（包括现象的中介）。就此而言，他的观点与流行的科学实在论和反实在论都有所不同。

与上述观点相通，邬焜对真理的理解是，人们以其自身的方式获得关于客体的真理；真理自身乃是一种信息的主观形式，而不是一种物质实在的形式。因此，它只能是相对的，相对于一些（不是全部的）实在的差异关系以及人的主体认知能力。从实在到现象，和从现象到理论，任一类别的中介环节的差异都会导致所获得的真理的改变。换言之，基于感知实在的现有能力和不同方式，人类思想的现象，由人们所叙述的真理都将有所不同。这是真理的相对性和多元性，建基于与真理和实在相符合的多元特征，以及多种多样的不确定性和非决定论。因为实践与相应的理论之间的符合是成功的，我们便可以认为获得了相应的真理，而这种真理和外在实在的客体不仅仅相互关联，而且相互符合。然而，邬焜并不否认真理的可能性，以及真理和实在之间的相关性和符合性。他只是将那些观点有条件地看作是相对的而非绝对的。

在邬焜的理论中，一个明显与现实逻辑相互支持的概念，大概就是真理[①]。现实逻辑中的真理乃是实在的真理，它不是绝对的。相应地，它是非科学的，而且认为科学产生绝对的真理，这是形而上学的错误。将逻辑限制在命题逻辑中，将会使得信息过程被描述为"不合逻辑的"，因此具有较低的本体论价值。相对地，现实逻辑，如同邬焜的进路，以一种更少偶然性的方式，描述了用于获得不可观察现象的知识的现实的经验方法论，和涉及方法论所依赖的其他不可观察现象的先前知识的理论之间的关系。

邬焜和符号学者索伦·布赫尔都认为胡塞尔的先验观念论与世界或自

---

①　邬焜：《论人的认识方式》，《求是学刊》，1989 年第 3 期，第 15—19 页。

然科学毫无关联。尤其是，邬焜从一种信息立场对胡塞尔的理论进行了一种独特的分析①，这将在别处论述。本文中，我将简单重申他的关键结论，即人类个体和社会存在和经验的复杂性不能够通过参考一种排除了信息、信息过程及其必要的生理心理结构的运作的具体功能的"生活世界"和"主观间性"而得到描述。

在诸如塞尔和迪肯等哲学家和神经科学家以及邬焜的著述中，基本的自然科学世界观都高扬意识是自然的组成部分。信息立场或"姿态"的优势在于信息在物理学、生物学、神经科学和心智之间是一个统一的概念。在此意义上，信息哲学是一个对于人类理解机制的，相较于现象学更为科学和合理的解释。

邬焜对于现象学方法的基本观点②是，由于经典现象学对自然客体和人类身体的悬置，它对人类认识机制的描述便是单向的和不完整的。信息哲学从把握自然客体的信息机制、物化工具的作用、人类生理结构和认知结构的参与，以及种系和个体历史发生学的建构等五个维度的基础性、中介性作用的层面，为阐明人的认识发生的过程和机制提供了一个统一的框架。简言之，信息哲学原理的应用首先使得认知过程中的行动者从他们的现象学悬置中返回。认知的新的整合模型包括经典的现象学解释，所以信息哲学的解释超越了现象学的解释。

我最后认为现象学并不具有一个自然本体论基础。信息哲学不为现象学所决定，而是相反。在信息时代的精神的术语中，一种"信息现象学"将既不可能也不必要。

在 2004 年初，邬焜已经指出，由于其在知识结构中的基础性作用，哲学有必要（较好的哲学家）将人类信息活动整合到其理论视角之中。今天，通过邬焜的新视角，我们所观察的是一个对哲学和科学中的概念和假定（参照马里胡安③）更为积极的重组：一些是哲学中缺失的，其他的受到科学的严格限定。邬焜的贡献在于哲学，严格地说，可以赋予科学以

---

① 邬焜：《认识发生的多维综合"涌现"的复杂性特征——对胡塞尔现象学还原理论的单维度、简单性特征的批判》，《河北学刊》，2014 年第 4 期，第 25—30 页。

② 同上。

③ R. Del Moral, R., González, M., Navarro, J. & Marijuán, P. C. 2011. *From Genomics to Scientomics*：*Expanding the Bioinformation Paradigm. Information* 2011, 2, 651—671.

特征。在我看来，问题越复杂，这一影响就越显而易见。因此，邬焜以关于它们共同的信息基质的理论为中介，通过一种新的科学联合对发展这一领域做出了突出的贡献。这使得对不同类型的科学的共存和古代科学和哲学的历史共同起源的认知成为可能。

八　结论：融合

我对邬焜在信息的理论和哲学，及其在提高我们理解科学和哲学中的信息作用，即导致了它们的融合——科学的哲学化和哲学的科学化上所做的基础性贡献，进行了一种综合。很显然，这种融合不为所有的研究者所接受。他们更喜欢保持一种哲学和科学学科的绝对分离，因为担心冲淡各自的价值。邬焜所谓的信息思维和信息态度强调了一些科学和哲学之间的相似点而非不同点，尤其是，其中关于定性价值载负的信息方面不能被科学忽视。

鉴于我们当前的科学和信息世界变得如此复杂，返回到某些科学和哲学能够统一的"黄金时代"的观念乃是一种幻想，如果不是错觉的话。然而，通过寻找表达思想的形式和动力学中的相似点的新方式，是可以取得进步的。我曾建议，对现实逻辑的概念和信息中介的重要作用的归因就是这样的方式。结果并不是一种对实在的简单化。简单化来自于模型建构，正如所指出的，可能会清除实在的、为了数学上的处理而有必要保存的特征。这种模型的形式支持了对社会问题的过分简单化的解决，可能会具有反社会的结果。

邬焜的理论对于知识及其发展的新进路可以说是变革性的，由此，有必要改变之后的哲学学科教育的主导方式。因此，在现实逻辑中，我们应该要求变革性的和反变革性的力量的存在，并对文献或其他地方中反对这些变化的力量进行考察。有幸地或不幸地，这并不难去区别。许多致力于信息领域的人继续坚持认为，香农理论是充分的和必要的，从而忽视了信息理论的存在需要更为宽幅的话语的修改。

为了分析社会中的信息作用，邬焜将人的特定心理和行为的能力与意识、语言和集体组织区分开来，后者通过规划基于人类目的的"生产行为"以对自然进行改造①。从信息活动的观点来看，意识使得人们能够把握和创造信息活动，而且语言正是意识的载体。在他关于信息哲学的所有著述中，邬焜一以贯之地尤其强调信息的社会价值和功能，认为从它的相关价值和功能中，可以获得人类个体和社会存在的整体的理论基础，以及伦理行为的基础。现实逻辑将这一"整体"形式化为一种强调交互、多维相互作用的逻辑辩证的综合命题。

因此，邬焜为一种对作为信息过程的伦理行为的基础所进行的再评价，提供了一种新的、严格的理论框架。现实逻辑的规范性特征在于为进一步的伦理学讨论和一种信息社会的演化伦理理论的发展，提供了基础。现实逻辑和信息哲学基本理论都受益于一种辩证进路的方法论，而没有对任何关于一种社会模型或社会结构概念的意识形态的结果做出不必要的妥协。人类利益应该处于任何社会变革计划的核心，尤其在当今由科学、经济和社会领域中的信息处理模式的演化所规定的时代中。然而，任何这种变革的理论或模型都不能忽视社会中的对抗、反社会和反文明力量的基本体现，它们使得为了实现人类价值的"共同奋斗"，成为一种真正的斗争（中国读者可以直接参考邬焜的原创著述）。

在邬焜信息哲学的复杂性研究中，同时关注现象的本体论和认识论方面的必要性，要求一种宽容心和开放性，这也同样适用于对信息时代的哲学精神的描述。另一个重要的方面便是对人为二分法的清除；我强调的是在哲学和信息时代的精神之间的二分。就此我认为，哲学就是精神，精神也是哲学，它们应被看作是由差异和相同两方面共同构成的。邬焜相信，信息影响所导致的哲学变革，对于那些最终目的在于发展人类境况的任何计划而言，都是其中一个必要的智力部分。因此，我认为当前这一系列聚焦于邬焜教授的著作的论文（此次会议论文）的刊发，乃是关于信息哲学和科学在一个更具建构性的新的对话方向上的一大进步。

---

① 邬焜：《科学的信息科学化》，《青海社会科学》，1997 年第 2 期，第 53—59 页；《全国信息科学技术和哲学论坛》，北京，1995 年第 7 期。

坚持理论的彻底性

——发扬马克思倡导的治学精神

王玉樑

（陕西省社会科学院研究员）

马克思说："理论一经掌握群众，也会变成物质力量。理论只要说服人，就能掌握群众；而理论只要彻底，就能说服人。所谓彻底，就是抓住事物的根本。"① 马克思的论述告诉我们，理论只要彻底，就能说服人；理论能说服人，就能掌握群众，就会有力量。而理论要彻底，就是抓住事物的根本。马克思的论述，要求我们必须坚持理论的彻底性。

怎样才能坚持理论的彻底性呢？这要做多方面努力。首先要坚持实事求是，抓住事物的根本，认识事物的本质和规律，坚持真理；坚持逻辑一贯性；坚持有利于人类社会发展的方向。其中重要的是要坚持实事求是，坚持逻辑一贯性。坚持实事求是，坚持逻辑一贯性是理论研究的基本要求，也是推动理论批判、理论创新，在理论上不断开拓发展的重要条件。邬焜教授在学术研究上硕果累累，不断推出新成果，就是因为他一贯坚持实事求是，富有进取精神，具有理论上的彻底性，下面略举几例来说明。

一 关于价值本质问题

价值的本质是什么？这个问题是价值哲学研究中争论的焦点。在我国价值哲学理论中居主导地位的是满足需要论。持此观点的学者认为，价值

---

① 《马克思恩格斯选集》（第1卷），人民出版社1995年版，第9页。

的本质就是满足需要。认为能够满足主体需要，即为正价值，反之则是负价值。但是需要并非天然合理。有些需要是合理的、有益的；有些需要则是不合理的、有害的。按照满足需要论的观点，能够满足主体的需要，即为正价值；这就意味着能够满足不合理的需要也具有正价值。这显然是逻辑矛盾。如果把这种观点的逻辑贯彻到底，就会做出能够满足吸毒贩毒、嫖娼卖淫等腐朽需要也有正价值的结论，不利于扫黄打黑，不利于培育和践行社会主义核心价值观，不利于汇聚正能量，不利于加强社会主义精神文明建设。满足需要论在理论上的片面性是显而易见的，它理所当然地受到许多学者的批评。但是不论人们怎么批评，持满足需要论的人却置之不理。满足需要论仍然在我国价值哲学中居主导地位。

满足需要论的问题的要害在于，这种理论以满足需要为其全部理论的出发点，无视需要并非天然合理的客观事实，不顾由此产生的背离逻辑一贯性的理论混乱，作为一种理论是根本不能成立的。因为理论必须有理，必须坚持实事求是，坚持逻辑一贯性；不能坚持实事求是，违背逻辑一贯性，就是失理。这样的理论就不是彻底的理论，怎能服人。

为了克服满足需要论的缺陷，我提出了效应价值论。认为价值是主客体相互作用的产物，是客体主体化，客体对主体的效应。客体对主体的积极效应，是正价值；消极效应，是负价值。广义的价值包括正价值（善）与负价值（恶）；狭义的价值指正价值（善）。人们通常说的某物的"价值"或某物"有价值"，指狭义的价值，即正价值。（正）价值是客体对主体的积极效应，使主体特别是社会主体发展完善，使人类社会更美好，使每个人自由而全面地发展。价值的本质在于促进事物发展完善，更加美好。

效应价值论确保了价值的客观性和坚持逻辑一贯性问题，克服了满足需要论内含的满足不合理需要也有正价值的缺陷及其不良影响，得到不少学者包括邬焜教授的支持。

邬焜教授不仅坚决支持效应价值论，同时，他又指出效应价值论的不足：认为效应价值论的理论范式是主客体关系论，从逻辑的彻底性来说，效应价值论虽然克服满足需要论的缺陷，但效应价值论认为价值是客体主体化，客体对主体的效应，这只是主客体相互作用的一个方面；而主客体相互作用中还有一方面，即主体客体化，主体对客体产生的效应，则被认为是价值客体，而不是价值。也就是说，效应价值论只承认客体对主体的效应是价值，积极效应是正价值，不承认主体对客体的效应也是价值，积极效应也是正价值，是不全面的，实质还是一种唯主体论的单极思维，是片面的，不能全面地坚持逻辑一贯性。而且，从生态文明或生态价值与可持续发展来说，还应承认客体对客体的效应，承认自然价值，这才是真正全面地坚持逻辑一贯性，才是全面的彻底的主客体关系论，才是全面的彻底的效应价值论。西方环境伦理学已提出了自然价值论的思想，效应价值论应当吸收其合理的因素，以丰富效应价值论的内涵。

邬焜教授对效应价值论的支持和批评，体现了理论的全面性和彻底性。一方面，他支持效应价值论，认为效应价值论优于满足需要论，坚决反对满足需要论，表现了他实事求是，坚持真理，坚持逻辑一贯性的思想；另一方面，他又从全面贯彻主客体关系思维，全面地彻底地贯彻逻辑一贯性出发，指出效应价值论的不足之处。这些都体现了他坚持实事求是，追求真理，坚持逻辑的严密性的科学精神，都体现了他理论的彻底性。

邬焜教授是效应价值论的坚定支持者，他批评效应价值论是为了使效应价值论更加完善。他对效应价值论的批评早在 20 世纪 90 年代中期就提出来了。从原则上说，我是同意他的看法的。我认为价值的本质在于使事物发展完善，更加美好。从广义上说，价值是一种功能，是事物之间相互作用产生的效应。或者说"一般地说，价值是一事物对另一事物的效应。通常意义上的价值，是一事物对另一事物的积极效应。"① 这种看法，是一般意义上的效应价值论，而不仅仅是主客体关系中客体主体化，客体对主体的效应的意义下的效应价值论。但是为了突出价值的本质是使主体特别是人类社会更美好这一思想，我在论述中更多地还是沿用价值是客体主体化，是客体对主体的效应的提法。这样就使效应价值论未能全面彻底地贯彻逻辑一贯性。

邬焜教授几次对效应价值论的讨论和批评给我很大启发，我决心坚持理论的彻底性，按照事物的本来面目去理解价值。坚持价值从根本上说在

---

① 王玉樑：《价值论与和谐》，《光明日报》，2007 年 7 月 31 日。

于促进事物发展完善，使事物更加美好。从主客体关系来说，价值是主客体相互作用产生的效应。这种效应有积极效应与消极效应。积极效应是正效应，消极效应是负效应。价值的本质是主客体相互作用产生的积极效应，使主体和客体发展完善，使人类社会更加美好，使自然更加繁茂和谐。这里的主客体关系包括客体对主体、主体对客体、主体对主体、客体对客体的相互作用、相互影响。这样就克服了效应价值论的不足，使之成为彻底的、一般的效应价值论。

二　关于马克思主义哲学的性质的讨论

20世纪80年代以来，我国哲学界对马克思主义哲学的性质问题展开了激烈的争论，焦点是马克思主义哲学是辩证唯物主义或辩证唯物主义和历史唯物主义还是实践唯物主义。

我认为马克思主义哲学是实践哲学，高度重视实践是马克思主义哲学的一个基本特点。但是我不同意把马克思主义哲学归结为"实践唯物主义"，不同意用实践唯物主义来取代辩证唯物主义或取代辩证唯物主义和历史唯物主义，不同意那种认为实践唯物主义是马克思主义哲学的准确表述的观点。

我之所以反对用实践唯物主义取代辩证唯物主义或取代辩证唯物主义和历史唯物主义，有两方面的原因。

一是有的主张马克思主义哲学是实践唯物主义的学者，在价值哲学上坚持满足需要论，否认需要并非天然合理的客观事实。我认为这不是实事求是的态度。而坚持马克思主义哲学，必须坚持实事求是。他们提出能够满足主体需要，即为正价值，反之就是负价值，实际上满足不合理需要，只有负价值，违背逻辑一贯性。他们一致认为价值是主体性，主体是价值原，价值问题本质上是一个主体（人）的问题，价值事实只有主体性，而无客体性等，只重视主体、主体性，忽视客体、客体性，是一种唯主体论的单极思维，是片面的。这是他们只重视实践的主体性、能动性，忽视实践活动的客体性、受动性的表现。这显然是片面的。而这样的观点是以实践唯物主义为指导的，这样的实践唯物主义怎能说是马克思主义哲学呢？

二是在持实践唯物主义观点的学者中，大多数夸大了实践的地位和作用。如有的学者提出实践本体论，以实践为本体取代物质本体论，这显然违背了马克思主义哲学的新唯物主义的本质；又如有的学者认为马克思主义哲学以实践的观点为其全部哲学的首要的基本的观点，或实践是马克思主义哲学的核心，把实践的观点置于物质观点之上，同样背离了马克思主义哲学新唯物主义的本质。再如有的学者认为马克思主义哲学是超越唯物主义与唯心主义对立的实践人本主义或实践主义或超越哲学，更是露骨地背离新唯物主义。

这些所谓的实践唯物主义观点，把实践观点作为全部马克思主义哲学的首要的和基本观点或核心，把实践凌驾于物质之上，为的是与忽视主体能动性的旧唯物主义区别开来。但是这些观点却无法与实用主义区别开来，因为实用主义也是以实践为核心的哲学，是彻底的实践核心论。实用主义的实践核心论，既嘲笑唯物主义，又嘲笑唯心主义，标榜超越唯物与唯心的对立，这是坚持实践核心论的必然结果。由此可见持实践核心论的实践唯物主义，在反对旧唯物主义的旗帜下，必然走向了反对一般唯物主义，我国某些学者鼓吹的"超越哲学"就证明了这一点；而马克思主义哲学是新唯物主义，是彻底的唯物主义。所以，这种持实践核心论的实践唯物主义，与马克思主义哲学根本不相容。这是我坚决反对这种实践核心论的实践唯物主义的根本原因。

在承认马克思主义哲学是辩证唯物主义或辩证唯物主义和历史唯物主义的前提下，我认为作为马克思主义哲学也可称为实践唯物主义，这种称谓可以体现马克思主义哲学高度重视实践的特点；但实践唯物主义必须以辩证唯物主义或辩证唯物主义和历史唯物主义为指导，否则就会产生混乱。所以马克思主义哲学从根本上说是辩证唯物主义，或辩证唯物主义和历史唯物主义，这是对马克思主义哲学的准确表述。这样的表述既有别于旧唯物主义，又有别于唯心主义。

在我国哲学界坚持马克思主义哲学是实践唯物主义，反对马克思主义哲学是辩证唯物主义的人很多。我的上述看法，有的人支持，也有人反对。

邬焜教授坚决支持我的看法。他说，对马克思主义哲学的称谓有不同的说法，但这些称谓中也有一个层次高低的问题。"辩证唯物主义"是描述马克思主义哲学性质的最高层次的提法，而其他种种提法都只是从某种特定的高度或层面对马克思主义哲学的某些具体特征和性质的揭示。如果在总体概括的层面上，用其他一些提法来取代"辩证唯物主义"这个提法显然是以偏概全了。并且，如果这些提法不以"辩证唯物主义"为其具体解读和阐释的基础，那么，所得出的相应的解释便不可能是马克思主义的，甚至是与马克思主义哲学基本观点相反的。[①]

邴焜教授说：一个基本的事实是，马克思主义哲学的某些当代阐释者，热衷于把马克思主义哲学归结为实践唯物主义或实践哲学，但是，由于他们脱离了辩证唯物主义的基础，他们的观点便不再具有马克思主义哲学的性质。如，他们往往把实践看作世界存在的本体，对实践作人本主义的解释，把全部的世界都看作是"可感性的存在"，并认为在人的可感性的世界之外的世界只能是"无"。由这样的认识基点出发他们甚至把哲学上的物质概念也从"可感性"的意义上加以规定，并把实践活动也完全统归为"可感性的物质"。在相关的解释中存在着这样一个逻辑：用人的主体性解释实践，再用实践解释物质，进而用这样的方式解释整个世界宇宙。在这里，他们不是把实践论建立在唯物论的基础之上，而是相反，把唯物论建立在实践论的基础之上，而他们对实践论的解释又采取了主体性、人本化的单向度的规定。与其说这样的哲学是马克思主义哲学，还不如说它更接近于当代西方意识哲学的现象学理论。[②] 邴焜教授还深刻地分析了现有相关的马克思主义哲学教科书对物质定义也从他们的实践唯物主义作了解释。并指出由这种解释推出的一个观点则仍然是站不住脚的，这一观点便是：人类的感觉尚无法感知的那些自然事物则不一定是客观实在的，如暗物质（包括暗质量和暗能量），不可视物质及其区域（如黑洞），以及人的感知能力尚未达到的自然世界的事物和层次。这种观点从根本上否定了自然的先在性和它的自在存在及运动的无限性。由此我们看到那种把马克思主义哲学归结为实践唯物主义的观点，以及仅仅从人的主体性、人本主义来理解实践，进而解释物质，阐释整个世界的存在的观点，离开

① 邴焜：《价值哲学研究的新境界——〈从理论价值哲学到实践价值哲学〉评介与讨论》，"从理论价值哲学到实践价值哲学"全国学术研讨会报告论文（2014 年 5 月 18 日，西安）。

② 同上。

真正的马克思主义哲学有多远。

邬焜教授特别重视我的以下看法：即实践概念范畴，既可以作客观的解释，也可以作主观的解释，这正如实践标准既"可以作主观的解释，也可以作客观的解释"① 一样。所以，在哲学史上，有唯物主义的实践观，同样，也有唯心主义的实践观。实践范畴的内涵，实践观的性质，取决于研究者的哲学观或世界观。实践范畴对历史观、认识论，价值观有重要作用，但是实践范畴本身是由一定的哲学观或世界观决定的。所以，实践范畴在哲学体系中属于中介层次的范畴，而不是哲学最高层次的范畴，也不是始发性范畴，因而它不是，也不可能是哲学的核心和出发点。不同的哲学对实践范畴有不同的理解，不同哲学对实践的理解并非都是正确的。不要以为把对象、现实、感性当作实践去理解，就是把实践作客观的理解，绝不能把实践的观点凌驾于唯物主义的哲学观之上。② 一些持马克思主义哲学是实践唯物主义的学者，无视实践范畴既可以作主观的解释，也可以作客观的解释的基本道理，无视在哲学史上既有唯物主义的实践观，又有唯心主义的实践观的事实，把实践范畴凌驾于唯物主义之上，又说他们是坚持唯物主义的，其理论是多么混乱。邬焜教授深刻地认识到这一点。他的这些观点，充分表现了他在理论上的彻底性。而我国近 30 年哲学界一些人坚持用实践唯物主义取代辩证唯物主义去理解马克思主义哲学，其根本原因就在于他们不能坚持实事求是，无视逻辑一贯性，理论混乱。他们忘记了马克思关于理论要彻底的要求，这是一些人失误的根本原因。由此可见，理论的彻底性是多么难能可贵。如果我们坚持理论的彻底性，我国哲学研究一定会少走弯路，取得更多优秀成果。

三 关于哲学的根本转向问题的讨论

哲学的转向问题，是当代国内外哲学界研讨的一个重要问题。这个问题有多种见解，有认识论转向，实践论转向，价值论转向，生存论转向等。我认为哲学有三个转向，即本体论到认识论，由认识论到实践论，由

---

① 《列宁全集》（第 18 卷），人民出版社 1988 年版，第 306 页。
② 王玉樑：《从理论价值哲学到实践价值哲学》，人民出版社 2013 年版，第 68—69 页。

实践论到价值论转向。邬焜教授认为，在哲学研究中，本体论、认识论、方法论、语言论、实践论、价值论、生存论是统一的，因为这些都是以一定的本体论和认识论为基础。哲学理论的范式是有层次的，存在领域的分割方式是哲学的最高范式。如果哲学最高范式没有发生改变，哲学就不可能发生根本性的转向。由于未能在存在领域的分割方式上发生变革，所以，迄今为止，人类哲学从未发生过根本性的转向。

邬焜教授提出：真正在哲学的最高范式层面引起根本性变革的是当代信息哲学的兴起。因为，正是信息哲学首先在存在领域的分割方式上把传统哲学的"存在＝物质＋精神"的信条改变成了"存在＝物质＋信息"，并在信息活动的高级形态的意义上重新解读了精神和人的实践活动的本质。所以，当代信息哲学的诞生导致了人类哲学的第一次根本性转向，即信息哲学转向。这一转向所带来的不仅是哲学本体论和认识论的理论哲学层面的根本性变革，并且同时也是哲学的语言论、生存论、价值论、实践论层面的根本性变革。也就是说，这一根本性转向决定了哲学中的语言论、生存论、价值论、实践论的根本性变革。

邬焜教授提出，当代信息哲学的诞生是人类哲学第一次根本性的转向的见解，使关于哲学转向问题的讨论进入到一个新的层次，是哲学转向问题的深化，大大地开阔了人们的视野，有助于推动哲学研究范式的变革，具有重要的意义。

邬焜教授的这一个重要见解刚刚提出不久，人们对这一见解的解读，还需要一定时间，人们也可能有各种疑问。例如，邬焜教授的这一见解提出的根据，是在对存在领域的分割方式上，把传统哲学的"存在＝物质＋精神"这一信条改变成了"存在＝物质＋信息"。对存在领域分割还有没有其他方式，譬如，可否存在这样的分割：即"存在＝物质＋信息＋能量"这样的三分法呢？

如果有可能存在后一种三分法的分割，那么，哲学根本转向就不仅有信息哲学转向，还有价值论转向。因为价值是一种功能，即能量，正价值是正能量，负价值是负能量。价值的本质是一种正能量，这是任何物质和信息都具有的。当然，任何物质和信息都可能产生负能量，如地震、台风等的能量，就是如此。人类社会力求汇聚正能量，避免和化解负能量，使人类社会更加美好，使自然界生态优化、和谐繁茂。能量问题在宇宙中永存，价值问题也是自然、社会、精神各层次所共有的，是永恒存在的哲学问题。邬焜教授对于哲学根本性转向的论断，从理论的彻底性来说，可否同时启示我们：更加重视哲学的价值论转向呢？这是我的初步想法，请邬焜教授和各位专家赐教。

由邬焜信息哲学想到的

苗东升

（中国人民大学哲学院教授）

我虽然是中国人民大学科学哲学教研室一员，由于教的是数学基础课，只能处于中国科学哲学界的边缘，对中心缺乏直接经验。现实世界是对称破缺的，一种表现形式是划分中心与边缘。身居中心者不屑环顾边缘，身处边缘者却不时张望中心，因为吸引力之矢指向中心。30 多年来冷眼旁观中国科学哲学的中心区域，包括邬焜教授的工作，形成一些想法。《哲学分析》杂志编辑部来函称，他们要组织"第十届《哲学分析》论坛：信息时代的哲学精神"，约我"针对邬焜教授创立的信息哲学的基本理论和观点进行专题评论"。跟邬焜教授的长期交往，难得一见的约请，对信息研究的关注，引起我的兴趣，便有了这篇文章。

一　科学哲学界的邬焜现象

中国的科技哲学脱胎于自然辩证法，在于光远"大口袋"思想指导下，不断扩张地盘，早已发展成为中国学界最庞大的领域，人丁兴旺，红红火火。但在市场经济大潮席卷下，也出现诸多有违学术精神之处，令人担忧。我斗胆陈述一二。

1. 在科学哲学研究中，自然界被关注的越来越少，社会现象被关注的越来越多；辩证法的味道越来越稀，西方现代哲学的味道越来越浓，有些作品甚至以去辩证法为旨归。总之，离自然辩证法越来越远，可否说方向出了点偏差，须深思。

2. 科学哲学的核心内容首先是各门自然科学中的哲学问题，研究它需要足够的自然科学功底,没有坐十年冷板凳的功夫,休想有所成就。即使按照"大口袋"方略,也需要夯实科学基础,如研究经济哲学需在经济学上下功夫,研究建筑哲学需在建筑科学上下功夫,研究语言哲学需在语言学上下功夫,等等。今天的科学哲学界这方面的文章越来越少,热点炒作的作品越来越多。这是否应该引起学界领导的注意?

3. 科学哲学界名家辈出,有院士,一级教授,不同名目的大腕。但各种令人侧目的人和事也常常出自这里。中医是中国古代科学仅存的一块珍宝,消灭中医的最新闹剧竟然在科学哲学界上演。有些大腕善于剽窃,凭借出色的笔头功夫,对他人著作巧加重组,加上一些例子和美言,便作为自己的创新,浪得虚名。有的大腕把卖淫说成性服务,把娼妓美化为性工作者,这是用科学哲学助力腐败,令人羞耻。多亏这一学科不再称为自然辩证法,否则地下有知的恩格斯会心碎的。

但事情总是一分为二的,科学哲学界也有很阳光的一面,邬焜信息哲学的探索就是一例。这位燕赵之士貌不惊人,体不魁梧,既无特别社会背景,亦非名门望族之后,却在科学哲学界自成一家,令人钦羡。回首看去,邬教授兼具学者和诗人的气质,又经历过解放军熔炉的锤炼,没有书呆子气,展现出"适应复杂系统"特有的能力,似为燕赵古风的承传,成功绝非偶然。俗话说,不怕不识货,就怕货比货。与前述消极面相比,他的工作更显得具有典型意义,可以称为科学哲学界的邬焜现象,应该积极宣传。本人是学界孤微子,孤陋寡闻,竟然不知道国内有个《哲学分析》,对他们组织的前9次论坛一无所知,无权作出评价。但对搞第10次论坛我赞同。1960年代中国社会流行一句话:榜样的力量是无穷的。我相信,邬焜现象至少能够在科学哲学界传递正能量,起到榜样的作用。这表现如下:

其一,邬焜极具"咬定青山不放松"的学术定力,30多年来在信息哲学领域勤恳耕耘,不追热点,不蜻蜓点水,表现出献身学术的可贵精神。

其二,邬焜富有创新的勇气,耻于跟在西方人后面作学术贩子,勇于独立探索,敢于在信息哲学这片新天地开疆拓土。

其三,邬焜显示出较强的理论创造力,建立起以五论(信息本体论、信息认识论、信息进化论、信息价值论、信息思维论)为框架的信息哲学体系①。尽管具体构造有诸多可商榷处，学界见仁见智；但建立由中国人创立的理论体系，科学哲学领域至今仅此一例。

二 产生邬焜现象的社会文化环境

按照系统原理，一个系统的形成和发展须具备必要的环境条件，环境既提供资源和压力（正确应对就是动力、能源），也给以限制、约束、甚至打压，系统只能在利用环境资源和条件、适应环境限制下形成和发展，我们的祖先称为趋利避害。一种学术创新作为系统，总是在一定的社会文化环境中产生和发展的，既接受环境滋养，又受其制约，必定打上鲜明的环境烙印。欲了解邬焜关于信息哲学的开创性工作，不能不考察他走上学术研究时的社会文化环境。

被中国学界炒热的所谓"三论热"（系统论、控制论、信息论）于1940年代在西方兴起，原本为辩证唯物主义哲学的大发展提供了难得的历史机遇。兼具科学和哲学头脑的维纳提出一个曾经震惊世界学术界、至今仍然放射着光芒的命题："信息就是信息，不是物质，也不是能量。不承认这一点的唯物论，在今天就不能存在下去。"② 维纳的行文明确指向"旧唯物论"，即恩格斯批评过的庸俗唯物论；言外之意是期盼"新唯物论"（辩证唯物论）"承认"这个命题，抓住信息问题取得哲学突破。信息发现对哲学的重大影响，维纳归结为"旧唯物论"从可以存在转变为再也"不能存在下去"，意义不可谓不大。可惜，辩证唯物主义哲学在西方世界严重式微，所谓西方马克思主义看不到维纳命题的巨大哲学价值，反而一定程度上从唯心论角度解读这个命题，把实践当成本体论范畴，滑向实践唯物主义。苏联哲学界由于思想僵化，误将维纳命题当成唯心论的新货色，走向另一极端，全然看不到维纳命题提供了建立辩证唯物主义信息本体论的思想源头，反而公开批判控制论，马克思主义哲学失去一次取得突破的良机。

1960年代以后情况有所好转，西方和苏联学界都着手发掘"三论"

---

① 邬焜：《信息哲学——理论、体系、方法》，商务印书馆2005年版。

② 维纳：《控制论》，科学出版社1962年版，第133页。

中的哲学新思想，审视信息的新奇性，出现许多很有新意的著作。其中一些已被译为中文，引起中国学术界对信息的关注。1970 年代中期以降，中国学者开始发表文章对信息问题作哲学阐释。例如：凌志弓，论信息研究中的两种态度，摘译——外国自然科学哲学，1974 年第 2 期；刘伸，苏联哲学界关于信息概念的争论，国外社会科学，1980 年第 7 期；周怀珍，信息方法的哲学分析，哲学研究，1980 年第 9 期；钟焕懈，信息与反映，哲学研究，1980 年第 12 期；等等①。

这些文献已经表明，国内学者对信息哲学问题的研究于 1980 年开始走向高潮。这同钱学森的推动密不可分。尽管钱翁的信息观深受申农影响，机械论色彩明显，但他对系统论、控制论、信息论的整体把握，对现代科学技术体系的建构，对系统观点和方法的独到阐述，对马克思主义哲学指导学术研究的一再强调，在席卷中国学术界的"三论热"中发挥了巨大的正面引导作用，包括信息的哲学研究，他的信息观倒没有引起多少人关注。从事"三论"研究、包括信息哲学研究的主力是自然辩证法学者，涌现出一批富有成果的研究者，如王雨田、周桂茹、黎鸣、陈忠、柳延延、冯国瑞及海龙等，有多部专著问世。钟义信是中国信息科学带头人之一，他的大作中也讨论信息的哲学问题，推动了国内学者对信息的哲学研究。新中国 30 多年辩证唯物主义哲学教育的积淀，钱学森强调马克思主义哲学指导作用的实时影响，学界组织者魏宏森等坚决贯彻钱翁的指示，使辩证唯物主义哲学在这股持续近 20 年的学术热潮中始终居主导地位。这也表现在关于信息哲学问题的学术研究上，中国人独立自主地开展研究，自觉应用辩证唯物主义分析问题，明显不同于同一时期西方学界相近的研究，也不同于苏联，正在形成某种中国特色。

邬焜的信息哲学就是在这样的社会文化大环境中产生的。这位当时的年轻人从 1980 年代初进入这一领域，1981 年发表第 1 篇论文《思维是物质信息活动的高级形式》，从此便一发而不可收拾。30 多年来，邬焜在此领域不断学习和研究，博采众长，综合集成，渐渐开辟出信息哲学这一学术领域，走向这一界引领方向的地位。后期更瞄信息本体论，围绕哲学的

---

① 材料取自王雨田主编：《控制论、信息论、系统科学与哲学》，中国人民大学出版社 1986 年版，第 9、10 章。

基本问题发力，向传统的哲学基本观点发起挑战。他的成功向我们提供了两条经验：一是持之以恒、锲而不舍的科研精神，中国文化向来褒扬这种精神，因为这个"恒"和"不舍"实在不易做到，恒者成，不舍者赢，而不恒易舍就难免前功尽弃；二是综合集成的方法论。综合集成是钱学森创造的一个新词，综合集成法是他晚年十分看重的创新。综合集成法实为一种普遍适用的方法论，复杂性研究尤其离不开。有知识、有学问是人的社会属性，做学问是一种社会群体行为，不是脱离社会的隐士行为。参与研究的诸多学者互动互应，创造出一种学术氛围，积累了大量原始材料和半成品，形成一个无形无象的"知识场"，有待综合集成。综合集成就是创造，创造必须综合集成，成败取决于你是否敢于并善于综合集成。30多年来从事信息哲学研究的学人不胜枚举，社会文化大环境一样，邬焜的综合集成最有成效。

现代科学和学术研究越来越成为集体行为、团队现象，孤军奋战难有作为。应当充分肯定，邬焜的成功还得力于西安交通大学给他的有力支持，提供必要的环境条件，形成一支队伍，我常常称之为信息哲学的邬家军。学校给学者以支持，学者给学校争光，这才是正常现象，西安交大树立了榜样。

当然，社会文化环境的影响也是一分为二的。20世纪以来的中国学术界一直存在着民族文化自卑感，改革开放以来崇洋媚外之风又有所膨胀，引起钱学森一再发声批判。这也反映在信息哲学研究中，曾经给邬焜造成不小压力。中国学者独立而系统地研究信息哲学始于1980年代初，率先提出"信息哲学"这一概念，90年代的邬焜已初步形成他的信息哲学粗框。欧人Floridi于90年代中期开始信息的哲学研究，2002年发表《什么是信息哲学》一文，表达了西方学界对信息哲学的独特理解和思路，颇有启发性。文末提出信息哲学"将代表哲学的信息转向"，这个思想的提出早于邬焜。刘钢把此文迅速译为中文，使我们及时了解了国外的进展[①]，是一个贡献。2003年他撰文全面评论Floridi的信息哲学，却只字未提国内学者20年的工作，轻率地称Floridi为"当代信息哲学创始人"，

---

① ［英］弗洛里迪：《什么是信息哲学》，刘钢译，《世界哲学》2002年第4期。

其文章"是哲学界第一篇系统地分析信息哲学性质的纲领性文章"①。实际上，Floridi 的文章既非信息哲学文献的第一篇，亦未给出信息哲学的体系，要说这是信息哲学问世的标志，不符合事实。刘文的出现是当时中国科学哲学界的大气候决定的。我在一次学术会议上问一位科技哲学名家，如何评价邬焜的信息哲学，他"哼"了一声，不屑一谈。这些大腕们都是中国科学哲学界的导师级人物，他们的态度引领这一界的走向，年轻人一时受影响轻视国内学者的工作，在所难免的。好在事情已在发生变化，刘钢参加 2013 年由邬焜主持的西安信息哲学国际会议，进行了建设性的交流，参与编辑《西安交通大学信息哲学丛书》，显示出学界团结共事的可贵精神。不同意见自由发表，通过争论去伪存真，是学术发展的健康之道。本次论坛的举行进一步表明，邬焜的工作已经得到学界承认和尊敬。种种迹象表明，中国人的学术自卑感正在消失，未来独立自主的学术创新将越来越多。

三　邬焜的信息本体论：评价和商榷

邬焜的学术贡献首先在信息本体论上。他抓住西方哲学发展演变中提出的哲学转向问题，来了个逆向思维，判定所谓从本体论向认识论的转向，再从认识论到语言哲学的转向，以及从语言哲学到现象学的转向，都不是哲学的根本转向，信息哲学的出现才是哲学一次根本转向。我基本赞同这一观点，认为信息哲学的价值首先在此处。这一点实在是太重要了，随着社会历史的前进，人们将越来越认识到，信息科学和信息哲学对建设信息文明、信息社会意义重大，中国尤其要加强研究。有关物质运动的科学，中华民族历史地落后了；在新兴的信息科学与信息哲学研究中，我们一定要走在世界前沿。

本体论实质是存在论，在最一般意义上回答这样的问题："什么是存在？""存在如何存在？"迄今哲学界关于存在范畴的界定，即使所谓广义的存在，也有重大的理论缺陷或逻辑漏洞。广义地说，存在"不仅包括

---

① 刘钢：《从信息的哲学问题到信息哲学》，《自然辩证法研究》，2003 年第 1 期。

'物质'的存在，也包括'精神'的存在。"① 这个命题包含着辩证法的一个基本命题：存在是物质与精神的对立统一。这两个命题都是正确的，又有重大片面性。理论漏洞在于它们逻辑地包含这样两个相互联系的命题：（1）在精神这种东西出现之前，存在就等同于物质；（2）在精神出现之前，物质没有对立面，存在不是对立统一的。换个说法，对立统一规律不是普遍规律，精神出现之前辩证唯物主义不成立。辩证唯物主义哲学没有意识到这种漏洞，令人遗憾，却又有其历史的必然性。

恩格斯时代的科学尚未发现信息这种客观存在，科学研究的仅仅是物质运动，这不能不限制他和马克思的哲学思维。任何伟大思想都是在特定历史环境中产生的，必有特定的历史局限性。但高超的辩证思维能力使恩格斯在一定程度上觉察到这个问题，所以他说："在我们的视野范围之外，存在甚至完全是一个悬而未决的问题。"② 这句话中蕴含着恩格斯的一种预见，也是对人类智慧发展的一种预期：无论科学还是哲学都存在悬而未决的重大问题，人类认识有待突破性进展，以解决这个悬而未决的问题。但突破口在哪里，恩格斯时代还毫无头绪，辩证唯物主义哲学尚处于它的经典形态。这是历史条件限定的。科学技术在 19 世纪的发展还不能给恩格斯提供取得突破的现实可能性。

列宁时代的科学有了重要新进展，波尔兹曼把熵、秩序性和信息联系起来，指出"熵是一个系统失去了的'信息'的度量"③，首开自然科学探索信息问题的先河。19—20 世纪之交以降，西方科学界开始形成初步的信息概念，奈魁斯特、哈特莱等人都有所论及。这正是列宁在理论上走向成熟的时期，有理由估计他或多或少从这种动向中受到直接或间接的启发，并给以哲学的概括。这反映在列宁的这样一个判断上："假定一切物质都具有在本质上跟感觉相近的特性、反映的特性，这是合乎逻辑的。"④ 一切物质性存在都具有跟反映特性相近的一种特性，它是反映特性的前体，有了这种特性就可以进化出反映特性，再进化出精神或意识这种非物质性存在，终于产生了物质与精神这对矛盾。时代的进步使列宁超越了恩

---

① 孙正聿：《哲学通论》，辽宁人民出版社 1998 年版，第 138 页。

② 《马克思恩格斯选集》（第 3 卷），人民出版社 1995 年版，第 383 页。

③ 陈润生：《熵》，《百科知识》，1982 年第 10 期。

④ 《列宁选集》（第 2 卷），人民出版社 1972 年版，第 89 页。

格斯，对物质有了重要的新认识。但他的命题仍然是猜想，信息作为科学概念尚未真正形成，那代人还说不出反映特性的这种前体究竟是什么，不能断定客观世界还有既非物质、亦非精神的存在，不足以从根本上解决问题。

列宁逝世后不到30年，信息科技的迅速发展已初步创造出解决问题的必要条件。1940年代，不仅产生了申农的通信理论，而且凝结出前述维纳命题。申农的贡献是技术性的，为信息时代的到来准备了最必需的技术条件；维纳的贡献则属于科学思想和哲学思想层次，它标志着人类信息意识的觉醒，是信息时代到来的先声，意义重大。信息科学技术的初步发展终于使人们意识到，存在的那个"悬而未决的问题"与信息有关；一切物质都具有的那种类似反映的特性，就是信息特性，意识特性乃是信息特性的一种高级形态。从哲学的存在论看，现代信息科技的产生终于让人类认识到，生命出现之前的世界原本存在着非意识信息，它是与物质相伴随的另一种客观存在，意识信息是从非意识信息进化而来的，一点也不神秘。换句话说，对哲学基本问题的认识因信息的发现而面临重大突破。

可惜，哲学界没有跟上科学发展的步伐，给出应有的哲学的概括。西方哲学界的兴趣几乎全部被计算机的发明所吸引，信息哲学研究围绕着人工智能的哲学问题转。说到中国哲学界，占据中心地位的主流哲学家尽管主观上坚持辩证唯物主义的基本立场，却没有领悟到信息概念极为深刻的哲学意义。信息的某种神秘性诱使哲学家专门家跟着西方人在主体性上打转转，试图通过张扬主体性而有所创新，没有研究信息本体论的意识。这不自觉地诱使他们赋予实践以本体论意义，大谈实践唯物主义，事实上否认客观世界独立于人的主体性而存在，不承认有独立于人的主观反映的客观信息。中国权威的哲学教科书、词典，哲学百科全书等，都不从本体论上审视信息概念，至多讨论一下信息科学带来的认识论和方法论启示。马克思主义哲学失去一个发生重要飞跃的历史机遇，特别令人遗憾。

信息时代到来的迅猛脚步声没有震醒哲学界的中心地区，却震醒了它的一个边缘地区——科学技术哲学。活跃在这里而颇具思辨哲学兴趣的学者开始关注信息的本体论意义，依据信息科学的思想成果重新思考哲学的基本问题。邬焜就是其中的代表人物之一。他通过解读黑格尔、特别是恩格斯的论述，领悟到要关注"'存在'领域的内在差异"，基于科学的最新发展来更新"对存在领域的具体区分"①，或称存在的"重新分割"。分割一词未必准确，"割"字的机械论味道太重，我不赞同（建议以分类取代分割），他要表达的基本意思我接受。以建立信息本体论为切入点，邬焜向辩证唯物主义关于哲学基本问题的经典说法提出挑战，建立起自己的信息哲学体系。当然，许多具体论述，如信息分类、三个信息世界等，均属一家之言，有待学界仔细辨识、推敲，但关于信息哲学的总体认识必须肯定。

不过，邬焜把信息世界界定为物质世界的派生者②，这我不能同意。物质世界与信息世界是共存关系，或相互伴生关系，而不是原生与派生的关系。有物质存在，就有信息存在；有信息存在，就有物质存在，物信同在。罗先汉的物信论就是为了强调这一观点而提出来的③，颇有道理。派生是一种过程，必定存在时间滞后，派生者的存在必定滞后于原生者的存在。这就意味着在这种派生过程之前和初期，世界上只有物质而没有信息，也就是只有物质世界而没有信息世界。这显然不符合邬焜自己的信息本体论。矛盾来自误用"派生"一词，应该用伴生或共生取代之。

传统唯物主义哲学的基石是肯定物质的第一性，精神的第二性；颠倒处置就是唯心论。邬焜的信息哲学仍然坚持物质第一性观点，创新之处在于提出信息是第二性的存在。大概是为了论证这个新观点，才引入信息世界是派生的这种说法。窃以为这里有误解。我们不能说信息世界是物质世界的派生物，更不能说物质世界是信息世界的派生物。物质与信息并存、相伴，又不是对称（对等）的存在，物质与信息有第一性和第二性的区分，乃是存在本身发生对称破缺的结果。罗先汉物信二元论的错误，在于没意识到物与信是对称破缺的，他生怕说第二性就会贬低信息的作用。信息是物质性存在的一种独特属性，即物质事物的自我表征能力，以及与他物发生相互作用的能力。仅仅作为物质事物自我表征能力、同他物相互作用的能力，这只是事物的元信息，在同其他事物相互作用中呈现出来时才

---

① 邬焜：《哲学基本问题与哲学的根本转向》，《河北学刊》，2011 年第 4 期。

② 邬焜：《从信息世界看哲学的发展及其根本转向》，《中国人民大学学报》，2014 年第 3 期。

③ 罗先汉：《信息概念的发展及其哲学意义》，《信息科学交叉研究》，浙江教育出版社 2007 年版，第 24—31 页。

是现实的信息①。信息时代的唯物主义承认物质第一性，信息第二性；但不是派生与被派生意义上的第一性与第二性之分，而是表征与被表征意义上的第一性与第二性之分，被表征者为第一性，表征者为第二性。借用邬焜的用语，物质是世界的实在方面，信息是世界的虚在方面，两者不对称、不均等，实在第一性，虚在第二性。换个说法，物质是存在的实在基础，信息是存在发生运动变化的导向者，基础性存在是第一性的，导向性存在是第二性的。打个比方，领导与群众构成一个对立统一体，尽管群众是被领导者，却是统一体的基础性存在，即第一性存在；尽管领导掌握决策权、指挥权，却是第二性的存在，它的本性应该是服务于基础性存在。社会是官民统一体，所谓以民为本，就是强调民是第一性的，官是第二性的。此乃历史唯物主义的根本观点，是物质第一性、信息第二性这一根本原则在社会历史演变中的具体表现。

邬焜读了大量西方哲学，从中吸取了多方面的思想营养，充分表现在他的信息哲学著作中。笔者自愧弗如，颇为羡慕他的哲学功底。但我又有一种感觉，西方哲学著作那种琐碎、绕口的毛病也或多或少反映在邬焜的信息哲学中。中国古圣哲云：大道至简。在物的层面上，客观世界纷繁复杂，必须按照事物本来面目认识事物，把复杂性当成复杂性，切忌人为的简单化；在道的层面上，必须透过纷繁复杂去把握本性简明的道，大道更达到至简的境界。哲学属于道的层面，存在论所论述的更是大道，须至简。恕我直言，《信息哲学》一书有些烦琐，一般人不容易读下去，期望能够读到"至简"的版本。当然，把握至简之道难度极大，不可能"等闲识得东风面"，愿邬焜教授更上一层楼。

四　信息科学之我见

信息是一个罕见的大概念，不仅与一定的科学技术领域相联系，而且与一定的时代、社会形态、文明形态相联系，产生了信息时代、信息社会、信息文明的概念，代表着人类未来的走向。可见，研究信息意义非同小可，大有必要从科学学、学科系统观等来考察。

---

① 苗东升：《信息复杂性初探》，《华中科技大学学报》，2007 年第 6 期。

据钱学森的学科系统观，科学研究的对象都是客观世界，不同科学部门是按照观察客观世界的角度不同而划分出来的。例如，从物质运动角度看世界的是自然科学，以系统观点看世界的是系统科学，等等。信息运作显然是观察客观世界的一个不可缺少的视角，从这个视角去看，世界多彩多姿，一望无际，比现有的研究领域更深邃难测，已经形成一个广阔的知识领域，而且还在急剧增长。可惜，钱翁把现代科学技术划分为 11 大部门，却不包括信息科学；有关信息的知识被他分割，一部分属于思维科学，一部分属于系统科学，关于信息的哲学研究被他划归系统论（所谓三论归一①）。这种看法越来越显得科学性不足，应予修正。我主张把信息科学作为一个独立大部门，把现代科学技术体系划分为 12 个大部门②，遵照钱学森的学科体系学观点开展信息科学的研究。

按照钱学森的学科体系学③，信息科学也应由四个层次组成。工程技术层次的内容已相当丰富，如通信工程、数据处理技术等，正在兴起的大数据技术应该是它的新分支，还会不断出现新东西；在技术科学层次上，已有申农信息论、计算机科学等（钟义信著作的主要内容也属于技术科学），随着社会信息化的发展，新东西将层出不穷，如虚拟技术的理论探索（马蔼乃称为虚拟科学）；在基础科学层次上，至今还是一片空白。钱学森十分钟情于系统科学，尽管基础科学层次的系统学至今尚未真正建立起来，他还是给出一个颇有开发价值的理论粗框。相比之下，我们对信息科学的基础科学层次一片茫然，连粗框都没有。系统是关于世界存在方式的概念，信息是关于世界存在的本质（存在什么、如何存在）的概念；对于人类认识世界而言，信息比系统更为根本，自然也更深奥，更难把握。所以，建立信息科学的基础科学比建立系统学更难，目前条件不足，甚至可以说连信息学的"影子"都看不到。只能耐心等待啦！

基于系统是关于世界存在方式的概念，钱学森曾考虑过把关于系统的哲学概括划分为两个层次，属于哲学殿堂（辩证唯物主义）的是系统观，属于桥梁层次（哲学分论，为术语统一起见，系统科学的哲学分论宜称

① 《钱学森书信》（第 3 卷），国防工业出版社 2007 年版，第 519 页。
② 苗东升：《钱学森哲学思想研究》，科学出版社 2012 年版，第 82 页。
③ 《钱学森书信》（第 7 卷），国防工业出版社 2007 年版，第 42 页。

为系统哲学）的是系统论①。笔者赞同这个意见。相比之下，关于信息的哲学概括更适于这样处理，属于哲学殿堂的称为信息观，即辩证唯物主义的信息观，是辩证唯物主义哲学极为重要、尚在建立中的组成部分；属于哲学分论的是信息哲学，即沟通信息科学与哲学殿堂的桥梁。邬焜似乎没有公开提到过钱学森的现代科学技术体系学，估计他有所保留。这很正常，学术观点百家争鸣嘛。按照我的理解，邬焜的信息哲学主要属于哲学殿堂中的信息观。

信息科学作为现代科学技术体系的第 12 大部门，它的哲学分论如何建立？笔者思考此问题多年，尚无明确见解。初步看法是，邬焜的信息哲学有关桥梁层次的东西不多，他的兴趣在哲学殿堂。国内学者明确讨论信息科学哲学分论的著作，我尚未看到。相比之下，我以为欧洲学者的信息哲学研究，如 Floridi 的文章，倒有不少有用的内容。因为他们的学术兴趣不在信息的本体论问题，而在于联系计算机、通信工程、社会信息化等实际问题进行哲学探索，故更接近信息科学技术，更能体现科学技术与哲学的联系和相互过渡。建立钱学森桥梁学科意义上的信息哲学，要重视利用他们的研究成果。

系统科学，信息科学，思维科学，是三大新兴的横贯科学，意义非凡。流行的说法是横断科学，此说很不科学。系统科学和信息科学的研究对象并非存在于客观世界的某一个或某几个横断面上，而是贯穿于客观世界的所有层次、所有侧面、所有部分、所有视角，横而未断，贯通时空，无所不在，具有横贯性，而非横断性，故应该称为横贯科学（数学是古老的横贯科学）。而所有大部门的研究都要靠人的思维，思维现象横贯于所有部门、所有层次的研究活动中，故思维科学也是横贯科学。这三门科学又相互贯通，研究其中某一门，必定自觉或不自觉地联系到（或进入）其他两门，三者无时不在相互交叉。研究 11 个大部门，加上研究思维科学本身，所用的思维既有共性，也有某些特殊性，需用系统观点和信息观点去理解。既然如此，干脆有意识地把三种视角、三类对象拢在一起，像钱学森说的那样，来它个综合集成！

　　① 钱学森等：《论系统工程》，上海交通大学出版社 2007 年版，第 162 页。

邬焜"存在领域的分割"理论及其意义

康兰波

（空军工程大学教授、博士，

西安交通大学国际信息哲学研究中心特聘研究员）

邬焜在《信息哲学——理论、体系、方法》（商务印书馆 2005 年版）以及近几年发表的多篇论文中，例如《哲学基本问题与哲学的根本转向》（《河北学刊》2011 年第 4 期）、《存在领域的分割和信息哲学的"全新哲学革命"意义》（《人文杂志》2013 年第 5 期）以及《从信息世界看哲学的发展及其根本转向》（《中国人民大学学报》2014 年第 3 期）等，都认为他的"存在领域的分割"理论，改变了以往哲学对存在领域的分割，实现了"全新的哲学革命"或"哲学的根本转向"。他的这一主张兴许会让不少对他信息哲学不甚了解的人大为不服，甚至会认为邬焜有些大言不惭，但当我们深入到这一理论的内部，并从中获得新的启发之时，其在哲学上所具有的革命性、创新性也就不言而喻。

一 隐含在以往哲学信条中的重大理论问题

邬焜在"存在领域的分割"理论中，提出了一个隐含在以往哲学信条中的重大问题。这个问题就是相信世间万物最终归结起来无外乎就是物质和精神两大类现象，可以用物质和精神两个范畴来表征。用哲学的话语说，就是"存在＝物质＋精神"①。邬焜这里所说的存在，其实是继承了

---

① 邬焜：《信息哲学——理论、体系、方法》，商务印书馆 2005 年版，第 35 页。

黑格尔的传统，认为存在即"有"，"是世界上所有事物和现象的统称"。① 在哲学上，"存在"是最高范畴，它表征着哲学思考问题所达到的最高普遍性。从逻辑上看，"存在"也是外延最大的概念，它本身不可再还原，更无法将它归结到别的概念范畴之中。但"存在"极为广泛的外延，却构成了一个在逻辑上可以按特定标准来加以划分的"存在领域"，即"世界上所有事物和现象"。以往的哲学正是在对"世界上所有事物和现象"加以归结还原基础上，最后形成了两个仅次于"存在"的范畴，即物质和精神，即"世界上所有事物和现象"最终可分为两类，一类为物质现象，可由物质概念来指称；另一类则为精神现象，由精神概念来标志。而就这两类现象或者两个概念谁更为根本，则形成了唯物主义和唯心主义的尖锐对立。

邬焜指出，上述信念几乎成为以往所有哲学探讨问题的基本前提。即便是列宁站在唯物主义立场给"物质"下的定义，也是以承认"整个存在领域是由物质和意识（精神）这两大领域分割着"为前提的。然而，这样的前提恰恰是"未经证明但已被公认的一个基本信条"②。而由这一基本信条所作出的推论同样也是难于成立的。因为根据整个存在领域可以被划分为物质（质量和能量）和精神两大领域，如果精神被看成是"主观存在"的话，那么物质就只能被理解为"客观存在"，而列宁的物质定义分明是讲"物质是标志客观实在的哲学范畴"。这样一来，便可得出"客观实在＝客观存在＝物质"③ 的判断，而这个判断在信息时代，面对一些客观而不实在的信息现象显然已站不住脚。

英国哲学家波普尔认为，科学研究始于问题。其实，真正的哲学研究又何尝不是起始于问题呢？而"问题"往往可分为常规科学问题和非常规科学问题。按照美国科学历史学家库恩的观点，常规科学问题可以被理解为在原有科学理论体系，或者范式（Paradigm）中提出的有待进一步解决的科学问题。这类问题的解决，有利于巩固、丰富原有的科学理论体系或科学范式。而非常规科学问题则是由原有科学理论体系或范式本身的弊

① 邬焜：《信息哲学——理论、体系、方法》，商务印书馆 2005 年版，第 34 页。
② 同上书，第 35 页。
③ 同上。

端所隐藏的问题，是在排斥现有理论体系或范式的前提下提出的有待解决的全新疑难问题。这类问题的提出与解决是科学革命的关节点，具有潜在革命性、创新性特点。所谓"范式"就是科学家共同体"公认的模型或模式""范例""惯例"等①，关涉到科学家共同体"共同的信念、传统、理性和方法"②。

哲学虽在研究对象、关注主题、功能目的等方面都不同于科学，但作为学术研究，其结构模式又和科学研究大体相当。对于哲学研究来说，在原有哲学"范式"基础上来探讨各类问题，应该说这样的探讨属于常规哲学问题探讨。在这样的探讨中，尽管会出现由本体论到认识论再到语言学、价值论等具体关注点的不断转化，也会出现对原有理性和方法的质疑等，但像"世界上所有事物和现象"最终都可归结为物质和精神的哲学信念和传统，却始终没有发生改变。也就是说，以往哲学所探讨过的本体论、认识论、价值论、语言学等问题，由于没有触及到哲学的最高层次信念，因而终归属于常规性哲学探讨。兴许正是基于这样的认识，邬焜才会认为："迄今为止人类哲学的发展从未实现过真正意义上的根本性哲学革命"，"西方学者所认定的几次哲学转向，由于未能在存在领域分割方式的哲学最高范式的层面引发变革，所以，这些所谓的哲学转向都不可能构成根本性意义的哲学革命。"③

但是，如果哲学探讨的问题，已经从根本上动摇了长期以来人们坚信的哲学信条，改变着哲学研究的原有范式，那么哲学所探讨的这类问题，就应该属于非常规性问题，对这类问题的深入研究，显然带有革命性和创新性。从这个意义上说，邬焜对以往哲学关于"存在＝物质＋精神"，"客观实在＝客观存在＝物质"的质疑，实际上是从根本上动摇了以往哲学的基本信念、研究传统和习惯，要合理解决这样的质疑，很大的可能性就是要对存在领域加以重新划分，而一旦这样的划分成立，那么，以往哲学的众多问题必将在新的划分基础上来加以重新探讨。这由此将会给哲学

---

① ［美］托马斯·库恩：《科学革命的结构》，金吾伦、胡新和译，北京大学出版社 2003 年版，第 21 页。

② 黄顺基：《自然辩证法概论》，高等教育出版社 2004 年版，第 176 页。

③ 邬焜：《存在领域的分割和信息哲学的"全新哲学革命"意义》，《人文杂志》，2013 年第 5 期。

带来全新的理论和面貌，使哲学发生重大变革。

二　邬焜对存在领域的重新划分

提出非常规性问题仅仅为引发哲学革命提供了可能，只有深入分析解决这样的问题，才能真正迎来哲学革命的曙光。邬焜"存在领域的分割"理论正是目前对这一非常规性哲学问题较为合理的解决。

将世界上所有事物和现象归结为物质和精神，将客观实在（物质）等同于客观存在，在邬焜看来似乎是遗漏了某些东西。仔细分析列宁的物质定义，"物质是标志客观实在的哲学范畴，这种客观实在是人通过感觉感知的，它不依赖于我们的感觉而存在，为我们的感觉所复写、摄影、反映。"[①] 这里的"客观实在"包括两方面的含义，一是"客观"；二是"实在"。"客观"是相对于"主观"而言的；"实在"是针对感觉所能够复写、摄影、反映而言的。在人通过眼耳鼻舌身等感觉器官所形成的各种感觉中，身体所获得的触觉，可能是最能印证实在的。这正如陈嘉映所说："感官印证实在的力量不是并列的，触觉更多印证实在。"[②] 而在信息科学技术高度发达的今天，人们也能体会到有些东西未必一定要通过身体触觉才能感知到，通过其他感官，特别是眼、耳等同样能够获得某些感觉，从而实现复写、摄影、反映。像这些东西有可能是客观的，也有可能是主观的，但它们对于人身体触觉来说，则显然是不实在的。由此可以发现，世界上所有事物和现象也可以通过以下四个基本概念来描述，即客观、主观、实在、不实在。客观、主观涉及是否在人精神之外；实在、不实在则涉及人身体触觉的感知情况。如果将这四个概念分别组合起来就会得到客观实在、客观不实在、主观实在、主观不实在。这四个概念组合分别表征着世界上所有事物和现象与人的精神和身体触觉之间的关系。像列宁物质定义中的"客观实在"，正是"客观"和"实在"的组合，表征着这类事物现象既在人的精神之外，又能为人的身体触觉所感知。

按照以上思路，邬焜分别对客观实在、客观不实在、主观实在、主观

---

① 《列宁选集》（第2卷），人民出版社1972年版，第128页。

② 陈嘉映：《哲学·科学·常识》，东方出版社2007年版，第212页。

不实在进行了分析。他说: "'客观实在' 是有明确所指的, 列宁说它就
是物质。"① "主观实在" 是没有什么东西和现象可以指谓的, 因为主观的
东西归根到底是主体对客体的反映, 反映着的内容不是被反映的客体本
身, 因此, "它也就不可能是实在的"②。至于 "主观不实在", 则是指意
识、精神之类的现象, 是主体对客体的主观反映和虚拟性建构, 是主观
的、不实在的。③

　　而对于 "客观不实在", 邬焜则花了较大的精力来加以详细叙说。在
他看来, 列宁在《唯物主义和经验批判主义》中曾表达过这样一个思想,
即: "一切事物间都具有类似于反映的特性"。对于列宁这段论述, 邬焜
专门加了一段较长的注释, 以便将列宁在该著作中就相关议题的论述较为
完整地呈现出来, 以展示列宁这段论述的严谨性。④ 在此基础上, 邬焜进
一步分析了反映的实质。他说: "反映的实质就是某物的内容、特性等在
另一物中映现出来, 这种映现着的某物的内容、特性显然并不等同于某物
本身, 也并不等同于映现着这些内容、特征的另一物。"⑤ 像水中月、镜
中花, 既是客观的, 又是不实在的。而树木年轮中凝结的树木所经历的多
年寒暑状况及其他相关关系的内容、DNA 中编码的生命种系发生的历史
关系以及个体发育的一般程序的关系的内容、地层结构中凝结的地质演化
的历史关系的内容、宇宙结构状态中凝结的宇宙起源与演化至今的相关关
系的内容等, "都具有客观不实在的性质"。所以, 邬焜认为, "'客观不
实在' 正是对客观事物间的反应 (类反映) 内容的指谓。在客观世界中
普遍映射、建构着的种种自然关系的 '痕迹' 正是储存物物间的种种反
应内容的特定编码结构。"⑥ 而要理解邬焜的这段论述, 对反映内容的把
握也许是至关重要的。若忽略了这一点, 单从外在表现形式上来看树的年
轮、DNA 结构、地层或宇宙结构等现象, 往往就会否认 "客观不实在"
或 "客观信息" 的存在。也正是从反映内容上来考虑问题, 邬焜才坚持:

---

① 邬焜:《信息哲学——理论、体系、方法》, 商务印书馆 2005 年版, 第 36 页。
② 同上书, 第 37 页。
③ 同上。
④ 同上书, 第 36 页的页下注。
⑤ 同上书, 第 36 页。
⑥ 同上书, 第 37 页。

"'客观不实在'与标志物质世界的'客观实在'的存在方式具有本质的区别"。①

通过以上分析，邬焜认为那个标志"世界上所有事物和现象"的存在范畴，其实应该划归为"客观实在、客观不实在、主观不实在"三大领域，而客观存在的范围大于客观实在，所以，"在物质和精神之间还有一个传统科学和哲学未曾予以足够重视的'客观不实在'的领域。"② 如果不考虑反映，或者不考虑将某物的内容、特性等映现在另一物上，单从"实在"这一角度看，那么事物的存在就是一种"直接存在"。因为它不需要"映现、反映"等为中介，人的身体触觉一般能够和其他感官一道直接感知它。这正像列宁所说的"客观实在"或"物质"。相反，如果必须考虑反映、映现，或者事物内容、特性等是通过"映现、反映"等中介而呈现出来的，它们对于人的身体触觉来说不实在，但通过其他感官同样也能感知，那么这些内容、特性等便是事物的"间接存在"。像客观不实在、主观不实在，它们都需要以"映现、反映"等为中介才能表现出其真实的内容、特性，因而它们都属于"间接存在"的范畴。

基于以上认识，邬焜更进一步认为，哲学上那个最高的"存在"范畴，其外延又可被划分为"直接存在"和"间接存在"。邬焜说："把实在和直接存在看成是同等程度的概念，把不实在和间接存在看成是同等程度的概念。从间接存在的角度看，间接存在是直接存在的反映（广义的），从直接存在的角度看，间接存在是直接存在的显示。"③ 为了更好地表达以上概念之间的逻辑关系，邬焜给出了四个逻辑表达式：

物质 = 客观实在 = 实在 = 直接存在

不实在 = 客观不实在 + 主观不实在（精神）= 间接存在 = 信息

客观不实在 = 客观间接存在 = 客观信息

主观不实在 = 主观间接存在 = 主观信息

同时，为了更鲜明地表达出他不同于以往哲学对存在领域的划分，邬焜专门以一个图示来表达他的新思想：

---

① 邬焜：《信息哲学——理论、体系、方法》，商务印书馆 2005 年版，第 37 页。

② 同上。

③ 同上书，第 38 页。

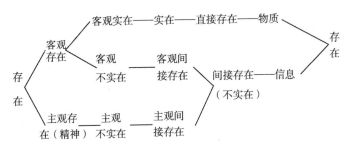

图1　邬焜"存在领域分割"图

而为了从哲学上进一步论证"不实在 = 客观不实在 + 主观不实在（精神）= 间接存在 = 信息"，邬焜对"直接存在"、"间接存在"展开了进一步的分析说明，认为，这两大概念都是哲学的抽象，既不可简单归结为某种具体的直接存在物或间接存在物上，又不能脱离这些具体的存在形式的共同本质。因此，还必须对这两个抽象哲学概念所涉及的外延加以探讨。他经过一系列分析认为，直接存在在外延上至少包括三个具体层次：一是作为直接存在物的实体和场；二是作为直接存在方式或状态的运动、时空、差异、层次、结构等；三是作为直接存在关系的相互作用、功能实效、物物转化、流变生成等。[1]

而"间接存在"的外延则大体上可从"历史、现实、未来三个相互联系的方面"来加以把握："一是关于事物自身历史的反映（包括曾经发生过的与他物之关系）；二是关于自身性质的种种规定，这些规定在其展示的时刻是一种直接存在的过程，但是在其未曾展示的时候还只能是一种现实的间接存在；三是关于自身变化、发展的种种可能性。"[2]

至此，问题的关键已转化为："间接存在"这个概念与"信息"这个概念在内涵、外延上是否相通。为了解决这个问题，邬焜通过将"间接存在"概念与日常经验理解的信息概念、实用信息科学中的信息概念，以及其他哲学学说所给出的信息概念等加以认真比较（篇幅所限，在此不一一累述），并在比较基础上最终认为"间接存在"的概念和"信息"的概念在哲学上是相通的。如果认为物质是标志客观实在的哲学范畴，同

---

① 邬焜：《信息哲学——理论、体系、方法》，商务印书馆 2005 年版，第 40 页。

② 同上书，第 46 页。

时也是标志"直接存在"的哲学范畴的话，那么信息便是标志不实在、间接存在的哲学范畴。在此基础上，邬焜从哲学的层面，从对"物质"范畴的比较分析中，对信息的哲学本质作了如下概括："信息是标志间接存在的哲学范畴，它是物质（直接存在）存在方式和状态的自身显示。"①

在邬焜看来，物质和信息虽然也是二元，但它们却并不对立，因为间接存在与直接存在相比，并不具有绝对的独立性。"间接存在是由直接存在派生出来的，是对直接存在的显示或反映。""直接存在才是间接存在的根据。"② 作为直接存在的物质从世界的本原或本性意义上说始终是第一性的③，而作为间接存在的信息，它是由直接存在（物质）派生出来的，是对直接存在（物质）方式或状态的显示。而"一切存在物都只能是直接存在和间接存在的统一体，都既是物质体，又是信息体。"④ 这意味着，物质在直接存在的同时，就以各种方式、借助各种载体映现、反映着自己的存在，这些映现、反映的内容是物质的间接存在，它以物质直接存在为基础，灵活多样、多彩纷呈、生动活泼地表现着物质的存在状态和存在方式。所以，直接存在与间接存在的关系不是非此即彼、相互排斥的关系，而是一种有你有我的共生协同关系。所以邬焜才说："我们面对的世界是一个双重存在的世界"，物质世界中载负着另一个显示着这个物质世界多重规定性的信息世界。⑤

三　邬焜"存在领域的分割"理论的现实意义

纵观邬焜"存在领域的分割"理论，可以发现其从理论论证到具体实例的分析都十分严谨。既有相关哲学背景的理论支撑，又有严格的概念规定、严密的逻辑论证，还有当代信息科学、现实生活实例等旁证。可以说，邬焜对存在领域的重新划分是经过多年非功利性深思熟虑而提出的。虽然目前尚存在多方面争议，但就现有研究状况来看，这一学说不仅在理

---

① 邬焜：《信息世界的进化》，西北大学出版社 1994 年版，第 26 页。
② 邬焜：《信息哲学——理论、体系、方法》，商务印书馆 2005 年版，第 41 页。
③ 同上。
④ 同上书，第 39 页。
⑤ 同上。

论上站得住脚，而且在实践中也为哲学全面反映、深刻反思信息时代人的现实世界提供了更为全新的视野。

以往人们总是在物质和精神的二元对立中来理解人的现实世界的。在这样的理解中，马克思通过实践的观点，以动态演化、历史过程的思维逻辑将物质和精神二元对立具体、历史地统一了起来。达到了对人及其现实世界的最合理理解。在马克思实践观点看来，人和世界的关系是建立在实践基础上的改造和被改造关系。人通过实践活动将自己从自然界中提升出来，成为自然界的"对立面"，同时，又通过实践活动改变自然界，从而建立起人和自然界相互作用的、每个人实际生活其中的"现实世界"，并在实践中推动着现实世界的生成演化和发展。而现实世界的客观性、规律性又反过来制约着人，迫使人在改造世界中改造自己、提升自己，以达到与世界这个"对立面"的具体的、历史的统一。与此同时，世界在人的改造中所发生的变化，又无不反过来映照着人的存在状态和面貌，并促使人进一步地按照自己的目的理想来改造世界。这种对人和世界关系的理解，既承认了自然界的先在性、现实世界的客观性，又承认了人通过实践所实现的自我提升、自我理解、自我改造、自我发展，以及变革现实世界的能动性，还在实践基础上实现了物质和精神的对立统一。因此，马克思实践观点是在以往物质和精神二元对立背景下对现实世界和人的最唯物主义、最优化合理的理解。

但也正是在以往物质和精神二元对立背景下的唯物主义理解，其在信息时代到来之际，不免会暴露出一些局限性。因为不管是自然界、人生活其中的现实世界，还是人及其实践活动，它们都往往被理解为"直接存在"。而"人—实践活动—现实世界"，这个由三大要素相互作用所构成的系统整体及其历史演化，也就只能被看成是具有客观实在性的"直接存在"物。至于这其中包含的复杂性，三大要素间相互作用的非线性，人对这个系统整体演化方向、方式等的干预性等则被忽视了。而物质和精神的二元对立，尽管在马克思实践观点的基础上获得了对立面的动态、历史性统一，但人通过实践而展开的精神创造及其作用却被这种简单、直线式的"对立"给掩盖住了。

可如果按照邬焜的理解，从物质和信息共生协同的双重维度中来理解人和世界及其实践关系，那么信息时代的深入发展，必将开启出蕴含在马克思实践观点中的更大、更深刻智慧。

在物质和信息共生协同的双重维度下，"人—实践活动—现实世界"这个由三大要素相互作用所构成的系统整体及其演化，全都贯穿并交织着物质和信息的双重维度及其非线性复杂相互作用。而信息的不实在性，信息对直接存在的依附性，信息存在范围的普遍性，信息载体的可替换性，信息内容的可复合和可重组性，以及在这种复合和重组中的畸变性、创新性等①，又都无不增加着"人—实践活动—现实世界"系统整体演化的复杂性。

第一，"人"不单包含着物质和精神的二元对立，不单在实践中实现着物质和精神的具体统一，而且更重要的是他在实践中不断创造、享受着各式各样的新信息，包括鲍德里亚所说的符号消费。人确实有精神，并在实践中不断丰富、创造着这样的精神信息。但在邬焜"存在领域的分割"理论中，单纯静态的精神实际只从属于信息，仅仅可被归于"主观间接存在"，其逻辑位次低于物质和信息，在整个存在领域，精神仅属于第三层次的概念（参见图1）。但人却通过实践活动，不断地进行着精神信息等的创造，并将这样的创造付诸于他所生活的现实世界之中，使物质、信息在他的信息创造中被赋予崭新鲜活的意蕴，从而使抽象的"存在"尽显其现实、动态之美。人所生活的现实世界才因此而充满生机和活力。而人作为现实世界的最杰出"信息创造者"，他通过其自身的信息创造和享受活动真正超越了单纯静态的精神在"存在领域"中的低层次地位，使精神所蕴含的信息创造活力通过实践活动而充分彰显和不断开掘了出来。

第二，在物质和信息双重维度的共生协同在中，人自由自觉的实践活动虽然包含有信息的收集、储存、整理、加工、传递、虚拟等内容，包含着对信息的消费和享受等诸多具体情趣。但从其最本质的意义上说，人的实践活动更是信息的创造活动。邬焜在信息生产论中曾认为，"人类在生产活动中是根本不可能创造出物质的"，因为，自然科学的物质（质量和能量）守恒定律早已告诉人们"世界上的物质既不能消灭也不能创造"②

① 邬焜对信息特性作了详尽论述。参见邬焜：《信息哲学——理论、体系、方法》，商务印书馆2005年版，第65—67页。

② 邬焜：《信息哲学——理论、体系、方法》，商务印书馆2005年版，第326页。

因此，人们通过生产实践活动只能说是创造了信息。为此，邬焜在做了大量严密的分析论证之后指出："人类的物质生产是人类复制、创造特定物的结构信息，以及人所设计的目的信息在实物产品中实现的过程"。"是人类改变和建构物的结构信息的信息生产过程。"[①] 而"创制和复制观念信息是精神生产的实质"[②]，属于主观信息。至于人类自身的生产归根到底仍然是信息的生产。因为人类自身的生产包括两个相互衔接的环节，一是通过对人类遗传信息的复制产生出人的个体生命；二是通过对人类社会文化信息的同化将具有个体生命的人培养教育成社会化的人[③]。可见，物质生产、精神生产、人自身的生产归根到底是信息生产，其实质就是"复制、改变和创造观念信息、人的遗传信息、社会文化信息、物的结构信息，以及将劳动主体的目的信息转化为实物产品的结构信息"[④]。

　　生产活动是人实践活动的最主要、最基本的活动。而其他调整或变革社会关系的活动、科学探索活动等，从根本上说，也同样是信息创造活动。调整或变革社会关系的活动，实际是人主观信息与社会关系结构信息的相互作用，是人将自己的主观信息（目的、意识）贯注于社会关系，使社会关系的结构、秩序以新的编码方式而展开，从而使社会结构、秩序展现出新的信息样态。[⑤] 同样，探索世界本质或规律的科学探索活动也是一种信息活动。它是人在特定目的、意识等主观信息支配下，获取现实世界各方面信息，并对这些信息进行分类、加工、储存、传递和创生。[⑥] 所以，人的实践活动本质上就是信息创造活动，是这样的活动造就了人，使人成为世界上最具活力、最具有创造主动性的信息创造者；同样，也是这样的活动造就了人的现实世界。

　　第三，在"人—实践—世界"的整体演化系统中，"存在"的最深刻意蕴就在于人始终生活在世界之中，人的实践活动也全然发生在这个世界

① 邬焜：《信息哲学——理论、体系、方法》，商务印书馆 2005 年版，第 327 页。

② 同上书，第 328 页。

③ 同上。

④ 同上。

⑤ 康兰波：《人的实践本性与信息时代人的自由》，中国社会科学出版社 2013 年版，第 166 页。

⑥ 同上。

之中。但也正因如此，才使得世界在物质和信息双重维度的共生协同中充满着多层次性和复杂性。如果没有人及其实践活动的信息创造，单有作为直接存在的物质和作为客观间接存在的"自在信息"①，那么这个世界即便生态环境再美好，似乎也顶多只能是动物们的天然乐园，其中的物物相互作用、物种间的生存斗争、生命物质的生生死死似乎也都了无生趣，世界的多层次性和复杂性也将黯然失色。然而，正因为现实世界中人及其实践活动所发挥出的信息创造作用，才使得作为直接存在的物质，在显现出自在信息的基础上，逐渐演化、生成出自为信息②、再生信息③、社会信息④等，从而使现实世界异彩纷呈，并由此形成四重复杂相互作用的世界，即"一个标志直接存在的物质世界和三个标志间接存在的信息世界。即世界1——直接存在的物质世界（以物质体的形式存在）；世界2（信息世界1）——自在信息的世界（以自在信息体的形式存在）；世界3（信息世界2）——自为、再生信息本身的活动（主观精神的世界）；世界4（信息世界3）——再生信息的可感性外在储存（人所创造的文化内容的世界）。"⑤ 在人实践活动的推动下，在信息的连接、跃迁、创生等作用下，尽管其中的三重信息世界都要以直接存在的物质世界为基础，但其中各层次的相互渗透、相互影响，以及整个世界的动态演化又无不呈现出巨大的复杂性和演化方向的不确定性。

从以上对人、实践、世界的分别论述中可以发现，人是实践的存在，而实践的本质却是信息创造，人因此而成为世界上最杰出的信息创造者，在"人—实践—世界"的整体演化系统中发挥着关键性的作用。

其一，作为最杰出的信息创造者，人只有在实践活动中不断创造出新

---

① 邬焜指出，自在信息是客观间接存在的标志，是信息还未被主体把握和认识的信息的原始形态。参见邬焜：《信息哲学——理论、体系、方法》，商务印书馆2005年版，第47页。

② 邬焜认为，自为信息是主观间接存在的初级阶段，是自在信息的主体直观把握的形态。参见邬焜：《信息哲学——理论、体系、方法》，商务印书馆2005年版，第51页。

③ 邬焜认为，再生信息是主观间接存在的高级阶段，是信息的主体创造性的形态。参见邬焜：《信息哲学——理论、体系、方法》，商务印书馆2005年版，第55页。

④ 邬焜认为，社会信息是"在自在、自为、再生三态信息的关系中呈现出来的一种信息现象"。它是在社会的整体系统中"显示着的三态信息的统一"。参见邬焜：《信息哲学——理论、体系、方法》，商务印书馆2005年版，第58页。

⑤ 邬焜：《信息哲学——理论、体系、方法》，商务印书馆2005年版，第94页。

的信息，人的生命、人的价值、人的本质力量才能够得以彰显，人也才会从他所创造的新信息中深深感受到自己拥有"人"一般的活法，感受到自身存在状态的美感，并从中获得幸福和快乐。因此，在现实生活中，借助信息科学技术，将自己的信息创造力发挥到极致，正逐渐成为信息时代人确证自己本质、超越自身有限生命、实现自身价值、彰显自己个性的新型实践样式或人性追求。与此相应，人的存在方式、生存方式、思维方式、价值追求等也都将随之而被赋予更加深刻、丰富的信息创造内涵。这表明，如果在现实世界，人们的信息创造力得不到正常发挥，或者被扭曲、压制，那么人们就会深感自己"活得不像人"，深感自己的不幸，并对自己的存在状态、生命价值等产生怀疑直至否定，以致迁怒、发泄于自己、他人或社会，给自己、他人、社会带来危害。

其二，作为最杰出的信息创造者，人所拥有的信息创造力将成为最重要、最优质的战略资源。当然这其中的关键就在于如何对待、开发这样的资源。信息科学技术的普及和发展，信息科技产品的高效、廉价，信息网络的高速、便捷等，都极大地刺激着每一个人信息创造力的无限发展。这对于一个社会来说，是极其宝贵、优质的战略资源。但如果社会不能意识到每个人所拥有的这种资源优势，不能对人作为杰出信息创造者加以呵护和尊重，不能及时建立相关社会规范来对这样的信息创造力加以保护、引导，并积极地开掘、利用，而是依然按照工业时代将人异化为"物"的社会结构和模式来运行和治理，依然以某种固有的框框来压制、打击人的这种信息创造活力，迫使现实个人的本质力量遭受扭曲，那么这个社会不仅将在整个人类信息创造能力的大比拼中丧失地位和尊严，而且还会面临众多人和人之间因信息创造力被埋没压制扭曲所带来的对立和冲突。因此，尊重人，合理开掘利用好人的信息创造力，建立让每个人都能公平正义、健康地发展自己信息创造力的良性社会制度，正成为信息时代不同民族、不同国家争夺"制信息权"、"价值制高点"和维护社会安定和谐的重要方面。

其三，作为最杰出的信息创造者，每个人必须为自己的信息创造担负责任。由一个物质世界，三个信息世界交织缠绕而成的现实世界，同时也是人通过实践活动在物质和信息双重维度下不断建构、演化的复杂世界。每个人的信息创造尽管属于"信息世界2"，但它却有可能在借助信息工具，特别是信息网络等条件下，直接或间接地生成"信息世界3"，且由此再凝结为新的物质世界，再同时显现出新的"信息世界1"。这一复杂过程意味着，在信息科学技术高度普及的条件下，每个人的信息创造力都有可能被非线性"放大"，以至对由"一个物质世界和三个信息世界"交织缠绕而成的现实世界产生重大影响。个人信息创造力及其作用的这种被"放大"，既标志着人实践能力的增强，同时也标志着人对整个现实世界生成演化的"扰动"在不断扩大，甚至影响到现实世界的实际演化方向。这样一来，要使现实世界朝向有利于大多数人健康生存方向演化，除了社会的正确引导之外，具有强大信息创造力的现实个人必须为自己的信息创造及其后果担负责任，以免每个人在盲目追求自身本质实现（信息创造）的过程中给现实世界带来巨大风险或灾难。而这恰恰要基于个人之间的协同与联合，以及由此所开创出来的更大、更合理价值智慧信息。而马克思"自由人的联合体"兴许在此会有所显现。

从信息世界的发现反思存在与哲学基本问题

邬天启

（西安交通大学人文社会科学学院博士生）

　　哲学研究离不开哲学的基本问题，哲学基本问题从哲学出现时就一直起到支撑哲学理论和对哲学思想倾向区分的作用。在邬焜的"哲学基本问题与哲学的根本转向"①（下称《哲基》）一文的开篇中就提到：恩格斯在 1886 年写的《路德维希·费尔巴哈和德国古典哲学的终结》一书中第一次对哲学基本问题作出了明确表述：

　　1."全部哲学，特别是近代哲学的重大的基本问题，是思维和存在的关系问题。"

　　2."思维对存在、精神对自然界的关系问题，全部哲学的最高问题。"

　　3."唯物主义这种建立在对物质和精神关系的特定理解上的一般世界观。"②

　　这个基本问题触到了人类哲学思考最根本的追究——即自身，他人与外部世界的复杂关系的解读。这三个部分互相交融又互相隔阂，互相限制又互相依存，人类历史上的所有哲学一直都围绕着这三个部分的关系在思辨着，探索着。并一直在孜孜不倦地追求着这三者的统一。从古希腊最早的本源学说，东方最早的天人观，宗教上西方的上帝，东方的佛学一直到现今的现象学，自然本体哲学等等，都无不如此。但新兴的信息哲学与以往的哲学不同，它开创了一个新的视野和思辨的领域。信息哲学重新定义

---

　　① 邬焜：《哲学基本问题与哲学的根本转向》，《河北学刊》2011 年第 4 期。

　　② 《马克思恩格斯选集》（第 4 卷），人民出版社 1995 年版，第 223、224、227 页。

了存在，对存在领域进行了新的划分，对思维、物质、精神、信息、自然这些哲学的最基础的概念进行了全新的思考和界定，从而找到了物质与精神、客体与主体相互联系和统一的具体环节、过程和机制。当然，信息哲学的提出和发展是与人类科学和社会的发展分不开的。信息哲学正是依赖着当今科学和社会的进步，以及前人哲学的思辨成就而创造出了一种对世界的全新解读方式，并具有巨大的解释力与生命力。

一　从哲学的基本问题开始

《哲基》一文中已经对恩格斯的哲学基本问题有很详尽的分析。其中提到了思维和存在的关系问题是这一基本问题的抽象表述，其后的表述只是这一表述的解释和补充，但后面的表述仅仅只是这一抽象表述的简单化和通俗化，没有哪个表述可以简单等同或替代这个最抽象的表述形式。

《哲基》对哲学基本问题的论述包括如下要点。

1. 存在概念本身就是一个尚未解决的问题，只有在具体解决了存在的范围和内涵问题的前提下才可以真正解决哲学的基本问题。或者说存在的概念和范围的问题也就是存在领域的分割问题成为 哲学基本问题的重要部分。

2. 存在的概念不该狭义化，存在的含义不该简单等同于物质，存在领域所对应的应该是"有"，"有"才应该是存在最贴切的界河，物质—能量是"有"，思维同样是"有"，自然是"有"，精神也同样是"有"。

3. 不应该将思维和存在、物质和精神、人和自然界这三对概念简单划分开，对立起来。思维也是一种存在形式，精神也有它存在的物质基础，人类也是自然的一部分。它们是统一的，这也是哲学一直在追求的统一。

4. 将信息概念引入存在范围后，这些问题开始有了全新的解决路径。信息既是连接精神与物质—能量的桥梁，成为认识的中介，同时也将思维与精神包容到了其中。信息哲学应用了当今科学对于信息的研究成果，在本体论层面重新解释了世界，规定了存在。

5. 信息在人类历史上一直是哲学本体论和人类科学中缺失的世界。经过存在领域的分割，存在包括了一个物质世界和三个信息世界：物质世界（以实体和场的物质体的方式存在）、自在信息世界（以客观信息体的方式存在）、自为和再生信息世界（以主观精神活动的方式存在）、文化信息世界（以人类创造的再生信息的可感性外在储存的方式存在，亦即社会信息的存在）。显然，在这四个世界之间存在着以自在信息为中介的复杂交织的相互作用。①

　　个人对于外部世界的无知与恐惧促使人探索和思考其合理的解释。人类力量的渺小和诸多不足与缺憾以及肉体无法逃避的生老病死让人类总是倾向于追求那种永恒的、不变的、完美的、唯一的东西。于是人类思想的惯性促进了哲学追求那个不变的"一"，并把它推到世界本源的位置。这是哲学的开端，也是哲学基本问题的开端。

　　西方哲学发源于古希腊，从泰勒斯（Thales，约前 624—前 547 年）把世界的本源规定为水开始，人类就开始从理性的寻找世界本源的过程中探寻自身与世界的关系，确定自己（人类）在世界中的位置。确定世界的本性才可以确定自己的本性。在东方的中国古代哲学中则是由天地、宇宙、道开始探求心物、心身关系，理气的关系；在古印度哲学中则是大梵与万有和人的关系，在佛学中是世界的空与无和人的关系问题；在西方的宗教神学那里又变为上帝（或神）与自然和人的关系。所以可以发现哲学基本问题也是流变着的，但万变不离其宗。这个最中心的问题总是一直在围绕着那个人类追求的"一"，也就是"存在"本身。

　　从上文中总结的五点来看，今天，存在问题又重新从哲学基本问题中被突现出来。存在问题也在哲学史上被称为哲学的第一问题，其实存在概念的定义及其领域的划分决定着一个哲学流派的根基。就像新的存在观和新的存在领域分割方式成了信息哲学的理论根基一样。该如何从人类最原始的初衷去追寻存在和哲学的基本问题，或许只有回到最简单的起点，即自身、他人与外部世界这个关系上。

二　自身，他人与外部世界

　　再次回到本文开篇提到的人类哲学的基本问题所反映的人类对于世界

---

①　邬焜：《哲学基本问题与哲学的根本转向》，《河北学刊》，2011 年第 4 期。

解释性的追求，就是自身、他人与外部世界的复杂关系的合理解读。这也是历代哲学的终极追求。这三者的关系很微妙，可以用"图1"来表示。

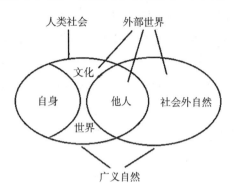

图1　自身、他人与外部世界关系图

　　从图1来看，整个世界可以被统称为广义自然，自身以外的世界被称为外部世界。外部世界包括了他人与自身之外的社会与自然，自身与他人与人类创造的文化世界组成了人类社会。

　　如果非要把众多的哲学流派划入唯物与唯心两个部分，根据应该就是哲学问题的出发点。从图1的左侧进入世界的就属于唯心主义，反之则是唯物主义。其实如果从认识的方式来说，正常人认识世界的顺序永远都是从图示的左侧进入的也就是唯心的路线。人从出生开始，都是只能通过自我探索以及了解他人来认识世界，通过认识自我才能设想他人，人只有在自我与外部世界互动的过程中才能逐渐认识这个世界，知道自身与外部世界的差异。所以笔者认为唯心的认识世界应该是一种人类认识方面的惯性。反而唯物主义认识方式才是被后天强加的一种思维方式。唯物主义的认识方式是从外部世界开始的，这种认识方式为众多哲学流派所诟病，最著名的应该就是西方流行的现象学学派。

　　现象学学派创始人胡塞尔（Edmund Husserl，1859—1938年）。他是一个很"科学"的哲学家，他应该也是想避免被后天加入进来的唯物主义思维方式所蒙蔽而寻找人类最初认识世界的方式，不想被预设的外部世界影响，所以他通过现象学方法先验还原得到"纯粹意识"、"纯粹自我"，为一切知识提供先验的存在基础。他主张在考察意识活动时必须反对"自然主义"的态度，把关于外在自然的任何命题都予以"悬置"，这样做的理由应该就是为了保持认识方式的单向性和纯粹性，避免双向思考带来的扰乱。所以胡塞尔的"悬置"理论并不是要否定自然、否定物质世界自身的存在，他只是要借此寻求一种探索意识本质的方法，他说："我并不否认这个世界，并不怀疑它的存在"，"使用悬搁"的用意在于"完全阻止运用关于时空存在的判断"，"使从属于自然态度的一般命题失去作用"。①

现象学的思考路径就是从自身出发为外部世界找到存在的基础，但在理论行进中还是遇到了很多问题，对外部世界的"悬置"、对意识内容的"悬置"只是回避或搁置了自然界和意识、物质和精神关系的问题，其实并没有解决这个问题，由此带来的麻烦就是如何由自我的纯粹意识推向他人，推向自然，既然已经将外部世界"悬置"了，这样下去就要陷入唯我论的境地。为克服这一困难，胡塞尔在晚年提出了"交互主体性"理论，以承认他人同样具有自我意识的有效性。于是他开始为他的理论打开了一个缺口，有一个缺口就意味着可能会出现更多的缺口。紧接着胡塞尔在其晚年又提出了"生活世界"的理论。他写道："生活世界是永远事先给予的、永远事先存在的世界……一切目标以它为前提，即使在科学真理中被认知的普遍目标也以它为前提。"②"悬置"理论带来的一系列难题。靠这样打补丁的方式一次次的打开缺口，但又会面临更多的麻烦。所以单向性的从自身进入世界是非常艰难的，不依靠科学以及人类这么久的认识基础为前提的思辨过程最后也就是一场思维游戏而已，根本没办法作为一种严谨的科学，更不用说作为科学的基础。

从现象学的例子来看单纯地从图 1 左边进入，从自身出发来认识、规定世界是很艰难的，所谓的外部世界预设，也就是唯物主义的观念是正确认识世界的基础，也就是说以人类历史严谨的科学研究成果作为基础，这样才可以真正把握住存在，认识世界。

信息哲学则是从图 1 的双向（内外合）进入式方法。运用信息概念寻求思维与物质之间的关系，确定存在的范围，解释、认识自然世界。首先从图 1 的右边进入，科学上信息世界的发现为我们提供了对存在领域的

①　赵敦华：《现代西方哲学新编》，北京大学出版社 2001 年版，第 113 页。

②　同上书，第 115 页。

构成和人的认识方式的复杂性的新看法，从而打破了传统的物质和精神、主体和客体、自身和外部世界的二元对立关系。首先实在并不等于存在，而客观的东西并不都是实在的。就像本人与自己照片上的人大家都会说这是同一个人，但这两个明显不是同一个"人"。一个是真正的人，而另一个只是与这个人相貌相同或相似的影像，影像仅仅是一种光学效应，照片只是模仿了一个人对于我们肉眼的光学体验。人是实在的，而照片只是一个在胶片上的影像，照片是一张胶片也不可能是个人。这种映现的某物的内容、特性显然并不等同于某物本身，也并不等同于映现这些内容、特性的另一物。照片的内容是客观的，像类似照片传递的内容是一个新的存在领域，就是"客观不实在"。按照邬焜信息哲学的讨论，"客观不实在"正是对客观事物间的反映（类反映）内容的指谓。在客观世界中普遍映射、建构的种种自然关系的"痕迹"正是储存物物间的种种反应内容的特定编码结构。正是在这一特定的意义上，我们说"客观不实在"与标志物质世界的"客观实在"的存在方式具有本质的区别。①

如果以直接存在来指谓物质世界的存在方式的话，那么就可以相应的以间接存在来指谓信息世界的存在方式。据此可以确立一种新的存在观：世界是统一于物质基础上的，物质和信息（直接存在和间接存在）双重存在的世界（见图2）。

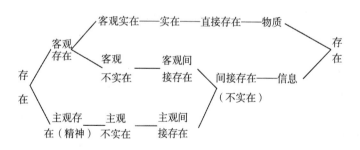

图2　存在领域分割图②

从图2可以发现，信息哲学对存在领域进行划分之后，存在不再是简单的物质和精神的二元模式了，在物质和精神之间增加了一个客观信息的

① 邬焜：《信息哲学——理论、体系、方法》，商务印书馆2005年版，第37页。
② 同上书，第39页。

世界，而且精神被作为主观间接存在属于了信息，于是存在包括了物质、信息，而信息则包括了精神。存在的包容性使它成为了真正的"有"。

哲学的本体论和认识论是统一的，由于信息世界的发现，由于物质和信息双重存在和双重演化理论的提出，便有必要相应建立一种全新的认识论理论。从信息认识论出发，即从左侧进入图1，应该首先从认识的发生出发，自身以及他人，或者说所有的智能生物都可以被作为认识主体。而认识主体的产生必须以信息的凝结为中介，认识主体的基础是在漫长的生物种系进化过程中，种群对适宜信息不断同化和异化、不断凝结积累、不断选择自构而生成的一个特殊信息体，而这种信息体主要体现在遗传信息上。认识主体的首要需求是适应自然，对适宜环境信息（包括人类创造的文化信息）的不断同化，这是认识主体得以存在和形成的基础。[①]

信息哲学将认识主体认识世界的过程总结为：凭差异而识辨，依中介而建构，借建构而虚拟。[②] 所以自身正是凭借信息的特性认识自己，他人和外部世界的。

三 事物存在的层次

在前文中已经提到了信息哲学对于存在领域的分割，"存在"包括了直接存在和间接存在，而间接存在又分为了客观间接存在和主观间接存在，因为主观的存在都是间接的，所以主观间接存在也可以简称为主观存在。所以存在领域被简单归类到三种存在方式：直接存在，客观间接存在，主观存在。如果从主观存在的本质为主观信息这个角度出发，便可以再将主观存在细分为自为信息与再生信息两大类，我们也可以将这两大类相应地称为"主观自为存在"和"主观再生存在"。这样，我们便可以将存在的层次归纳为四种。

A. 客观直接存在；B. 客观间接存在；C. 主观自为存在；D. 主观再生存在。

一个完整的事物体，在主观介入的情况下应该是具有这四种存在层次

---

① 邬焜：《信息哲学——理论、体系、方法》，商务印书馆2005年版，第158—163页。
② 同上书，第168页。

的。现在就需要分别讨论这四种存在层次的含义。"客观直接存在"和"客观间接存在"是一般事物的最基础存在方式，在没有智慧生物的主观介入情况下世界上只有这两种存在形式，那样的世界是无法谈及被认识或被理解，自然是天然自在的，依照着它的规律和本性运动和发展着。客观物质与客观信息从世界诞生时起就相辅相成，永恒地运动着，变化着，变换着存在样态。自然的发展进化出了生命形式，紧接着进化出了智慧生命。

作为智慧生命的人类做的第一件事就是开始审视自然，进而认识自然，理解自然，改造自然。新的存在形式开始出现，出现在以人类为代表的智慧生物的意识中，这就是主观存在的形式。这种主观存在表现为两种层次，自为存在的内容其实就是自为信息，自为信息是主观间接存在的初级形态，是自在信息的主体直观把握的形态。① 其实这是一种生物神经系统的反射信息，是一种生物应对客观存在永恒运动和变化的一种神经映射。这种映射的具体形式虽然经过了生物体感知系统的生理结构和某些认知方式的中介，并在这一中介下会发生相应的信息选择、变换和重构，但是，就其本质而言，这一层面的信息并不带有任何主观意识的刻意参与。这一层面的信息仅仅是生物主体的感觉、知觉活动所把握的存在。所以我们所讨论的，唯物论所研究的外部世界虽然是与外部客观存在相对应的，但却并不能等同。因为这些基于我们感觉的现象与体验都是属于自为信息，也就是主观自为存在的范畴。我们是通过自己感受到的自为存在推导出了其背后的客观直接存在的，在这一过程中利用了客观间接存在作为了中介。中介给予我们的只可能是客观存在的一个层面，一个部分，不可能是全部。所以这几种存在层次是不能混为一谈的。

最后一种存在形式是主观再生存在，这种存在形式的内容就是再生信息。信息哲学中对再生信息是这样定义的：再生信息是主观间接存在的高级阶段，是信息的主体创造性的形态，它的基本形式是概象信息和符号信息。概象信息是人类思维创造的新形象，符号信息则是人类思维创造的主观代示信息关系的符码。② 概象信息和符号信息这两种信息的分类是基于

---

① 邬焜：《信息哲学——理论、体系、方法》，商务印书馆 2005 年版，第 51 页。
② 同上书，第 55—56 页。

人类两种创造性的思维方式来定义的，即形象思维与抽象思维。这种存在形式是在高等智慧生物主观中所独有的。是精神运用思维与智慧对于感知信息进行加工与改造的产物，是一种思维创造的特殊的存在形式。

现在我们用一个例子来阐释这几种存在方式的区别与联系。比如桌上的一个苹果，它是一个客观实在的苹果，这就是苹果的客观直接存在；苹果通过辐射或反射各类粒子、波场，将自己的某些差异关系用这些粒子或波的特定场态分布的模式显示出来，或者将其映现在特定的外在物中，如，水中、镜中……，这就是苹果的客观信息的显示，也就是苹果的客观间接存在；当载有苹果的某些差异关系的粒子、波场与我们的相应感官相作用时，我们通过神经器官的相应操作，在我们的大脑中产生了与苹果相对应的大小、形状、颜色、气味、硬度、温度……等主观呈现的信息，进而，我们还可以把这样一些主观呈现的模式通过内部的相关操作过程转化为短时或长时的记忆，这样的关于特定苹果的主观呈现和记忆的信息便是苹果的主观自为的信息，也就是苹果的主观自为存在；现在我们可以通过对我们感知、记忆中的众多苹果进行内部加工的比较、分类、综合的思考，从而建立起关于苹果的一般类的抽象模式，这就产生了我们意识创造的再生信息中的概象信息。接下来我们还可以用一个符号来代示这个概象，我们把它叫作"苹果"（有语音的声，有文字的形），而英语系的人则把它叫作"apple"（也有语音的声、文字的形），还有其他语系则是……，我们还可以把苹果的一般形象画在一张纸上，刻成一个雕塑、捏成一个泥形……这样的文字、语声、画、雕塑……并使关于苹果的符号信息。这样的概象信息和符号信息就是苹果的主观创造的信息形态，亦即，苹果的主观再生存在。

从上面的例子可以看出，如果用苹果来举例，这颗苹果就有4种存在形式：A. 客观直接存在的苹果：作为这个苹果最基础的存在，其他存在形式都是以它为基础，由它作为本源而派生出来的存在；B. 客观间接存在的苹果：具有多层面的特性，这个存在是客观直接存在的存在方式和状态的自身显示；C. 主观自为存在的苹果：它是主体直观把握客观间接存在产生的存在，它是智慧生物认识世界的窗口和门户，是主观再生存在产生的最基础的原材料；D. 主观再生存在的苹果：主体创造性的信息形态，在意识中进行了加工性改造、重组性再造过的自为存在。（下面再提到这

4 个存在层面就直接用 A、B、C、D 代替。)

四　存在与非存在

　　当存在问题被作为重点讨论对象时，在存在概念已经在信息哲学中确定了其范围（即包括了物质，信息两个大的部分，信息中又包含了精神），而且又对存在的层面做出了划分之后，一个新的问题又随之出现了：与存在概念相对的非存在概念又该如何定义呢？

　　如果存在概念被定义为"有"，那么与"有"的相对概念"无"应该就是非存在的含义和范围了。最早提出存在概念的巴门尼德这样说道："存在物存在，非存在不存在"，并反复证明"存在"与"非存在"的对立特性。他认为"非存在"是无法被认识的，"非存在"当然也无法言说。其实巴门尼德对于存在概念的定义并不是绝对的"无"，在巴门尼德看来，人们头脑中的映象（现象）、人们语言描述的内容都是与"存在"相对的不真的"非存在"。只有那现象界背后的本体世界才是真实的"存在"。所以他这里的存在指的就是存在物，是在思想之外的东西。所以这个将思想与精神对立于存在的传统也是由来已久。包括东方道家提到的"道"和"无"的概念其实也不是真正的什么都没有，老子将"道"和"无"的关系解释为：道是无形，无名，是无状无象，无声无响，不可推问，不可体察。虽然他讲了许多关于"道"是如何难以考察和把握的，但从来没有否定它的存在，而且确定"道"是一种不依赖其他却又包容一切的存在，是一种最高形式的存在。而且这种存在是可以被确定和证明的。体察不到"道"的是人，而证明和确定"道"的也是人。能够心领神会"道"的内涵的那类人群就是老子在《道德经》中经常提及的"圣人"。"圣人"可以将对于"道"的体悟和经验带入生活，指导认知和行为。而佛家所说的"空"也同样不是指绝对的"无"，小乘佛学提出，人我是由色、受、想、行、识五蕴和合而成，人可以分解为各种因素，世界也是这样，所以人我与现象的世界都是本质"空"。这种"空"是相对于世界的纷繁变化而得来的，是为了摆脱世俗所认识的种种假象，认清"性空幻有"、"一切皆空"。这种"空"的概念是对于世界现象变化，复杂性的一种逃避性的认知。随之后来传入中国后的佛道交融，佛家借用了道家的"有生于无"来解释"空"。之后又在"有无"和"色空"这些相对概念中做出了辩证、同化的解释。这就是佛家经常提到的：色不异空，空不异色；色即是空，空即是色；无中生有，有中含无；非有非无，亦有亦无的中道论。黑格尔对于"有"、"无"概念的思想起源也是从巴门尼德的存在概念中归纳出"有"，从东方道家和佛学中归纳出"无"。但黑格尔为了给他的"纯存在"概念的提出做基础而将"有"、"无"概念形而上化，最后产生出纯概念化的"纯有"和"纯无"。"有在无规定的直接性中，只是与他自身相同，而且也不是与他物不同，对内对外没有差异。""纯有是无法言说的。""不可感觉、不可直观、不可表象。""纯无"则是和"纯有"相同。之后黑格尔将这两个无法言说的概念做了统一，"有与无的真理已经走进了无中之有和有中之无"。①

　　显然，之前提到的"有、无"概念都不是纯粹的"有、无"。也不是真正的存在和非存在。纯粹的存在应该包括整个世界的存有，而非存在应该是纯粹的虚无。巴门尼德曾提到"存在物存在，非存在不存在"，"非存在"是无法被认识的，"非存在"当然也无法言说。但是当他提出"非存在"这个词的时候却可以明确地给出定义，就是在这个世界上根本没有的东西。所以至少"非存在"在作为一个概念的情况下是可以被理解的，可以言说的。因为就"非存在"这个概念来说是存在的。既然是"非存在"，所有非存在之间是没有差别的，也是没有内容的，但是它作为存在的对立面也是可以被认识，甚至分类的，但在这些分类下是没有内容的，非存在分类的这些类别的概念则是属于信息层面的存在范畴。这个情况其实很普遍，就像苹果这个词属于信息范畴，而它概括了所有物质性的苹果。只有概念，概念下无内容的例子也很多，比如"宙斯"这个神话角色，尽管有很多故事中的表述，尽管有很多演员在剧集中出演了无数个"宙斯"形象，但"宙斯"永远都只是一个信息层面的概念存在，并无物质实体，其实这种概念的 A、B 层面就是属于非存在范畴（当然这是无神论者的单方面观点）。可以举出很多例子：如月球人，以太，永动机等等……

　　如图 3 所示，存在只是一个在时间轴上移动的节点，而时间轴走过的

---

① ［德］黑格尔：《逻辑学》（上卷），杨一之译，商务印书馆 2009 年版，第 78、79 页。

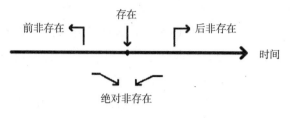

图 3　存在与非存在示意图 1

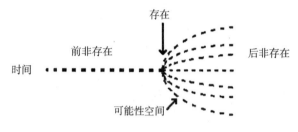

图 4　存在与非存在示意图 2

和将要走过的部分都是属于非存在的范畴，当然时间轴之外的所有部分也
都是非存在的区域。示意图 1 只是为了更好地表达绝对非存在的位置以及
更鲜明的显示时间，前非存在，存在，后非存在和绝对非存在的位置关
系，其实后非存在所处位置并不是一个确定路径，所以准确点的前非存在
和后非存在的表示应该是如图 4，后非存在应该是一个还未展开的可能性
空间，代表着存在可能随时间发展的一切可能性，而可能性空间之外的部
分就都是绝对非存在了。

　　从时间上来看，已经逝去的时间和将要到来的时间都是属于非存在的
范畴，而存在也是一样，已经逝去的存在与将要演变为的存在也都属于非
存在的范畴。所以在时间存在轴上都是用虚线来表示的。而真正的存在只
是时间轴上的一点，而且随着时间轴的移动而演变着。所以从图上可以看
出存在是随着时间无止境的变化着，永恒不变的存在是不存在的。

　　已经逝去的时间和存在都是前非存在，当然也包括那些逝去的存在演
变的各种可能性。但是逝去的物质存在是可以有一些存在层次保留下来
的，这些保留的可能主要是由于存在和非存在相互转化时的几个性质决定
的。对于前非存在和存在的转化来说主要是延续性和回顾性。这个问题后
面会详细叙述。

存在在演化过程中会有一个多线路的可能性空间，这个理论最先是由自组织理论提出的，事物自组织演化过程中的可能性空间以及随机选择与突现观。这里也有存在与非存在的转化问题，存在选择的演变方向就是当下的存在。而那些可能的选择方向无论是存在最后没有选择的还是将要选择的在存在选择之前都是属于非存在的范畴。一旦存在选择过后，那些没有被选择的其他可能性就属于了前非存在范畴。

最后一个范围就是绝对非存在，就是指在时间存在轴上绝对不可能出现的可能性。

五 存在和非存在的相互转化中的几种性质

"存在"和"非存在"转化的过程中可能遵循着以下几种性质。

1. 延续性，存在的延续性是存在物的基础性质，存在物可以在时间流中保持一定时常的固定性质和结构以及相对的稳定都是延续性的体现。但每种存在物因为延续性而保持的时常又各不相同，从量子加速器产生的 b 夸克在衰变之前可存在的 1 皮秒（10^{-12}秒）到能够维持 1000 多亿年的恒星千差万别。但是无论时间长短，每一个存在物基本都可以找到一个时间段来确定它的寿命，这个时间段只是用来确定这个存在物保持这种相对稳定的状态的时间，而既然有寿命就有变化，所以其实存在永远都是随着时间在改变着的。每一刻的真正的存在只有当下的那一刻，但也不能说存在物每一刻都是不同的事物了。存在物虽然只在当下存在，但因为存在物的延续性，所以在一段时间中每个存在物都是变化并保持着一种相对稳定的存在模式。所以可以说之前的我是我，今后的我也是我，但只有当下的我才是最切实存在的我，其他时间的我与现在的我是不同的，只是一种我存在延续性的体现，我也永远不可能回到过去的我或者提前抓住未来的我，所以只有把握当下的我才是最真切的存在本身。这样的描述不禁让人想起了海德格尔的此在："此在是在世中展开其生存的。"

2. 发展性，存在的发展性是由整个世界的运动演化规律所决定的，它是回顾性和预测性的基础。存在物的延续性决定了存在物在时间轴上占有了一个区域的位置，但因为存在物总会受其寿命的限制而最终走向完结（物质—能量）和湮灭（信息）。物质能量的转化，受到外部环境的影响或者内部结构的限制，由一种存在物转化为其他存在物或者能量，又或如热力学第二定律所描述的与环境同化，如果这个宇宙是闭宇宙并且质量不至于大到会自我坍塌，那么最终整个宇宙都可能会达到一种热寂状态，所有存在和信息都表现为独立粒子自由运动形式。如果宇宙坍塌为黑洞直至奇点，那么所有存在物和信息都会湮灭，也就不存在独立的存在体以及任何信息。按照霍金的理论会归于"无"也就是非存在，但奇点里究竟有什么，这个问题应该没有人会知道。

决定存在物状态和演化方式的正是存在物所具有的发展性，宇宙的基本定理和规律决定存在物的发展性在一条相对固定的路径上，随着时间的进程而展开。但是发展性并不是绝对的，必然的或者机械的，任何存在物在演化发展中又具有一定的自由度。这种自由度就是偶然性。

3. 偶然性，偶然性是与发展性并存的，这种存在物发展过程中的自由度的表现就是如图4后非存在领域的那部分可能性空间。所以偶然性也可以成为可能性，偶然性不是不遵从这个世界的演化规律，它只是演化过程中的波动，复杂性理论中的自组织思想提出事物演化过程中的发展方向对初始条件有着极其敏感的依赖性，一点点小小的改变完全可能引起完全相反的结果。最早的实验是用电脑上的天气模拟器做出来的。"蝴蝶效应"[①]一词也是来源于此。偶然性使存在物的发展带有很大的随机性，而这种随机性很大成分是由外部环境影响的，因为世界上的存在物都是与这个世界开放互动的，没有绝对隔离的存在物存在。在实验室模拟出来的人工无干扰环境仅仅是理想化的，所以很多必然性的实验其实在自然世界里并不那么可靠。但偶然性还是被世界的运动演化规律所限制，在这样的情况下存在虽然有很多种选择，但每种选择都是位于可能性空间之中，存在绝对不可能从绝对非存在中选择发展路径。最后存在总会在后非存在中选择一种发展方向，并继续随着时间向下一步发展方向前进。所以这种偶然性使后面将要提到的预测性具有很大的不确定性。

---

① 爱德华·洛伦兹（Edward Lorenz）最初创造了这个词，因为他的电脑模拟天气变化的吸引子像一只蝴蝶的形状（Laszlo 1987）。其观点的要点是当输入的不同参数的差异在一个极小的小数水平，计算机程序将给出截然不同的结果。这就产生了一个隐喻，即这个细微的变化就像一只蝴蝶在地球上的某个地方拍了一下翅膀则可能改变另外一个地方的天气。

4. 回顾性，因为存在物有延续性和发展性，所以存在物具有回顾性，这个性质也都是以信息的形式体现出来的。正是存在物的发展性可以被回顾才得以被总结，世界的运动演化规律才得以被认识。流逝的时间表现为存在物过去的历史，并可以部分地以信息的方式凝结在当下的 A 存在的结构和过程中，这便是以 A 存在为载体的 B 存在，这也是信息哲学为什么说所有的物体都既是物质体，又是信息体，都是直接存在和间接存在的统一体的根据。认识主体则可以部分地提取或分辨这些信息并将其梳理成为历史，从历史中总结规律和理论，而一旦被人类的认识提取和分辨、概括和总结，其存在方式便会从 B 层面的存在上升到了 C、D 层面的存在。认识主体的记忆就是从历史中记录下来的，其实人类主体的记忆只是属于存在的 C、D 层面，而 A、B 层面的存在很多已经转变为前非存在了。比如我们从过去的书中读到了已经逝去的作者的思想，逝去之人的个体已经成为了非存在，而在我们阅读到他留下的思想脉络，或读到他的生平事迹时，这个人物会跃然纸上，但那也只是在我们的思想中作为主观再生的存在。其实我们想象中的那个人只是逝去之人的一小部分而已，甚至根本不能说是那个人的 A、B 层面的存在，只是我们自我创造出的一个对象罢了。关于那个真正的人的存在已经成为了前非存在，我们根本无法从他的部分思想中去对他定位和言说。非存在是无法言说的，当你举出例子来时就已经是存在了，而这个存在也只是人主观再生的思想，甚至根本不是你想要言说的非存在对象。根本就不存在非存在的对象又如何言说呢？

5. 预测性，预测性是具有主体意识的个体特有的能力，运用自己的智能和生活经验在存在与非存在的转化过程之前就可以做出一定的预测判断。但是之前也提到了，因为世界的偶然性存在，所以这种预测性是不准确的。很多时候都只能预测出一个大概的范围而已，尤其在复杂性问题上更是如此，在变量众多的混沌模型下甚至做不到任何预测。最简单的预测例子就是苹果落地，这种预测能力连很多低级动物都是有的。这种预测不需要多么复杂的理论基础，多数就是生活经验和因果律的总结。复杂的例子也很多，最明显的就是天气预报，其实至今的天气预报多数也只能是靠猜测了。但是认识主体是具有主观能动性的，就是因为认识主体可以对存在的转化做出一定的预测，所以可以遵循自然法则和物理原理来自主地改造自然，人类社会也是在这样主观能动性中建立起来的，脱离智能主体的自然演化不可能产生人化自然。是人类使很多存在物的发展方向聚变而产生出更多的后非存在向存在转化的可能性。田地工具、道路住房等，这些原先属于非存在的事物都被创造到了存在范围。

信息哲学的创立者

——邬焜教授的学术品格

李国武

（西安石油大学副教授、博士，

西安交通大学国际信息哲学研究中心特聘研究员）

20 世纪 80 年代产生的邬焜教授的信息哲学，是人类信息时代发展和哲学发展的必然产物。首先它是适应全球化信息时代的需要而产生的。同时，它又是现当代科学和哲学发展的总结，是人类以往认识世界和改造世界的积极成果的理论结晶。它以信息是物质自身显示的间接存在的观点为基础，揭示了世界的物质与信息双重存在的性质，开辟了对信息世界进行哲学研究的新领域，进一步科学地解决了思维与存在（物质与精神）、物质与信息、精神与信息的关系问题，从而实现了新的唯物信息论和信息方法论的统一，信息本体论和信息认识论与信息价值论的统一，信息进化论和信息社会论的统一。邬焜信息哲学是符合信息时代要求、体现信息时代的哲学精神的全新哲学理论。自从邬焜教授研究信息哲学以来的 30 余年期间，伴随着他的研究成果不断推出，国内外学者对邬焜教授的信息哲学思想的评价也在一直进行。

一般来说，凡是在文化思想上做出卓越贡献，产生重大影响的思想家和学者，往往不仅能提出符合时代发展的、有思想价值的观点，而且还都形成了自己独特的学术特色和思想品格。

1987 年 12 月 30 日，时任《陕西日报》理论部主任的李文德先生在《陕西日报》上发表了题为《信息哲学的探索者——记陕西机械学院年轻副教授邬焜》的通讯报道。1993 年 11 月 17 日，《中国科学报》驻西安记者站站长王百战先生和西北大学哲学与管理科学系高立勋副研究馆员联合署名，在《中国科学报》上，以《信息哲学的开拓者——记西北大学教授邬焜》为题，对邬焜教授信息哲学的研究情况进行了报道。1994 年，云南科技出版社出版了一本《系统科学大辞典》，该词典由 120 多位中外相关领域的学者组成的系统科学大辞典编辑委员会编辑，主编为中国运筹学家和系统工程专家许国志先生，该编辑委员会的特邀顾问中包括协同学的创始人、德国物理学家 H. 哈肯（Hermann Haken）和世界著名的系统科学家、美籍匈牙利人欧文·拉兹洛（Ervin Laszlo），他们同时又是相关词条的撰稿人。在该辞典的"人物篇"中收入了古今与系统科学相关的"国外人物"130 人，"国内人物"95 人。其所收人物目录按年龄排列，由姜群英教授撰写的"邬焜"词条列在最后，并且是收入的古今中外的唯一一位信息哲学家。该词条的定性评价为："信息哲学的开拓者"。词条介绍说："他对系统科学的主要贡献是他把信息概念作为哲学的最基本范畴之一引入哲学，建立了信息哲学。在信息本体论、信息认识论、信息社会论等领域都进行了独创性的研究。"[1] 俄罗斯科学院信息科学问题研究所首席研究员，国际信息科学学会（ISIS）前主席（任期为 2011—2013 年）康斯坦丁·科林（Константин Колин）先生在出版的中译学术专著《信息科学中的哲学问题》的"中文版序言"中称邬焜教授为"信息哲学的创始人"。[2] 信息哲学的创立者——邬焜教授就是这样一位具有个人独特魅力的信息哲学家、渊博的学者。早在 1987 年，陈刃余先生就认为邬焜"是一个对自身命运能够掌握，对自身价值能够合理应用，对自身的生命方程式能够科学计算的人。我希望他对自己理想的追求，也能够经得起历史跨度的严峻考验。"[3] 我们在当下来看邬焜先生的人生经历、研究探索和思想著述，仍能深深感受到他的信息哲学思想，恰如久经风霜、独立挺拔的松柏那样，坚韧顽强，傲然屹立。

---

① 许国志主编：《系统科学大辞典》，云南科技出版社 1994 年版，第 531 页。

② 〔俄〕K. K. 科林：《信息科学中的哲学问题》中文版序言，邬焜译，中国社会科学出版社 2012 年版，第 1 页。

③ 陈刃余：《理想在探索中闪光》，《情报科研学报》，1987 年第 4 期。

一　邬焜教授的学术特色

学术特色之一：思想深刻，独树一帜

思想深刻，独树一帜。对全球化信息时代主题和哲学的正确理解与把握，是邬焜教授学术思想的鲜明风格，是其学术特色之一。正是这种特质，使他的著作和文章都具有鲜明的时代性、哲学的深刻性。

自 20 世纪 50 年代以来，信息在自然、社会和思维的不同学科领域中被广泛应用，越来越引起知识界的关注。我们的时代已经从工业时代进入信息社会、信息时代，开辟着信息文明。信息概念的普遍化，向哲学提出了新课题。同时，某些唯心主义哲学家企图利用信息来打破唯物主义的物质基石，沟通人和上帝之间的联系。问题不能再回避了。必须对信息作出辩证唯物主义新的解释。在回答这个哲学问题的时候，邬焜没有局限在对哲学经典理论的学习理解、整理挖掘上，而更着重面向时代现实、面向未来进行思考和把握，积极探求符合时代要求的、具有时代特色的、全新的哲学思想理论。在阐述其信息哲学思想的时候，他都是针对现、当代科学和哲学的问题，从而提出物质和信息双重存在的世界观这一全新的理论观点和方法，实现了哲学历史上的根本性革命。北京潜科学杂志常务编委夏泽政教授评论道：邬焜"就信息的哲学定义、信息分类、信息和反映、信息和社会进化等一系列见解，表明作者站在时代潮流前头，具有远见和敏锐的洞察力，也反映了作者深厚的哲学基础知识和运用这些知识创新的开拓精神"。[①] 孟宪俊先生评价说：邬焜"适应信息时代的到来，系统地提出了信息哲学的理论观点和完整体系，建立了具有独创性成果的信息哲学，对实现马克思主义哲学辩证唯物主义哲学形式现代化取得了突破性的进展，在哲学界引起了广泛而强烈的关注和影响"[②]。

德国德累斯顿大学的格哈德·卢纳（Gerhard Luhn）教授在读了 Joseph Brenner 的文章【*Wu Kun and The Metaphilosophy of Information*，Information Theories and Applications［J］.2011（2）】后评论说："这是邬焜的

---

① 陈刃余：《理想在探索中闪光》，《情报科研学报》，1987 年第 4 期。

② 邬焜：《信息哲学——理论、体系、方法》，商务印书馆 2005 年版，第 601—602 页。

一个非常有趣和重要的成果，当然，这是从我们的'直觉'感受来看，这意味着经典现象学的终结，我们认为有必要对所有的事物重新进行认识……这似乎是一个重大的成就或努力，我们不得不从一开始就这样做。我们不得不从一开始就把关于'本体'和'现象'（或主观和客观的维度）的辩证关系的争论（现实逻辑，LIR 的讨论）作为核心范式。约瑟夫，我们研究的最困难的部分在于必须用我们的方法解释清楚那种以人为核心的理论的随意性和危害性，它只是在某种特定的场合才具有一定的合理性。"① 在他发表的一篇论文中，他还写下了这样的"题记"：This paper is dedicated to Wu Kun and the Chinese approach to Information（"本文献给邬焜和中国的信息研究"）。② 他还在其发表的论文中写道："在我知道的科学家和哲学家中，只有邬焜从哲学的高度揭示了信息的世界本体的意义，并建立一个关于世界各领域之间复杂性关系的理论。"③

学术特色之二：顽强自学，学识渊博

顽强自学，学识渊博。对自然科学与人文社会科学融会贯通的理解与把握，尤其显得难能可贵，是邬焜教授学术特色之二。邬焜教授能够创建信息哲学，并取得丰硕理论成果，完全是其对现代、当代科学的熟悉与掌握，对科学前沿的追踪与超越，顽强自学、广泛涉猎、刻苦钻研、勤于思考的结果。由于"文化大革命"，他初中没毕业就"上山下乡"了，随后，他当过兵，做过工人。虽然失去继续上学的机会，可是环境迫使他养成了独立自学的习惯。在上大学前的 10 年中，他不仅学习了中学的相关课程，而且阅读了大量文学、历史、哲学等方面的著作，曾在报刊上发表过通讯、评论、诗歌等作品。后来，进入兰州大学哲学系后，凭借自学奠定的基础，他很快进入了抽象思维的角色，并独立设计了"哲学信息论"

---

① 摘自 Joseph Brenner 2012 年 2 月 5 日的电子来信。

② ［德］Gerhard Luhn. The Causal – Compositional Concept of Information—Part II：*Information through Fairness：How Does the Relationship between Information，Fairness and Language Evolve*，Stimulate the Development of（New）Computing Devices and Help to Move towards the Information Society，information，2012（3）：504—545.

③ ［德］Gerhard Luhn. *The Causal – Compositional Concept of Information*，Information. 2012（2）：1—34. www. mdpi. com/journal/information.

这一研究领域。

要用现代自然科学变革哲学，就必须用文理多种学科的知识充实自己。由于哲学专业课程设置面较窄，尤其理科知识更少涉及。他决心要自觉设计一个适应变革哲学的崭新的知识结构，这个结构必须是在文理多学科交叉之网上凝结着的，富有辩证性、创造性、开放式的动态系统。他把课堂讲授的内容仅仅当作建立新的知识结构的一个方面，而把课余的绝大部分精力放到自学其他知识上。大学生活对他最有价值的意义在于：他找到了一个自由遨游知识之海洋的便利场所。只要对研究领域有用的知识，不论是哪个学科的，他都如饥似渴地去钻研，哪方面知识不足就学习哪方面知识。他读马克思、恩格斯、列宁的有关哲学著作；他一次又一次地在黑格尔、康德的迷宫中辨析真伪；他注意学习皮亚杰、弗洛伊德有关认识发生和心理结构的论述；他兴致勃勃地钻研爱因斯坦、波尔、维纳的书籍……。相对论、量子力学、分子生物学、现代宇宙学；系统科学、信息科学、控制论、突变论、耗散结构论、协同学、超循环理论；分形与混沌理论、虚拟现实、纳米科学；人工智能科学、生物工程、广义进化理论、复杂性问题研究，等等，都是他重点涉猎的对象。学科总是渗透的，知识是相通的。正是这些没有学科界碑的广博知识，才使他建立了一个与众不同的崭新的知识结构。这也正是邬焜教授获得更多新思维、新理论和新方法的重要因素，也是其学术观点不断闪烁出创新亮点的关键所在。

著名科学家达尔文曾说过："我所学到的任何有价值的知识，都是由自学中取得的。"邬焜教授也曾说：自学是在知识密集、日益更新的时代里获取知识的最好捷径。这不仅能促进自觉思维的主动性，而且能克服师资和课程不足的限制。学习不是简单地接收和理解，要善于思考，发现问题，抓住要害不放，逐步设法解决，才可能取得成果。这是邬老师对自己顽强自学和学习的最好诠释。

学术特色之三：哲学科学化，科学哲学化

哲学科学化，科学哲学化。内在有机地融合哲学与科学的精髓，用现代科学的最新成就对已有的哲学思维加以补充、改造和扩展，是邬焜教授学术特色之三。他认为，科学的发展必然导致哲学的变革。哲学要现代化、科学化，必须用时代的最新科学成果改造已有的哲学。人们把哲学比作"科学之王",如果哲学不能及时有效地对自然科学加以总结和指导,它就会"王冠落地",反被科学所嘲弄。因此,邬焜说:"我们之所以要把信息引入哲学,就是要在这一领域进行一次哲学现代化的尝试。"为此,邬焜教授根据自然科学"哲学"的模式,从科学成果中提取理论和方法,借鉴一系列科学结论研究哲学问题,因而其信息哲学思想大多数论证都具极强的可推导性和实证色彩,所下的判断也大都具有较强的可信度。这种运思趋向给哲学工作者以有益的启示:哲学的现代化有一个重要方向,那就是哲学运作方式的现代化,即以现代科学为依据,突出哲学应有的科学特性,建立一系列哲学学术规范,消解传统哲学中"空疏"、"虚假"的内容,从而把哲学从传统引入现代,通过科学化方式走向现代化。

当然,我们一方面承认哲学必须有科学的基础,至少不能有反科学内容;另一方面,我们也必须清楚,哲学毕竟不是科学,而是科学加"诗",是事实陈述和价值判断的统一体,它具有很浓的人文色彩。资深学者孟宪俊先生说:邬焜信息哲学"在方法上采用了人文科学与自然科学相结合的研究方法,在难度很大的哲学与自然科学相结合的道路上实现了难得的突破"。① 申仲英先生评价说:邬焜"坚持和充分发挥了哲学抽象与思辨的优点,同时又广泛与已有实证科学的成就相照应,使哲学的批判与思辨不流于空谈和玄想,而依托于科学思想的精华。"② 陕西师范大学成一丰教授在1987年第3期《陕西社联通讯》上著有《一本勇于探索的哲学新著——〈哲学信息论导论〉述评》一文,文中指出,"我们正面临着辩证唯物主义哲学自身形式变革的时代,信息正是实现这一变革的突破口。邬焜把现代科学中的信息概念,作为辩证唯物主义的基本范畴之一引入哲学,并由此使哲学的体系和结构更加趋向科学化。这既是对现代自然科学有关新成果的概括,也是试图使哲学现代化的一种新探索。"③ 金志华教授(属笔名鹤然)在1995年第2期《哲学大视野》中以《哲学视野中的信息世界——喜读〈信息世界的进化〉》为题,对邬焜教授的著作进行评价道,"邬焜根据自然科学'哲学'的模式,从科学成果中提取理

① 邬焜:《信息哲学——理论、体系、方法》,商务印书馆2005年版,第602页。
② 同上书,第601页。
③ 成一丰:《一本勇于探索的哲学新著——〈哲学信息论导论〉述评》,《陕西社联通讯》,1987年第3期。

论和方法，借鉴一系列科学结论研究哲学问题，因而大多数论证都具极强的可推导性和实证色彩，所下的判断也大都具有较强的可信度。这种运思趋向给哲学工作者以有益的启示：哲学的现代化有一个重要方向，那就是哲学运作方式的现代化，即以现代科学为依据，突出哲学应有的科学特性，建立一系列哲学学术规范，消解传统哲学中'空疏'、'虚假'的内容，从而把哲学从传统引入现代，通过科学化方式走向现代化。"①

　　法国国际跨学科研究中心资深研究员、现实逻辑（LIR）理论的提出者、著名学者约瑟夫·布伦纳（Joseph Brenner）先生，在 2011 年 6 月20—26 日召开的第九届国际一般信息理论研讨会（GIT，2011，保加利亚·瓦尔纳）上提交了一篇题为《Wu Kun and The Metaphilosophy of Information》（《邬焜和信息元哲学》）的长达 10 万余英文字符的论文，具体介绍并高度评价了邬焜教授独创的信息哲学。该文后来已经以英文和中译文的形式公开发表。布伦纳先生的文章强调说："邬焜提出的信息哲学的出众之处在于它的独特性和普遍性，在于它的新世界观，即作为一种关于历史、社会、价值、知识、科学和技术的信息观念；在邬先生的概念中信息哲学是处在一种新的信息范式或者信息的本体论转向的中心位置……这个理论中包含了哲学、逻辑学以及体现了一种跨学科视野的本体论；邬教授将信息科学领域视为一种由信息哲学、一般信息理论和各种实践应用的次级领域所构成的复合体。在所有的这些方面，他都做出了贡献。充分评价邬教授关于哲学和信息科学与哲学的著作及其蕴意必须要等到它们全部被译成英文之后。信息就是具有跨学科意味的信息自身，它位于学科之内、之间或之外，并且对它们来说是共同的。他历经多年来描述他的研究，广泛地相关于：信息的哲学本质、信息本体论、信息认识论、信息进化论、社会信息论、信息价值论、信息思维论、信息和自组织以及复杂性理论、信息和虚拟实在、信息科学体系，从而在整体上构成一种新的科学范式以及一个未来哲学和科学发展趋向的基础。我可以认为，邬先生的信息著作的主体构成了哲学的进步。我发现并没有其他正式的文献涉及信息的元哲学。邬焜，根据本文所简要概括的实质阐明，应该被看作这个领域

① 鹤然：《哲学视野中的信息世界——喜读〈信息世界的进化〉》，《哲学大视野》，1995 年第 2 期。

的主要先驱。"① 因此，我们可以说，邬焜教授整个信息哲学思想都是在科学的前提下体现了哲学的特色，真正实现了哲学的科学化和科学的哲学化，体现了二者的内在融合统一。

学术特色之四：概念创新，体系完整

概念创新，体系完整。具有高度的抽象性和概括性，体现了哲学家应有的特质，是邬焜先生学术特色之四。邬焜先生在创立信息哲学理论时，独创了"信息的哲学本质、直接存在、间接存在、自在信息、自为信息、再生信息、概象信息、信息进化、信息思维、信息的质、绝对信息量、相对信息量"等很多概念，并给出了科学的定义，具有高度的抽象性和概括性，符合概念的定义标准。在这些基本概念基础上，进而贯通形成了庞大的、完整的、科学的信息哲学理论体系，这些工作非哲学家不能完成。因此，资深学者与著名专家申仲英评说说："邬焜的信息哲学其观点之新颖、内容之丰满、逻辑之自洽、论述之简洁，均达到了很高水平。不仅立论独到、前后贯通，而且涉及面宽、结构化程度高，确已成为一家之言。并从哲学批判的角度剖析信息的本质，明确将信息释义为'间接存在'、'物质存在方式和状态的自身显示'。此种释义有高度抽象性和概括性，且与实证科学中的信息概念相容。"② 国内著名学者何祚榕先生认为："邬焜在哲学层次上所下的'信息是标志物质间接存在性的哲学范畴'定义是可以成立的，是有说服力的。这就为创建信息哲学大厦奠定了坚实的基石。邬焜的《信息哲学》是一本系统完整的专著。这本书的学术价值是很明显的，即'对学科发展有奠基作用'。此外，它既然是'信息时代精神的精华'之作，毫无疑问它对解决现实问题有启示与推动作用。"③ 法国国际跨学科研究中心资深研究员、现实逻辑（LIR）理论的提出者、著名学者布伦纳先生的文章强调说："邬教授强调了作为一个基本的哲学范

---

① ［法］Joseph E. Brenner. *Wu Kun and The Metaphilosophy of Information*. International Journal "Information Theories and Applications" ［J］. 2011（2）：103—128. 中译文：约瑟夫·布伦纳：《邬焜和信息元哲学》，王健、刘芳芳译，王小红审校，《西安交通大学学报》（社会科学版），2012 年第 3 期。

② 邬焜：《信息哲学——理论、体系、方法》，商务印书馆 2005 年版，第 601 页。

③ 同上书，第 600 页。

畴的信息概念，界定了信息和信息科学在诸如本体论、认识论乃至科学等
所有相关学科中的核心角色。这是一条元哲学的原则，因为它必须处理哲
学自身的内容。邬教授的信息哲学被他称为一种元哲学，'一种最高哲
学'，这正是因为其出众之处在于它的独特性和普遍性，在于它的新世界
观，即作为一种关于历史、社会、价值、知识、科学和技术的信息观
念。"①

学术特色之五：勇于变革，创造力强

　　勇于变革，创造力强。积极探求世界事物的本质，具有极大的理论勇
气与哲学革命的魄力，是邬焜先生学术特色之五。邬焜教授在对深奥哲理
的孜孜不倦的追求中，表现出了极大的理论勇气。他认为，我国目前通行
的哲学体系，缺乏自身应有的辩证性和时代感。他还认为，马克思主义哲
学是讲辩证法的，但是，我国现行的哲学体系自身却缺少辩证性，它的内
容被分割成几大块，范畴之间没有联系和过渡。要真正阐明辩证法，阐述
的方法首先应当是辩证的。另外，任何哲学都只是它那个时代科学的结
晶，马克思主义哲学固然能为现代自然科学提供正确的理论指导，但是，
作为世界观的马克思主义哲学，也需要用现代自然科学来丰富和发展自
身。他认为，需要将辩证法注入哲学体系自身，需要用现代自然科学的最
新成就对哲学加以变革。变革哲学是辩证法发展的要求，是时代发展的要
求。变革哲学，这就是他给自己确立的志向。从大学二年级（1980 年）
起，他就开始了"变革哲学的哲学思考"。

　　黑龙江大学张奎良教授评价说："邬焜概括了信息的本质，观点不仅
正确，符合马克思主义哲学的要义，而且是从它出发对信息问题的一种创
造性探索。信息问题就会扫除笼罩在它上面的层层迷雾，成为可以理解并
必须迫切加以哲学概括的东西了。"② 王雨田先生评价说：邬焜"多年来
一直坚持信息哲学的研究，在国内是最早的研究者之一，由于这一领域极
富挑战性，难度大，作者敢于迎难而上、坚持攻坚、富于创新，应予肯

　　① ［法］Joseph E. Brenner. *Wu Kun and The Metaphilosophy of Information.* International Journal "Information Theories and Applications"，2011（2）：103—128.

　　② 陈刃余：《理想在探索中闪光》，《情报科研学报》，1987 年第 4 期。

定。为了论证自己的观点，收集了丰富的科学史、哲学史和当代科技新进展的文献和资料，并比较准确而恰当地加以引用。做到了持之有据、言之成理、自成体系之作，做到了论据与论点的有机结合，并富于思考、勇于探索和敢于创新。"①庞元正先生说："邬焜信息哲学是一项具有原创性、开拓性的科研成果。以马克思主义世界观方法论为指导，在概括总结信息科学最新成果的基础上，构建了信息哲学的理论体系，内容包括了信息本体论、信息认识论、信息进化论、信息思维论、信息的哲学度量、信息与熵的理论、信息与复杂性研究、信息与虚拟现实、信息哲学与传统哲学的区别等领域，全方位多角度地对与信息相关的哲学问题进行了具有独到见解的探索，创建了以信息维度认识世界、解释世界、进而改造世界的一整套比较完整的哲学理论。"② 我国自然辩证法界的元老、泰斗人物，中国人民大学黄顺基教授说："勇于探索，迎接挑战，把马克思主义哲学与现代科学成果紧密地结合起来，这是邬焜同志在书中体现出来的主要精神"③。

回首往事，邬焜教授深有感触地说，科研成果来自于创造力，创造力来自于人的本质的积极主动的探求精神。这就是他对创造力的"哲学总结"。

学术特色之六：追求真理，献身科学

追求真理，献身科学。在创立信息哲学思想体系的道路上积极进取、顽强拼搏，持之以恒、坚持不懈地追求，是邬焜教授学术特色之六。邬焜教授既有深思熟虑、冷静、严肃的态度，又有最辛辣的机智。创建信息哲学这样宏大的理论体系，除了过人的智慧，还需要有"为伊消得人憔悴"的火热激情和"衣带渐宽终不悔"的思想境界。1981 年春大三时，正在饶有兴致地进行信息哲学的探求中，不知什么原因，他肝脏不时发生阵痛，被迫较长时间卧床，连正常上课也无法坚持。后来他以坚忍的毅力，忍着肝区的剧痛，写出了关于信息哲学的第二篇论文——《信息在哲学中的地位和作用》。文章虽然只有四千多字，但却凝结着他两年来思考的

① 邬焜：《信息哲学——理论、体系、方法》，商务印书馆 2005 年版，第 599 页。

② 同上书，第 600 页。

③ 邬焜：《自然的逻辑》，西北大学出版社 1990 年版，序（黄顺基）第 2 页。

成果。在此文中，他明确地给信息下了哲学本质的定义，并指出了信息的三态、三质，以及信息在哲学本体论和认识论中的地位和作用。该文发表后，引起了学术界同人的关注。该文在甘肃省自然辩证法研究会 1981 年论文报告会分组会上报告后，又被小组推荐作大会报告。会后许多人找他讨论问题，他还收到了外地寄来的三封索要论文或请教的信件。大学的最后一年，许多同学都积极报考研究生，可是邬焜教授却没有报考。有所失才能有所得。他决心走出一条属于自己的新路。在别人准备考研的时候，他却在已完成的几篇论文的基础上，通宵达旦地思索，一鼓作气地写出了18 万字的《哲学信息论》的本科毕业学位论文。正是这篇论文，成为人类信息哲学正式创立的标志。

何祚榕先生在 2005 年时就评价说：邬焜"为创建信息哲学的方方面面作了长达 25 年锲而不舍的独创性研究，取得了丰硕的成果，不愧为'信息哲学的开拓者'。"①

学术特色之七：文风朴实，逻辑严密

文风朴实，逻辑严密。用自己的语言准确论述信息哲学思想，绝无玄奥晦涩之论证、故作莫名高深之炫耀，是邬焜教授学术特色之七。邬焜先生自幼喜欢文学，阅读广泛，涉猎众多。所以，邬先生驾驭语言的能力非常强，立论行文，都有自己的语言风格。他在论证某个观点时，总是广征博引，但从不简单罗列和堆砌，而是经过深入的消化吸收，变成自己的深刻思考，用平实、凝练的语言明白表达出来，真正做到了"神奇化易是坦道，易化神奇不足提"，既通俗易懂，又鞭辟入里，指心见性，往往切中事物的本质和要害。

庞元正先生说："综观邬焜全书，可以说创新观点迭出，而且言之成理、论之有据。"② 孟宪俊先生评价说，邬焜信息哲学"观点明确，论证有力、资料翔实、逻辑严密、概念明晰、语言规范"。③

邬焜阐述的信息哲学理论，由具体到抽象，层层深入，直至最后的

---

① 邬焜：《信息哲学——理论、体系、方法》，商务印书馆 2005 年版，第 600 页。

② 同上书，第 601 页。

③ 同上书，第 602 页。

"柳暗花明"，贯穿着一条始终如一的理论线索；依次道来，如数家珍，庞而不杂，因此，具有严密的逻辑力量。这不仅足以显示出邬焜先生之学术功力，而且也是其一贯的学术风格。

学术特色之八：治学严谨，独立思考

治学严谨，独立思考。一贯坚持学术研究不说假话，坚决反对学术研究中的抄、假、空，是邬焜教授学术风格之八。邬焜认为，学术研究是一项严肃的事情，来不得半点虚假，更不能抄袭，当"文抄公"，特别需要独立思考、实事求是的态度。而这种态度是治学之根本，古今中外概莫能外。事实上，说真话、解决哲学革命的实际问题，是邬焜矢志不移的学术追求，这和中共元老陈云"不惟上，不惟书，只惟实"的求实精神是一脉相承的。他要求他的硕士生、博士生钻研学术必须实事求是、自己思考、自己探求、自己总结。学生们发表的学术成果，尽管他也用心指导过，但他从来不署名。

邬焜教授对真理、学术研究的执着与追求，对自身人格的严格要求与坚守，使得他搞研究也从不说假话、套话，做官样文章，总是依据科学发展成果的本来事实，用哲学的思维进行感受、分析和判断，从而进行哲学科学化的研究工作。

学术特色之九：视野宽广，立论宏大

视野宽广，立论宏大。在哲学理论中广泛进行对比研究，具有国际视野，始终坚持研究的综合性和系统性，是邬焜教授学术特色之九。邬焜教授用信息哲学的思想把古代中国哲学与古希腊哲学、古印度哲学都进行了复杂性解读，对信息哲学与现当代西方哲学、马克思主义哲学进行了比较研究，旁征博引，善用史料，立论皆有出处。让人在读其理论文章时不觉枯燥，在丰富的语言表达中理解其中的意境，引人思考，发人深省。

《求是学刊》余式辉主编说："邬焜阐述深透，立论精辟，富有新意。"① 邬焜先生认为，只有注重事物的综合性、系统性、复杂性，才能真正认识事物的本质。所以，他用系统论的思想综合、系统地论证了信息

① 陈刃余：《理想在探索中闪光》，《情报科研学报》，1987年第4期。

哲学理论，既有抽象的理论概括，又有具体的逻辑推演，言之成理，持之有故；每每设问，常不乏警醒之见；态度审慎、视野旷远，终成就其博大精深、气度恢宏，令人叹为观止的学术格局。

二 邬焜教授的思想风格

邬焜教授自 1980 年以来的 30 多年间，始终在为信息"憔悴"而"终不悔"，终于完成了系统的、科学的、严谨的信息哲学理论体系。邬焜先生之所以提出了诸多有价值的学术观点和理论，与他宏大视野、独思感悟、高明独断、理性思维的精神和思想风格是分不开的。

当我为了进一步收集资料，第一次到他家拜访、请教邬先生的时候，他就热情地说"这是个好事，我支持你"，并且平易和蔼地开始了谈话，对他早期的人生工作经历娓娓道来。我们谈论的主题是学问，先生总是不期然提出这样或那样的问题和见解供我们思考和研讨。面对我这样一个"老"学生，先生总是一如既往的平易近人和循循善诱，完全是平等讨论的治学态度。无论在课堂，还是在课间，先生对我提出的一些比较"刁"、"怪"的问题，总是不以为忤，反而乐意听取和切磋，这就激起了我进一步探讨问题、发表意见的兴趣和勇气。从这些，可以看出先生对晚辈的躬身相接，悉心扶持，丝毫没有一点的傲慢自高、目空一切的心态。从那时起，先生睿智的思想、深刻的见解、学问的执着、简洁的生活，不重名利、一心钻研学问的态度和对后辈的爱护，就使我深受感染和鼓舞。先生身上独特的"气场"和思想风格激起了我对学术的兴趣，真有一种"浴乎沂，风乎舞雩，咏而归"的如沐春风的感觉。

古代《尚书·洪范》中有"沉潜刚克，高明柔克"的说法。清代章学诚借用它指称两类不同风格的学术流派。他说："由汉氏以来，学者以其所得，托之撰述以自表见者，盖不少矣。高明者多独断之学，沉潜者尚考索之功，天下之学术，不能不具此二途。"① 应该说，这种划分大体符合学术史的实际，故常常被人们引用。其实，"高明"和"沉潜"分别代表两种不同的学术造诣和研究手段，但是能够在同一个学派和同一个学人

---

① ［清］章学诚：《文史通义·答客问》（中），上海古籍出版社 2008 年版。

身上统一起来。邬焜先生就是这种把"高明独断之学"和"沉潜考索之功"结合起来的代表。他既十分重视学术研究基础的资料搜集和整理工作，又能以宏大视野、高瞻远瞩地从大处着眼，使他的思想极具科学性、普适性和未来的指导性。物质和信息双重存在的世界观和方法论，足以突显出邬焜先生的"高明"和"沉潜"。

邬先生研究学问，都是在长期钻研和深入思考的基础上，对当代信息科学和哲学的重大问题进行贯通的深入研究。在邬焜先生不同历史时期阶段的文章中，我们可以看到，他对信息本质的认识和分析不是一蹴而就的，而最终是从哲学和科学的贯通上，揭示信息的本质特征，并且指向认识论、进化论、价值论、生产论和思维论等哲学基本理论。邬先生的研究从不把信息这个研究对象孤立起来，总是联系到物质和精神，自然和社会等方方面面，揭示它们的密切联系，指出它们的共同性和特殊性。这样的思想理论不是拼盘，不是杂烩，也不是靠堆砌材料、简单考证得来的，而是要经过深思熟虑、融会贯通，变成与自己紧密相关的、血肉相连的思想和语言，再付诸文字表达，才能达到如此浑然天成、巧夺天工的境界，才使其信息哲学思想理论更完整、更深刻、更丰满、更科学。

概括起来，邬焜先生的学术视野可称谓"天人古今"。"天"指自然，"人"指社会，"古今"则是历史和现实的贯通。正因为邬焜教授做到了这四个字，才让我们读邬焜先生的著作和文章，有一种丰富的满足感、让人觉醒的顿悟感和如饮甘饴的痴醉。邬焜先生重视资料的分析和考证，但又不局限于资料本身，而是以理性的思维进行吸取加工、去粗取精的分析批判，借以揭示事物的本质和事物之间的内在联系、发展规律。当然，邬焜教授丰富的人生经历和生活阅历，对世事的熟稔和洞察，以及独立思考，敢于质疑与批判，大胆创新等，都是其"感悟"信息哲学的基础，也是其成功建立信息哲学大厦的基础。因此，能"感悟"、善"感悟"、会"感悟"，属于高明者，属于沉潜者，属于思考者，属于智者。邬焜先生就是这样一位哲学的智者、大师。

邬焜先生的学术特色和思想风格，可谓交相辉映、相辅相成。他独特的思想风格，决定了他独有的学术特色；而他的学术特色，又使他的思想更加清醒、坚定和鲜明，终于使他站在信息时代精神精华的最前沿，成为信息哲学的创始人。

信息哲学作为一种新兴哲学能否
解决现代西方哲学危机

董思伽

（西安交通大学人文社会科学学院 11 班本科生）

信息哲学是一种新兴哲学，这是可以肯定的，它的确是从存在论、认识论、价值论等多个方面革新了传统哲学，当然这种"新"主要是相对于西方哲学而言的。首要的一点是，两者的确具有可比性，这主要是因为，信息哲学的兴起是全球范围的，当然也包括西方哲学界，其中最著名的应该是以弗洛里迪为代表的西方信息哲学和以邬焜老师为代表的中国信息哲学，即使是由邬焜老师建构的并在中国得到蓬勃发展的信息哲学体系，也应属于辩证唯物主义发展的进一步阶段，而辩证唯物主义实在同西方哲学传统密不可分。

沿着这个思路前进，弗洛里迪认为信息哲学是第一哲学，"它将影响到我们处理新老哲学问题的整个方式，引起哲学体系的实质性创新。这将代表哲学的信息转向"。① 而邬焜老师则更是强调了信息哲学的最高哲学、第一哲学或元哲学的性质，并且他还进一步强调了信息哲学这种新兴哲学对变革人类哲学，解决当代哲学危机，也包括西方哲学危机的全新革命意义。②

此外，邬焜教授还重点强调了马克思主义哲学危机的问题。他认为，

---

① ［英］L. 弗洛里迪：《什么是信息哲学》，刘钢译，《世界哲学》，2002 年第 4 期。
② 邬焜：《信息哲学——一种新的时代精神》，陕西师范大学出版社 1989 年版，第 31 页；邬焜：《信息哲学——理论、体系、方法》，商务印书馆 2005 年版，第 18 页；邬焜：《从信息世界看哲学的发展及其根本转向》，《中国人民大学学报》，2014 年第 3 期。

辩证唯物主义哲学面临着一种理论发展的时代危机。如果我们把马克思主义哲学归入辩证唯物主义的第一个历史形态的话，那么建立在辩证唯物主义基础上的信息哲学则可能成为辩证唯物主义的第二个历史形态。①

可是，我们要提出的问题是：谁又能保证辩证唯物主义作为一种哲学理论有一天不会面临时代发展需要更新革面的危机呢？当然这个问题不是本文讨论的重点，本文想讨论的是信息哲学在解决了马克思主义时代危机和革新了传统西方哲学的基础上，能否进一步解决整个现代西方哲学的危机？

一　现代西方哲学危机及对之进行挽救的尝试

说到这里，不禁要问什么是西方哲学的危机？首先，怎么理解危机这个词。哲学内部的未解决的矛盾和争论不构成危机，因为有时候矛盾恰恰是学科发展的动力；对哲学边缘的小修小补也并不构成危机，只有关乎到哲学生死存亡的问题才算得上危机。维特根斯坦说，"真正的发现是当我想搞哲学时使我能够停止这样做——即给予哲学安宁。"② 海德格尔说，"随着这一已经由卡尔·马克思完成了的对形而上学的颠倒，哲学达到了它的最极端的可能性，哲学进入其终结阶段了。"③ 还有如"转变论"的罗蒂，认为哲学"是一种文化样式，一种'人类谈话中的声音'"④，宣告了专业的、系统的哲学不复存在，只剩下残存的哲学精神缩在文化领域中负隅顽抗。这就是关乎哲学生死存亡的问题了：哲学还存在吗？哲学是不是被终结了？

"19 世纪自然科学的进展使自然科学的具体研究取代了自然哲学的一般原理从而把哲学赶出了'物质'的领域；20 世纪冯特心理学使哲学退出了'认识论'的地盘。"⑤ 这意味着哲学可能失去自己的研究对

———————

　① 邬焜：《建立辩证唯物主义哲学第二个历史形态的构想》，《江海学刊》，2013 年第 6 期。
　② ［英］维特根斯坦：《哲学研究》，汤潮、范光棣译，三联书店 1992 年版，第 71—72 页。
　③ ［德］海德格尔：《海德格尔选集》，孙周兴选编，三联书店 1996 年版，第 1244 页。
　④ ［美］理查·罗蒂：《哲学与自然之镜》，李幼蒸译，三联书店 1987 年版，第 231 页。
　⑤ 杨德齐：《摆脱哲学的危机——评现代西方"哲学危机"论》，《中共四川省委党校学报》，2002 年第 3 期。

象——物质和精神的领域都已被分羹。尤其是科学，几乎已经取代以往哲学的地位，从思想到实践全方位地指导人们的生活。科学能够取代哲学的根本原因或许在于在过去很长一段时间内，哲学本就是和科学分离不开的，实际上独立的科学传统很晚才出现。"科学家"（Scientist）一词最早出现"在1833年剑桥召开的英国科学促进会的一次会议上，著名科学家和科学哲学家威廉·休厄尔简易仿照'艺术家'（Artist）一词创造出一个新词'科学家'"，而在出现这个词之前，像牛顿那样的大科学家"自称也被称为自然哲学家，它们自以为从事的是自然哲学研究"①。科学（这里指狭义的自然哲学）最初能从哲学中分化出来，我认为得归功于实验方法的推广，这使得人们对世界的探索和认识由思辨为主跨越到了以实证为主的时代，而显然后者在继承了自然哲学传统的同时，对世界的解释更加具有说服力，由此发展来的现代科学也因而有了取代哲学的资本。于是我们看到，随着科学、心理学的蒸蒸日上，学科的高度分化使哲学无所适从，使哲学只剩下空洞的概念、形式和框架，令人惊叹：哲学已经被架空了！只剩下一种所谓的抽象理性在勉力支撑着摇摇欲坠的哲学大厦。而随着自马克思主义之后的现代哲学家一个个宣判形而上学的死刑，又一个个成为"最后一个形而上学的哲学家"，哲学可谓是领地尽失。面对这种情况，诸多哲学流派却丝毫拿不出像样的办法，反而还在彼此间争论不休，陷入了相对主义的泥沼。我想这也是自维特根斯坦开始，现代哲学家们都持有"对西方哲学几千年来围绕着同样的问题争论不休而未能靠自身解决任何实质性问题的思辨、论辩传统的普遍失望态度"②的重要原因。在许多现代西方哲学家看来，哲学的确面临极可能被终结的危机。

那么，现代西方哲学为拯救哲学又做了什么努力呢？

意志主义尼采呼吁"重估一切价值"，诉诸于"权力意志"，但最终仍无法摆脱虚无主义；柏格森用"绵延"来反对人们常用心理之外的标准来衡量心理状态，批判科学理性，可带有强烈的唯心主义和神秘主义色彩；朗格指责欧洲哲学丧失了"理念论"的立场，将哲学同生理学联系

---

①　吴国盛：《科学的历程》，湖南科学技术出版社1997年版，第25页。

②　赵敦华：《20世纪西方哲学的危机和出路》，《北京大学学报》（哲学社会版），1993年第1期。

起来以纠正人们对真实理念的把握，从而抛弃了康德哲学中的唯物主义因素，忽略了康德实践哲学的重要地位，使康德哲学彻底唯心主义化；维特根斯坦的分析哲学和胡塞尔的现象学试图调解哲学与科学间的关系，但因其"还原主义的方法注定不能解决科学基础的问题"① 而失败；日常语言分析学派和存在主义都渴望和社会实践紧密联系，恢复哲学的影响力，但事实就是保守主义仍占了上风。还有另外一种尝试解决危机的路径即哲学转向寻求人文而非科学领域的支持，如结构主义，乃至于近年来风风火火的后现代主义都是这种方法。但结局有目共睹，后现代意图超越传统与现代哲学，但其根植于现代哲学的相对主义、怀疑主义立场却使这一意图破灭。

也就是说，到后现代主义为止，迄今西方哲学界所做挽救危机的努力统统失败。但我不认为这些努力就因此失去了意义，相反它可以给我们以启发。比如后现代叫嚣着反传统，或许可以这样理解，既然传统的哲学领域已经被侵吞瓜分得惨不忍睹，干脆就由哲学家自己来处理后事，当我们批判一切传统哲学时，已经将这片土地抛售出去了，我们要开辟新的土地！可惜的是后现代没有开辟出新的土地，反而遭到各路学派的指责和谩骂。当我们看到了后现代的良苦用心时，会不会产生这样的想法：既然哲学可以变换不同的领地，那岂不是意味着领地的得失并不是哲学危机的根本？那是否有什么作为哲学核心的东西我们一直没有讨论？这个核心的东西产生了危机吗？

哲学的核心是什么？是使其成为哲学的东西！我们从一开始学习哲学就问"哲学是什么"，后来我们自以为讨论清楚了哲学本身，便把它搁置在一边任其成为历史问题，乃至我们学着哲学研究着哲学却遗忘了其自身，而这恰恰是哲学危机的根源所在——我们忘记了哲学本身，随着哲学的不断发展我们反而越来越弄不清楚哲学到底是什么。有不少学者讥讽这已是成年旧事，如今讨论本体论早已丧失了意义，但可笑的是，难道给出了那些空洞的关于哲学的定义，我们就真的明白哲学是什么了吗？而"当代西方哲学的某些大家总是拒斥或悬置本体论的研究，总是试图把哲

① 赵敦华：《20 世纪西方哲学的危机和出路》，《北京大学学报》（哲学社会版），1993 年第 1 期。

学研究的范围仅仅限定在人的认识的领域"①，也许正是因为人们普遍的这种不在意的态度才会造成现代西方哲学发展上的瓶颈。或许前文列举的一切危机不过都是表象，而正是因为我们遗忘了哲学自身，我们才会纠结于无止无休的争论而罔顾最根本的东西，我们才会在其他学科侵入哲学领地的时候不能为哲学提供一个合理的辩护而节节败退。

西方哲学绝不仅仅出现过这一次危机，这也许意味着我们从没真正弄清过这个问题，只是以往的危机都因为视线的转移而没有使得这一真正可怕的问题浮现出来。正如石里克在讨论范式转移问题时所说，"真正的哲学乃是各种时尚哲学运动最无情的敌人，而它们所惧怕的莫过于此。当它在新的破晓中升起，射出它那不留情面的光时，每种短暂运动的追随者均会发抖，他们联合起来反对它，呼喊着哲学处于危机之中，因为他们真的相信他们自己的小体系遭到破坏就意味着哲学本身的毁灭。"② 而如今危机再次出现，并比以往更加猛烈和致命，也是时候让我们返回哲学本身，认真对待"真正的哲学"。

有人说，讨论哲学本身不是一种纯哲学的东西吗？不是一种绝对抽象绝对形而上学的东西吗？这不是现代西方哲学已经摒弃了的吗？我认为不是这样。我在此想引入中国的观点来加以阐释，我觉得要讨论"哲学本身"就像讨论中国所谓的"道"一样，问道是什么，没有人能给出确切的答案，同样问哲学是什么，可以给出很多个定义，但没有一个令人完全满意或者绝对公认的，也没有一个能毫无遗漏地概括全局。若我能给出一个令所有人都满意的答案，恐怕就可以名垂史册了。就像荀子在《解蔽》中所说"故由用谓之道，尽利矣；由俗谓之道，尽嗛矣；由法谓之道，尽数矣；由势谓之道，尽便矣；由辞谓之道，尽论矣；由天谓之道，尽因矣。此数具者，皆道之一隅也"，同样我们现今对哲学本身的把握也不过是以管窥天，以锥刺地，只是哲学本身的冰山一角罢了。

既然如此，那么只有两条路可选择：一条是以往西方哲学所走的路，悬置哲学本身而将眼光转向其他领域，西方哲学史上公认的三次转向，认

---

① 邬焜：《从信息世界看哲学的发展及其根本转向》，《中国人民大学学报》，2014 年第 3 期。

② ［英］L. 弗洛里迪：《信息哲学的若干问题》，刘钢译，《世界哲学》，2004 年第 5 期。

识论转向、语言哲学转向乃至现象学转向。然而正像邬焜老师所说"西方哲学界关于哲学转向的种种理论并未给出哲学转向的性质判定的一般标准，而仅仅以哲学研究关注的主要问题域的相应变化来论说哲学的转向。"①邬老师在《哲学基本问题与哲学的根本转向》②一文中进一步提到，这几次转向都难以算上是对哲学的根本变革，反而导致了如今的危机。可惜的是，人们往往都忽略了另一条可能的出路，这正是下文要讨论的。

二　现代西方哲学危机可能的出路

当我们难以给出一个完美的哲学定义时，是否意味着我们对"哲学"完全不可知、不可把握呢？我以为当然不是，因为就好比"道"虽然看不到抓不着似乎不存在，"大音希声，大象无形"（出自《道德经》），但实则存在于我们周身每个角落，万物之中皆有道，只不过众人"行之而不著焉，习矣而不察焉，终身由之而不知其道"（出自《孟子》）；哲学也是一样，它就在我们日常生活的细枝末节中，我们不应该在抽象理性的枯燥框架中把握哲学，而应该于生活中、经验中体悟哲学本身。所以说，重新记起哲学本身并不是要复归绝对形而上学的传统，而相反是要融入生活的细节。

存在主义，尤其是谱系学似乎正是在做这种努力，关注生活，关注具体细微的东西。波伏娃在书中描述萨特的哲学："朋友说'你看，我的伙计！如果你是现象学者，你就能谈论这个酒杯，而这就是哲学！'萨特激动得脸都发白了，或者说几乎全白了：这正是萨特多年所希望的，谈论他所接触到的东西，而这就是哲学……"虽然这里有对现象学的误读，但可以看出萨特创立其哲学体系的初衷。萨特不但要用一种新的哲学解释这个世界，而且要在现实中实践他的哲学！

但同样值得批判的是，如果把哲学仅仅看成琐碎的存在于生活之中，

那么哲学的批判和反思就失去了焦点，这是对哲学思维和精神的极大损害。不仅如此，荀子说"心枝则无知"，分散零散的知识没有系统化就不能叫作真正有知识，生活的细节没有哲学思维的牵引也谈不上真知识。虽然以后现代主义为代表的现代西方哲学要反对"系统化"，但上文提到的"系统"不是以往西方哲学的那种抽象的脱离实际的系统，而是一种可以使哲学通贯于实际的方法框架。

可见要把握哲学自身，我们要去了解足够多的关于生活的每个方面的知识，越丰富越好，越深入实践越好，然后我们在面对如此庞杂的知识的时候仍可以抓住其精髓所在，在面对日常事务时可以把这个精髓一以贯之。但是，要在拥有那么多经验，那么多分散的知识的情况下，还能纯粹地把握精髓是相当不易的。所以斯威夫特才会在《格列弗游记》中说"苏格拉底的思想……使我常常想到这种学说可以摧毁欧洲图书馆的多少图书，也可能闭塞在学术界成名的许多捷径。"①。

显然，这条可能的出路不拘泥于历史上关于本体论、认识论等的划分，而重点在于讨论如何使得哲学可以在现实世界中被理解以及得到运用（这意味着理解哲学本身并不一定要拘泥于空洞的定义）也就是如何可以使得哲学"通透"，从而重新建立它和世界的关系。可见，这里对哲学本身的讨论并不是要回归原有的本体论，反而是提供一种超越的思路。

而这种针对西方哲学危机的拯救方式，采取的思路并不是：因为有什么其他的东西取代了哲学，所以我们拼命地将哲学和取代者绑在一起以期恢复哲学的地位，而是：已认识到哲学本来就应该处理好它和世界的关系，而能够巍然地屹立于世界。

讨论了不少西方哲学的危机以及其根源和可能的出路，其实只说清楚了论题的后半部分，至于信息哲学它能否解决西方哲学的危机，就要看它是否触及到了哲学危机的核心，是否与上述这个可能的出路符合。

三　信息哲学解决西方哲学危机的希望

必须承认的是，其实有些流派的解决方式已经和这种可能的出路很接

---

①　[英]乔纳森·斯威夫特：《格列弗游记》，张健译，人民文学出版社 2000 年版，第 246 页。

近了，我觉得存在主义和马克思主义就有希望。但存在主义介入政治以后并没有产生预期的效果，马克思主义意在改造世界，可是时代似乎迫不及待地要将之遗落在历史中。究其原因，还是没有通，理论和实际之间还是存在隔阂。

实际上，原来说哲学"通"与"不通"是相对于个人理解而言的，但这里说的"通"是指一个哲学体系，通不通指的是它有没有完全贯通现实的可能性。当然也不存在绝对的永恒不变的贯通性，只能说某个哲学在当下的时代可以解决融贯问题。若是只就一个时代来说其可"通"性，要达到"通透"实际上是"通"的速度和时代发展的速度在赛跑，因为每一种哲学理论都具有一定的时代性，新兴的信息哲学亦是如此。然而，我认为，信息哲学的兴起似乎给了人们新的希望。

弗洛里迪曾说，"正统哲学家就像在一座几乎被采空而又尚未遗弃的矿山采掘的可怜矿工。他们属于迟到的一代，他们所受的专业训练只允许他们在一个狭窄的领域工作，只有在自己的领域内他们才能找到自己的位置"，而"所谓的危机证明是在创新与正统哲学之间的一种颇有成效和不可避免的辩证。"① 这种反思的辩证或者说正统哲学如今的举步维艰不仅为新兴的信息哲学的发展提供了契机，或许反过来信息哲学也能够缓解当今西方哲学面临的尴尬。

最早引起我注意的是邬焜老师的信息哲学存在论划分——由原来的物质和精神的划分变成物质和信息的划分，西方信息哲学的领军人物弗洛里迪亦曾说过"信息哲学不仅是一个新的领域，而且还提供了一种创新的方法论"。② 我想这一定是让纠结于领地之争的西方哲学家欢呼雀跃的事情！因为前面已经说过，传统西方哲学的领地中最重要的物质和精神领域都遭到了严重破坏，而此时信息哲学提出了一种全新的观念，指出了以往哲学遗漏的客观不实在领域，提出了物质和信息的双重性，这对一再割让土地的西方哲学简直就像发现了新大陆。

如果我们不停留在哲学危机的表面，而更深入一点，我们可以这样提问：第一，信息哲学是建立在庞大的知识基础和生活实践上的吗？第二，

① ［英］L. 弗洛里迪：《什么是信息哲学》，刘钢译，《世界哲学》，2002 年第 4 期。
② 同上。

信息哲学在此基础上提炼出精髓形成了系统化的知识吗？第三，信息哲学可以做到贯通生活实际，让人把握哲学本身之所在吗？

可以说，若是做到了这三点，我相信信息哲学就可以解决西方哲学的危机。以下分别进行阐述。

对于第一个问题：

1. 有目共睹的是，信息给政治权力、文化生活、思想观念、农业、工业、城市化、军事、教育医疗乃至人性都带来天翻地覆的变化，信息哲学正是建立在这样一个背景下，建立在现实实践的基础之上，可谓是"时代精神的精华"。

2. 邬焜老师的信息哲学把信息分为自在信息、自为信息和再生信息，统一于社会信息，重构了世界模式，并且所有事物都是物质体和信息体，直接存在和间接存在的统一；弗洛里迪在阐释信息的定义时亦是从"作为实在的信息（例如，是物理信号的模式，既不真也不假），亦称为生态学信息；关于实在的信息（语义信息）以及为了实在的信息（指令，像遗传信息）"① 多个方面加以考察。所以，可以说信息哲学不是仅仅建立在信息科学的基础知识上，而更是建立在关于世界的诸多知识和经验实践的基础上。世界上所有的物质、知识、经验都可以转化成信息或者更准确地说是都含有信息，所以信息哲学强调的正是尽可能多的接受经验，而不是如胡塞尔那样经过现象学还原后只剩下纯粹的意向性。

3. 这里还可以给出一个有力的证据，即信息演化论。事物的演化具有物质形态和信息形态的双重演化效应，每一个宇宙演化、生命进化、社会发展的阶段无不伴随着物质和信息双重形态；事物的结构也因而凝结着过去、现在、将来三重信息，"任何一个健全的生物体都是关于它那个种系的历史、现状和未来的一个全息体。"② 我们通过事物现有结构得到的信息不仅仅是现在的实际知识，还包括了关于其过去和未来的知识，进而我们可以更加清晰地认识现实现象。这样一来，使得信息哲学能够建立在其上的知识和实践经验大大扩充了！

综上，信息哲学的确是建立在庞大的知识基础和生活实践上的，我们

---

① ［英］L. 弗洛里迪：《信息哲学的若干问题》，刘钢译，《世界哲学》，2004 年第 5 期。

② 邬焜：《信息与物质世界的进化》，《求是学刊》，1986 年第 6 期。

在生活和实践的每一个地方几乎都可以看到它的身影。

关于第二个问题，信息哲学有在庞大的知识基础和生活实践的基础上提炼出精髓形成了系统化的知识吗？对于这点还是能给出比较肯定的答案。中国的信息哲学已有着较完整的哲学体系：包括信息本体论、信息认识论、信息进化论、信息价值论以及信息思维论等。而弗洛里迪也仿照著名数学家希尔伯特，为信息哲学提出了 18 个大问题以确定信息哲学的问题域：位于中心的是核心概念"信息"，其余问题被归入语义、智能、自然和价值四个方面。

重点是第三个问题。信息哲学可以做到贯通生活实际，让人把握哲学本身之所在吗？如果这个问题回答为"是"，那么可以说西方哲学的此次危机就此解除。

可惜的是，信息哲学受西方哲学思想影响，在某种程度上似乎仍然染上了一些西方哲学的一些弊病——就现在的发展水平而言，还是两个字——"不通"，因为最简单明了的证据是，人们并没有在生活中确实感觉到它这种贯通性。

很典型的是，信息哲学虽说是建立在广泛的现实基础和知识之上的，但这些知识还是属于广义的科学知识，或者说是可以转化成科学数据来分析、把握的知识，对于一些传统的领域如政治、文学、艺术、伦理学等，信息哲学都没有达到通透，它似乎更具科学的色彩。但人文领域的诸多事物带有更多的模糊性、复杂性、不确定性，信息哲学倘若要在这些领域做到"贯通"，没有古典西方哲学的智慧恐怕是难以做到的。

一个有力例证即其在政治学中的"不通"。培根曾经构建了一种新科学模式，在这个模式中，科学和宗教实际上都隐蔽地成为哲学家手中的工具，在培根虚构的小岛上，科学和宗教因而得以和谐共处，但表面上还是作为科学家的萨罗门宫的院士们掌握着国家和宗教。培根笔下的哲学家能够在政治领域灵活应变、如鱼得水，正是因为其具有古典西方哲学智慧，用斯特劳斯的话来说即转变为"政治哲人"或者说柏拉图式的哲人，这种智慧使政治哲人能明白政治本性和人的本性，所以能够运用政治智慧和已有的自然科学建立新社会，在这个社会中可以引入作为哲人教育工具的、对人民有益的宗教，使人各尽其性，各安天命，然而这种哲人的操作是幕后的，因为只有这样才能既保护哲学也造福大众。但这种古典政治智慧显然是现今的许多哲学包括信息哲学所不具有的，也因而造成了其在政治学方面不能贯通。所以，要在上述那些领域通达，信息哲学的知识基础应该更广泛地吸收人文方面的信息和智慧。

然而，当我们仔细研究信息哲学时还是能看到一种"通"的希望。

一个十分明显的例子是，信息价值论在生态哲学领域的应用取得的巨大成就。信息哲学中把价值定义为事物通过内部或外部相互作用所实现的效应，超越主客体二元对立的局限而扩展至所有宇宙现象，也因而引出了价值的多向性，即正价值、负价值和中性价值。这点为生态哲学中思考自然的内在价值、接受道德关怀的标准等问题都提供了良好的启迪。这是信息哲学与生态问题方面相"通"的例证。

再例如，信息认识论在虚拟现实领域的契合。正如邬焜老师所说，在认识发生时，认识主体的产生、认识结构的建构都是以信息凝结为中介的，而人的信息认识过程和机制则是：凭差异而辨识、依中介而建构、借建构而虚拟。而虚拟现实的实质正是"通过直接模拟信息环境、感受体验，直接操纵感觉体验的转换，进而实现对人的认识的虚拟"[①]。

还有，在邬焜老师的很多文章中曾提到对哲学和科学关系的调和，强调了哲学和科学具有某种内在融合的统一性关系，并可形成动态回环的反馈回路。诸如："科学是哲学的基础、哲学是科学的指导"；"科学对哲学的改造，哲学对科学的批判"[②]；"科学与哲学发展的一个基本的方式：哲学的科学化和科学的哲学化"[③]。但这种科学和哲学关系的调和，本质上不同于前文提到的维特根斯坦的分析哲学和胡塞尔的现象学对两者的调和，而正是建立在对自然主义的独断论和意识哲学的独断论批判的基础上，从根本上说是在革新西方传统存在论的基础，所以，信息哲学是在可能解决西方哲学危机的同时也能够调和现代科学与现代哲学的关系，而不是通过调和这两者关系来达到解决危机的目的。

当然，若用更长远更广阔的目光来看，信息哲学带来的变革，又岂止

---

① 邬焜：《认识：在多级中介中建构与虚拟的信息活动过程》，《兰州大学学报》，2006 年第 3 期。

② 邬焜：《试论科学与哲学的关系》，《科学技术与辩证法》，2004 年第 1 期。

③ 邬焜：《从古希腊原子论哲学对科学的影响看哲学与科学的内在统一性》，《自然辩证法研究》，2013 年第 11 期。

是调和了科学和哲学的关系，而只有当它能够调和整个世界和哲学的关系的时候，或许才是通透之时，亦是真正解决西方哲学危机之时。

四 信息哲学的特有优势带来的可能性

说到这里，可能有人会问，不只是信息哲学，像上文提到的存在主义和马克思主义也在某些领域表现出"通"，展现了其对现实的不小影响，如此看来，信息哲学并不比它们高明多少。我的回答是，是的，的确三者目前为止都没有通"透"，但信息哲学让我看到了"贯通"的可能性——即把世界划分成物质和信息相对于把世界分为物质和精神的一种优越性。

首先，信息是完全和物质相伴相生的，事物具有物质和信息的双重性，然而精神没有人的存在似乎就失去了意义。

其次，信息相对于精神而言更具有可把握性它与科学数据的处理紧密相连，也就是说，信息是可量化的，但精神你可以量化吗？就算是心理学、神经学的研究使得精神变得较以前容易把握，但其定性的成分总占了不少比重，当然现在这些领域的研究也很重视定量研究，但最后还是离不开对数据的处理，也就实际上还是一种对信息的把握。正如弗洛里迪所说："信息哲学拥有哲学中前所未有的最强大的概念语汇之一。这是因为无论何时只要我们无法对某系列事件达到完整理解和不能提供一种解释，就可以依靠信息的概念。在哲学上，这意味着任何问题实际上均可由信息的术语重新表述。"[①]

最后，信息哲学中的信息是一般意义上的，但我们不可否认信息具有其具体形态，也就是信息实则具有抽象形态和具体形态这两个层次，和物质正好对应，但是精神呢？我们很难说精神有个具体的形态，就算是某一个人的精神也似乎始终是种抽象的存在。

基于上述这三点，我认为，正是因为信息更具有物质伴生性、可量化可把握性以及可抽象亦可具体的双重性等特点，使其更能扎根于实践知识和现实经验，也更能以无形却无处不有的姿态存在于生活的每个角落。正因为如此，我认为信息哲学有着实现理论与实际间贯通的极大可能。

---

① ［英］L. 弗洛里迪：《什么是信息哲学》，刘钢译，《世界哲学》，2002 年第 4 期。

　　西方哲学上很有影响力但没有通"透"的哲学体系不少，并不是每一个都具有这种可能。虽然我们谈的是西方哲学危机，但我认为这里有必要对比一下中国古典哲学，我们可以肯定的是它在处理人事关系方面很"通"，有人说王阳明的心学是你吃饭刷牙睡觉等日常生活中都可以用到的，我们想必也经常听到关于从《周易》出发研究管理学的问题等，但正如我们所见中国古典哲学在很多其他领域却通不起来，这就是还没有通"透"。也就是说虽然中国哲学不会存在着失去研究对象这样西方哲学所特有的危机，并且也极其注意把哲学通融到生活之中，但其根本上还是潜藏着哲学危机，古典中国哲学在面对西方高度发达的自然科学时没有一个令人满意的反应似乎就可以说明这一点。然而，从另一个方面来看，中国古典哲学对于信息哲学的通融性的确是一个很好的借鉴，现在也有不少西方学者认识到中国古典哲学对解决西方哲学固有的弊病有不少作用。我记得余振苏先生在《钱学森复杂系统思想的理论探索与实践复杂性科学纵横谈》一书中就提到，现在的复杂性系统、量子力学其实是把中国古代的一些如"道"、如玄学的理论科学化了、量化了，由抽象的思辨变成了具体的了。这说明中西文化的某种共同性，说明西方哲学的确是可以向东方借鉴的。众所周知，很长一段时间以来，东方强调的一直是知识的实用，而西方哲学却似乎一开始就不强调实用，而强调为真理而真理的精神，即使后来融合了东方的阿拉伯哲学，但其真理至上的精神一直是哲学的强大动力。但我们可以发现，当这种轻实用重真理的精神发展到一定程度，还是要和实用联系起来，或许正是因为其发展到某种至高境界，所以普照于现实中价值更大，前提是"只要能够通透"。

　　综上所述，信息哲学作为一种新兴哲学目前尚没有解决现代西方哲学危机，但是由于其对存在领域划分的革新使其具备了一种"通贯"的可能性，从而具备解决现代西方哲学危机的极大希望。

第二编　比较与拓展

从信息科学视角看《信息哲学》

钟义信

（北京邮电大学计算机学院教授）

一　引言：笔者亲历的我国信息科学历史小记

需要说明，本文作者不是哲学家，而是信息科学研究者。但是，由于信息科学本身所具有的基础性和深刻性，注定了它的研究必定与信息哲学的研究难解难分。这种关系特别充分地表现在对"信息及其运动规律"的理解问题上。

1962 年夏，笔者考入北京邮电学院研究生部，师从周炯槃教授研修信息论。信息论原名"通信的数学理论（A Mathematical Theory of Communication）"①，由美国学者 Claude E. Shannon 于 1948 年创建。三年的学习与研究，笔者对信息论的赞佩之情油然而生，因为它在通信领域几乎是完美无缺的理论。

1965 年秋，笔者研究生毕业并留校从事信息论专业的研究和教学。从此，思考的问题便更深更广了，于是情不自禁地追问：为什么人们不把"通信的数学理论"称为"通信论"而称为"信息论"？是因为"通信的数学理论"不仅适用于通信领域而且适用于整个信息领域吗？

为了回答这个问题，笔者开始了系统性的学术考察。结果发现：由于信息论建立在概率论的基础上，它的应用必须满足概率公理的条件；然而在核心的信息领域（特别是智能领域），概率公理不能成立，无法应用信

---

① Claude E. Shannon. *A Mathematical Theory of Communication*, BSTJ, No. 3 & No. 4, 1948.

息论。这表明，人们把"通信的数学理论"改称"信息论"并非明智之举：信息论无法适用于整个信息领域！

这一发现使笔者大为沮丧，因为自己曾是那样钦佩信息论；同时也感到了一份巨大的责任，因为这就意味着必须努力改造信息论，使它名副其实，适用于整个信息领域。当时，我们就把这个酝酿之中的信息新理论称为"广义信息论"。

后来感到"广义"这个词欠妥，因为它的边界太模糊。于是，1977 年春天，在参加"全国中长期科学技术规划会议"的前夕，决定把拟议中适用于整个信息领域的信息新理论名称规范化为"信息科学"，以便把它纳入国家中长期科学技术规划。接着，为了向我国学术界介绍信息科学，从 1978 年开始笔者先后在《北京邮电学院学报》、《国外电子技术》和《自然杂志》分别发表了论文"信息科学的现状与未来"①、"信息科学与信息论"② 和"信息科学"③，成为我国信息科学领域的第一批学术论文。

1988 年 9 月，经过整整 10 年的研究，笔者第一部系统阐述信息科学基本理论的学术专著《信息科学原理》④ 出版，信息及其运动规律的理论体系初步构建成型。2013 年该书第五版把信息的运动规律归纳为"信息—知识—智能转换定律"，简称为"信息转换定律"。2014 年，笔者的《高等人工智能原理》由科学出版社出版⑤，阐明了开放复杂智能系统领域的"信息转换定律"。

以上小记表明，"信息科学"由"信息论"发展而来。因此，本文将首先介绍信息论的基本概念，然后引出信息科学的基本成果，并与信息哲学的相关结果作对照。

二　信息论的信息模型和主要结果

信息论把通信过程抽象为如图 1 所示的模型，由信源、信道和信宿构

---

① 钟义信：《信息科学的现状与未来》，《北京邮电学院学报》，1978 年第 1 期。
② 钟义信：《信息科学与信息论》，《国外电子技术》，1978 年第 2 期。
③ 钟义信：《信息科学》，《自然杂志》，1979 年第 3 期。
④ 钟义信：《信息科学原理》，北京邮电大学出版社 1988 年版。
⑤ 钟义信：《高等人工智能原理》，科学出版社 2014 年版。

成。信源的作用是产生信息；信道的作用是把信源产生的信息传送给信宿；信宿的作用是接收信息。

图 1　信息论的研究模型

由于噪声 N 的影响，信源发出的信息 X 经过信道传到信宿之后就变成了 Y。于是通信的基本问题是要问：这个通信系统从信源传递了多少信息给信宿？按照信息论的理解：信息是用来消除不确定性的东西，因此，可以用通信之后信宿关于 X 的不确定性程度（相对于通信之前）被消除的数量来度量。

信息论用信源熵 $H(X)$ 表示信源产生信息的能力，它正好就是在通信之前信宿对于 X 的不确定性的程度。在通信之后（信宿接收到了 Y），信宿对于 X 的不确定性程度可以表示为 $H(X\mid Y)$。因此，通信系统实际传送给信宿的信息量（称为 X 与 Y 的互信息）就是通信前后信宿关于 X 的不确定程度的减少量

$$I(X;Y) = H(X) - H(X\mid Y) \qquad (1)$$

其中，信源熵 $H(X)$ 是定义在概率分布上的泛函数；$H(X\mid Y)$ 称为条件熵，把信源熵 $H(X)$ 中的概率 $p(x_i)$ 换成条件概率 $p(x_i\mid y_j)$ 就可得到，下标 i 和 j 分别是 x 和 y 的状态号。

公式（1）表示：在通信系统中，信源经由信道传送到信宿的信息量 $I(X;Y)$ 就等于 $H(X) - H(X\mid Y)$。公式（1）准确体现了信息论对信息概念的理解：信息就是用以消除不确定性的东西。由此也可以直接引出"信息就是负熵"的含义。

有了互信息的概念，就可以进而定义信道的传输能力信道容量 C 和信息率—失真函数 R（D）。在此基础上，就可以讨论如何通过编码的方法实现信源产生信息的能力和信道传输信息的能力之间的最佳匹配，达到最有效、最可靠和最安全地传输信息的目的，由此得到了信息论的几个编码定理。

可见，信息论的主要贡献是：一方面，给出了关于信息的一种功能性定义；另一方面，指明了实现有效通信、可靠通信和安全通信的编码途径。鉴于本文的性质，这里将只关注信息概念的研究而不涉及编码技术的讨论。

正如"通信的数学理论"所强调的那样：由于通信技术的任务是"传递"信息，而不需要"理解"信息的内容，也不需要"判断"信息的效用，因此，信息论只需要关心如何把携带信息的信号波形尽可能如实地从信源传递给信宿。简言之，信息论只需要考虑信息的形式，不必考虑信息的内容和价值。

问题是，在人类活动的场合，由于人类不仅具有感知能力，同时具有理解能力和价值判断能力，而且，人类的感知能力、理解能力和价值判断能力是不可分割的统一整体，因此，人类所关心的信息必然是信息的形式、内容和价值的"三位一体"；没有人会只关心信息的形式而不关心信息的内容和价值。

智能科学技术领域的情形也与人类活动类似。为了使智能系统做出具有智能水平的决策，智能决策系统不仅需要了解信息的形式，同时必须了解信息的内容和价值；否则，连"信息内容是什么"和"具有什么样的价值"都不了解，怎么能够保证所做出的决策可以实现"以最小的代价获得最大的得益"？可见，在智能决策这类核心的信息领域，信息的"三位一体"是必不可少的前提。

这就是说，信息论"只考虑形式"的信息概念虽然符合通信系统的要求，却不能满足人类活动和智能科学研究领域的要求。信息论虽然在通信领域取得了成功，但却不能解决整个信息领域的问题。

不仅如此，信息论所理解的信息是"用以消除不确定性的东西"，那么，究竟什么东西能够用来消除信息接收者所关注的不确定性（从而可以被称之为信息）？对此，信息论没有言明。

归结起来，Shannon 信息论存在两方面的重大缺陷，必须加以克服。

一方面，它的信息定义"用以消除（随机）不确定性的东西"仅仅说明了信息所具有的功能，没有回答"信息究竟是什么"，是一个不彻底的信息定义。如同控制论创始人 Wiener 给出的论断"信息就是信息，不是物质也不是能量"那样，只是利用排他法说明了"信息不是什么"，没有回答"信息是什么"。Shannon 和 Wiener 这两个论断都没有从阐明信息的本质定义。

另外，信息论实际是一种"通信的数学理论"，而非普遍的信息理论。而通信只是信息领域的一个特殊子领域，是只"传递"信息而不"理解信息"和"制定决策"的子领域，因此，它的信息概念具有很大的局限性和表面性而不具有普遍适用性。

三 信息科学的研究模型和主要成果

为了克服信息论存在的问题，信息科学必须把研究的对象从通信过程扩展到整个信息运动过程，这样才能站在全局的高度来研究"信息及其运动规律"。换言之，信息科学首先必须建立正确的的研究模型，在此基础上展开深入的研究。

1. 信息科学的研究模型

信息科学认为，信息普遍存在于自然界、人类社会和人类精神领域；同时，信息不是静止和孤立的存在，而是在人类主观世界和外部世界相互作用的过程中存在。如果把人作为认识主体，把外部世界作为认识主体的认识对象，就可以得到图 2 的信息运动的完整模型。

图 2 模型所表现的就是外部世界与认识主体（图中外部世界以外的所有部分）及其相互作用。信息，正是在这个相互作用的过程中扮演着自己的角色，并在这个过程中展现它的全部运动规律：本体论信息转换为认识论信息，进而转换为知识、智能策略和智能行为。这就是信息—知识—智能转换规律，简称为"信息转换规律"。

2. 信息的定义及定义谱系

模型表明，外界事物的运动会产生信息；即事物所呈现的运动状态以及状态变化的方式，称为事物的"本体论信息"。之所以称为"本体论信息"是因为，事物产生的信息只由事物本身的性质所决定，与认识主体无关，不受认识主体的影响。

这里所说的"事物"，可以是物质客体，也可以是抽象概念和精神现

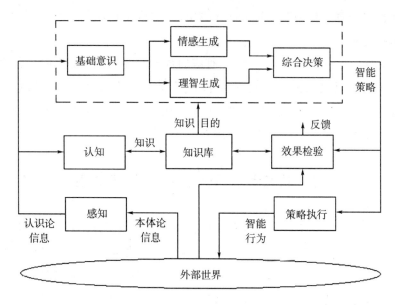

图 2　信息科学的研究模型

象；这里所说的"运动"可以是物质在空间中的位移，也可以是一切意
义上的变化和精神领域的思维运动；"状态"是事物运动在空间呈现的情
状姿态；"方式"是事物运动随时间而变化的方向和式样。

　　不难理解，"事物呈现的运动状态及其变化方式"是本体论信息的普
适性定义，因为，一切事物的运动都呈现"运动状态及其变化方式"，这
是本体论信息的绝对性和普遍性；一切不同事物的运动都呈现各不相同的
"运动状态及其变化方式"，这是本体论信息的相对性和特殊性。总之，
本体论信息是一种普遍的存在，存在于自然界，存在于人类社会，也存在
于人类的精神领域。

　　本体论信息是外部世界万事万物所呈现的可供认识主体感知的信息，
因而是一切其他各种信息的最终源泉，如果人们希望认识外部世界，就必
须高度关注和深入研究本体论信息。

　　被认识主体所感知的本体论信息就变成"认识论信息"。由于认识主
体具有感知能力、理解能力和价值判断能力，因此，认识论信息的内涵就
不再是"事物所呈现的运动状态及其变化方式"那样单纯，而必然也注
入认识主体的贡献：他所感知的"事物运动状态及其变化方式的形式"
（称为语法信息）、他所理解的"事物运动状态及其变化方式的含义"（语

义信息)、以及"事物运动状态及其变化方式(相对于主体目标而言的)效用"(语用信息)。可见,认识论信息的内涵比本体论信息的内涵更丰富了,它不仅反映了作为认识对象的事物本身的情形,而且也反映了认识主体的性质。因此,认识主体关于事物的认识论信息,就是认识主体从本轮信息所感知的事物的运动状态及其变化方式的形式、含义和效用。我们也把同时计及语法信息、语义信息、语用信息的认识论信息称为"全信息"。这里的"全"就是指"语法信息、语义信息、语用信息的三位一体"。

认识论信息是认识主体和认识对象相互作用的产物,是本体论信息作用于认识主体所产生的结果,是人类可以处置的信息。如果人们希望有效地认识世界和改造世界为人类造福,就必须深入展开认识论信息的研究。

我们注意到,除了上述"本体论信息"和"认识论信息"定义之外,学术文献中还存在许多各不相同的信息定义。这种现象说明,信息是一种复杂的研究对象,人们从不同的角度进行研究,就会得出不同的认识。其实,这既是事物"多样性"的表现,同时也正是"统一性寓于多样性"的表现。因此,我们应当能够在众说纷纭的信息定义中找到它们的内在联系,找到多样性的信息定义之间的统一性。

人们对信息的"不同研究角度"表现为人们定义信息时遵循了"不同的约束条件"。假若把这些约束条件按照某种规则排列起来,就可以得到各种信息定义的有序排列,成为信息定义的谱系,表 1 就是按照定义约束条件的松紧程度排列得到的定义谱系。

表 1　　　　　　　　　　按约束条件松紧程度排列的信息定义谱

定义的约束条件	定义的适用范围	定义的层次	定义的名称
无条件	最广	最高	本体论信息
一个条件:存在主体	次广	次高	认识论信息
…	…	…	…
条件越紧	越窄	越低	越局限的领域信息
…	…	…	…
条件最紧	最窄	最低	最局限的领域信息

在表 1 中，没有任何约束条件的信息定义具有最广的适用范围，因而具有最高的定义层次。这显然非本体论信息定义莫属。因为，它没有任何约束条件，适用于自然界和人类社会以及人的精神领域的一切事物。

表 1 中的认识论信息则由于存在一个约束条件，因此它的适用范围就不如本体论信息定义那样广泛，它只适用于存在认识主体的那些场合。也因为这个缘故，认识论信息的定义层次也没有本体论信息定义的层次那么高。但是，认识论信息定义只有一个约束条件，它的适用范围当然要比约束条件更多更严的那些信息定义要广，层次也比它们更高。信息定义谱系表 1 还表明，定义的约束条件越紧，定义的适用范围越窄，定义的层次越低；如果定义的约束条件达到最紧，那么这种信息定义的适用范围就最窄，定义的层次也最低。

另外，在这个信息定义谱系中，各个层次的信息定义可以互相转换，前提是约束条件松紧程度的增减。比如，假若给本体论信息定义增加"必须存在认识主体"这个约束条件，本体论信息定义就转换为认识论信息定义；相反，如果从认识论信息定义减去"必须存在认识主体"这个约束条件，认识论信息定义就转换为本体论信息定义。

按照表 1 的信息定义谱系，Wiener 所说"不是物质也不是能量"的信息定义显然属于本体论信息定义。Shannon 所理解的"用以消除随机不确定性的东西"，则显然属于认识论信息，而且只是认识论信息的随机型语法信息。这样，其他各种合理的信息定义都可以在这个谱系中找到他们的位置，从而显示了不同信息定义之间的内在联系。

3. 信息的运动规律：信息转换原理

阐明信息概念之后，最重要的问题是要探索信息的运动规律。依照图 2 的模型，信息运动的基本过程包括：外界事物的本体论信息转换为主体的认识论信息（第一类信息转换），主体的认识论信息转换为知识（第二类信息转换），主体的认识论信息转换为智能行为（第三类信息转换），反作用于外界事物客体，完成一次主客交互。

（1）第一类信息转换："本体论信息—认识论信息"转换

第一类信息转换的基本模型如图 3 所示。

模型表明，本体论信息转换为认识论信息的前提是必须有认识主体，

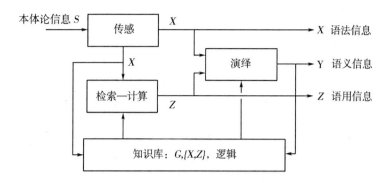

图3 第一类信息转换原理

具体体现为必须具有知识库，后者体现为主体的目标（用符号 G 表示）和先验知识（如语法信息与语用信息的偶对集合 $\{X, Z\}$）。这个转换需要经历三个步骤。

①事物的本体论信息 S（事物所呈现的运动状态及其变化方式）经过主体的感觉器官系统（技术上就是传感系统）可以转换为认识论信息的语法信息分量 X。

②主体的记忆系统（技术上的知识库）内存储了"语法信息 X 和与其相伴的语用信息 Z 的偶对集合 $\{X_n, Z_n \mid n = 1, \cdots, N\}$"，把上一步生成的语法信息 X 作为检索子在偶对集合内进行检索，一旦发现与检索子相匹配的某个 X_n，与这个 X_n 对应的 Z_n 就是与这个语法信息 X 对应的语用信息 Z。

③以 X 和 Z 为输入，通过"X 和 Z 同时满足"的逻辑运算，就可以在语义信息空间中确定与 X 和 Z 相应的语义信息 Y，如公式（2）所示：

$$Y \leftarrow \cap (X, Z) \qquad (2)$$

式中符号 $\cap (X, Y)$ 就是"X 和 Y 同时满足"的意思。

公式（2）表明，只要得到了语法信息 X 和语用信息 Z，那么，它们两者一起就可以确定语义信息 Y。或者说，只要信息的"形式"和"效用"明确了，那么这个信息的"内容"也就确定了。这是一个普遍的准则：形式或效用都不能单独确定它们的内容，只有形式与效用两者一起才可以唯一地确定相应的内容。

公式（2）不仅给出了语义信息的生成方法，也给出了语义信息的准确定义：语义信息 Y 不是一个独立的信息分量，它是由相应的语法信息 X 和相应的语用信息 Z 共同确定的抽象内容。

如果在步骤（2）中，X 无法在偶对集合检索到匹配的语法项，那就意味着这个本体论信息是一个全新事物产生的，主体记忆系统（知识库）内没有记录。在这种情况下，就要通过直接检验的方法评估这个语法信息 X 对于主体目标 G 而言的效用（对技术系统来说就是计算 X 和 G 的相关性），从而得出它的语用信息 Z 分量。

总之，第一类信息转换原理证明了：本体论信息可以转换为认识论信息；这种转换在理论上是合理的，在技术上是可行的。

（2）第二类信息转换："认识论信息—知识"转换

第二类信息转换的基本模型如图 4 所示。

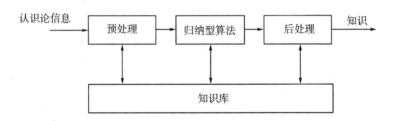

图 4　第二类信息转换原理

在解释第二类信息转换原理之前，首先必须在一般的意义上说明"知识"的概念以及知识与信息之间的关系。

知识是认识论范畴的概念，与知识所表达的事物的性质有关，也与认识主体的情形有关。因此，知识不能和本体论信息直接相关联，而应当和认识论信息相关联。但是知识又和认识论信息不同：信息属于"现象"的范畴，知识却不属于"现象"的范畴，而是属于"本质"的范畴，这个"本质"就是知识所表达的那一类事物的共同性质或共同特征。当然，知识应当具有一定的表现"形式"，而且对认识主体具有一定的功能价值，因而具有相应的"内容"和"价值"，是"形式、内容、价值的三位一体"。

基于以上这些分析，可以给"知识"作出如下的定义：认识主体关于某类事物的知识，是认识主体所理解的该类事物所呈现的运动状态及其变化规律的形式、内容和价值。

如果把知识的上述定义和认识论信息的定义互相对照，就可以发现，知识虽然与认识论信息不同，却与认识论信息相通：一方面，认识论信息属于现象的层次（表现事物运动状态及其变化的具体方式），而知识则属于本质的层次（表现事物运动状态及其变化的一般规律）；另一方面，任何本质都体现于现象而又潜藏于现象，本质层次的知识可以由现象层次的认识论信息归纳抽象出来。

有了这些概念，现在就可以解释图 4 的模型。

图 4 表明，实现归纳的基本途径，就是执行相关的归纳型算法，因为，知识本质就是隐藏在大量与之相关的认识论信息现象中的共同规律。因此，归纳型算法的输入是大量相关的认识论信息，归纳型算法的输出则是归纳所得到的知识。当然，归纳型算法需要一定的先验知识的支持，而且在进行归纳之前往往也需要对认识论信息进行一定的预处理（比如去除噪声干扰，提取特征等）。

不过，由于"归纳"算法不是保真的算法，因此，由归纳算法所生成的知识必须经过检验。检验的方法既可以在知识的层次上展开（验证这个新的知识对知识库原有的知识是否有深化和扩展，或是否有矛盾），也可以通过实际应用的效果来检验（检验这个新的知识是否可以解决相关的问题）。如果检验的结果是满意的，就可以把归纳得到的新知识加入到知识库，从而使知识库的知识得到增广；如果检验的结果不满意，就要通过反馈对原有的归纳算法进行调整改进，直到满意。这些工作，便是"后处理"担负的任务内容。显然，后处理也需要知识库的知识支持。

（3）第三类信息转换："认识论信息—智能策略"转换

第三类信息转换包括了"由认识论信息到基础意识、情感、理智和综合决策"的全部转换。这些单元的工作逻辑是：当收到认识论信息之后，"基础意识"单元就应当产生符合"本能知识和常识知识"范围的基础意识反应；但是，如果所收到的认识论信息超出了"本能知识和常识知识"所能处理的范围，基础意识单元便直接把这个认识论信息转交给后面的"情感生成"和"理智生成"单元处理。情感生成单元需要本能知识、常识知识和经验知识的支持，理智生成单元需要本能知识、经验知识和规范知识的支持，而情感与理智两者的综合决策则生成智能策略。只有当接受了本体论信息的认识主体生成了智能策略之后，认识主体才知道应当如何去应对这个外部事物。

颇为有趣的是，基础意识、情感和理智生成单元都遵循相同的演绎原理：都是在各自相应的知识支持下，在系统目的导控下，由认识论信息生成各自相应的智能产物，因此可以用一个共同的算法模型来表达它们的转换原理，如图 5 所示。

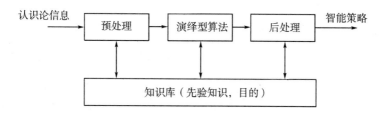

图 5　第三类信息转换原理的共性算法

如上所说，在这个共性算法中，如果所生成的"智能"成分是"基础意识"，就应当在"本能知识和常识知识"的支持下，在系统目的导控下，完成由认识论信息到基础意识的转换演绎；如果所生成的"智能"成分是"情感"，就应当在"本能知识、常识知识和经验知识"的支持下，在系统目的导控下，完成由认识论信息到情感的转换演绎；如果所生成的"智能"成分是"理智"，就应当在"本能知识、常识知识、经验知识和规范知识"的支持下，在系统目的导控下，完成由认识论信息到理智的转换演绎。

对比图 5 和图 4 可以发现，第二类信息转换原理与第三类信息转换原理的模型几乎相同，只是第二类信息转换原理（图 4）的"归纳型算法"在第三类信息转换原理（图 5）变成了"演绎型算法"，同时，它们需要从知识库得到的知识支持也各有不同的要求。

值得注意的是，认识论信息转换为知识和转换为智能策略都是复杂的过程。当训练样本逐步增加的时候，归纳型算法存在"由信息到知识的飞跃"。在支持演绎算法的知识由不充分到充分的时候，演绎型算法就存在"由知识到策略的飞跃"。有些文献把这些飞跃现象（或者其中一种）称为"涌现"。

前曾指出，在认识主体受到外部事物作用（接受到本体论信息）的时候，最重要的问题是要生成应对这个事物的智能策略。而把智能策略转换成为智能行为，则是相对明确的事情，篇幅有限这里不做介绍。此外，当认识主体把智能行为反作用于外部事物的时候，由于内部可能存在各种不完善而外部可能存在各种干扰，通常会发生偏离目的的误差。一旦出现不能容许的误差，就要把误差信息反馈到认识主体，通过学习补充新的信息和知识，调整和优化策略和行为，改善效果，直到满意地解决问题达到目的。

4. 小结

综上所述，信息科学研究的"信息及其运动规律"，可以概括为如下要点。

（1）信息存在于外部世界（包括自然界和人类社会）也存在于人类认识主体的精神领域，是一种普遍的存在。

（2）存在于外部世界的信息，是万事万物（包括物质与精神）所呈现的运动状态及其变化方式。它只与事物本身有关，而与认识主体无关，因此称为本体论信息。

（3）存在于认识主体精神领域的信息，是认识主体所认识的事物运动状态及其变化方式的形式（语法信息）、内容（语义信息）和价值（语用信息），三者的统一体称为认识论信息，也称为"全信息"，它既与事物有关也与认识主体有关。

（4）信息不是孤立的静止的对象，而是活动于外部世界与认识主体相互作用的全部过程，从中展现信息运动的全部规律：本体论信息转换为认识论信息，后者又转换为知识、基础意识、情感、理智、智能策略和智能行为。这就是"信息—知识—智能"转换规律，简称为"信息转换规律"。

（5）人类正是利用了"信息转换规律"才能不断深入认识世界和改造世界，并在改造客观世界的同时不断改造自己，从而在"主观客观合作双赢"基础上不断改善人类生存发展的水平。

四 信息科学与信息哲学的映照

我国的信息科学研究，孕育于 20 世纪 60 年代，命名于 20 世纪 70 年代，第一部学术专著问世于 20 世纪 80 年代。我国信息哲学的研究，起步于 20 世纪 70 年代末，笔者所见到的第一部系统的信息哲学专著问世于 2005 年①。

我国信息科学与信息哲学的正式的现场交流始于 2005 年在北京召开的"信息科学交叉研究研讨会"。笔者和邬焜教授也是在这次研讨会上有了第一次面对面的讨论。交流发现，双方对信息基本问题的理解是相通的，同时也存在科学视野和哲学视野之间的微妙差异：既表现在科学和哲学思维风格的不同，也显示了科学研究与哲学研究之间互相沟通的必要性。

1. 总体风格：和而不同

哲学研究具有"自顶向下"的风格，科学研究具有"自底向上"的特征，两者通常能够相向而行和殊途同归。信息科学与信息哲学的情形也是如此，这种相互作用能够相得益彰，产生合作共赢的结果。

对比邬焜教授的论著②和笔者的相关著作③，确实可以明显看到两者迥然不同的学术风格，前者站在哲学的立场自顶向下地阐发信息哲学的基本观念，后者则站在科学的立场自底向上地探究信息的运动规律。在研究内容上，前者是宏观而概览，涵盖了信息本体论、信息认识论、信息进化论、信息价值论、信息思维论等诸多纲目，后者则是深入而系统，研究了信息的基本概念、度量方法、信息转换规律、以及基于信息转换规律的人工智能统一理论和高等人工智能理论。

它们的共同之处，是分别都抓住了各自的根本问题，从各自的立场出发独立回答了诸如"信息是什么"和"什么是信息的运动规律"等基本问题；两者的结论则各有重点各有特色，然而又彼此相通和可以互相印证。

---

① 邬焜：《信息哲学——理论、体系、方法》，商务印书馆 2005 年版。

② 邬焜：《信息哲学——理论、体系、方法》，商务印书馆 2005 年版；邬焜：《哲学基本问题与哲学的根本转向》，《河北学刊》，2011 年第 4 期；邬焜：《存在领域的分割和信息哲学的"全新哲学革命"意义》，《人文杂志》，2013 年第 5 期；邬焜：《从信息世界看哲学的发展及其根本转向》，《中国人民大学学报》，2014 年第 3 期。

③ 钟义信：《信息科学原理》，北京邮电大学出版社 1988 年版；钟义信：《高等人工智能原理》，科学出版社 2014 年版。

2. 关于"存在分割":哲理开路

作为哲学工作者,邬焜教授秉承了哲学"自顶向下"的研究风格。因此,他选择的研究重点便是瞄准"存在的分割"这个哲学的根本性问题。

据笔者所知,历来,传统哲学都明确地断言:存在＝物质＋精神。只是不同哲学阵营的人对物质和精神的地位持有不同的主张:唯物论者认为物质第一性精神第二性,唯心论者则持相反的主张。

为了探讨信息在哲学研究中的地位,邬焜对传统的存在分割公式提出了挑战。这显示了他的学术勇气,也表现了他在学术上的彻底精神。经过深入研究,他得到了全新的分割公式:"存在＝物质＋信息"。

在新的存在分割公式的基础上,邬焜又进一步讨论了物质与信息的关系。他认为物质和信息都是存在:物质是"直接存在",也可以称为"实在",而信息则是"间接存在",也可以称为"虚在"或"不实在"。

笔者认为,这是一个具有全局意义的研究成果,颠覆了传统哲学的基本观念,是对现代哲学研究的重大贡献:不仅为信息哲学的研究明确了地位,开辟了道路,而且也为整个哲学的研究校正了方向。

笔者的研究遵循"自底向上"的路线,没有直接涉及"存在分割"的问题,但是根据自己的考察,信息科学认定"信息是一种普遍的存在,存在于自然界,存在于人类社会和人的精神领域"[1]。这在事实上主张了"存在＝物质＋信息"的分割,表现了与邬焜信息哲学研究的天然默契。

3. 关于信息的基本概念:异曲同工

在澄清了"存在＝物质＋信息"这一新的理论基础上,《信息哲学》顺理成章地给出了信息的概念:"物质存在方式和状态的自身显示"。

根据"自底向上"的观察和归纳,信息科学建立了信息定义的谱系,其中作为一切层次信息最终源泉的本体论信息被定义为"事物呈现的运动状态及其变化方式",并且明确解释定义中的"事物"既可以是物质也可以是精神。

---

① 钟义信:《信息科学与信息论》,《国外电子技术》,1978年第2期。

可以看出，这两个定义在文字表达上分别具有哲学和科学的不同特色，但它们的内涵却是一致的：其中，"显示"与"呈现"完全同义；而"物质存在方式与状态"与"事物的运动状态及其变化方式"也在实质上互相等效。

4. 关于"认识论信息"：相映成趣

邬焜教授的《信息哲学》阐述信息的认识论，包括人类认识过程的五个层次：信息的自在活动层次，信息的直观辨识层次，信息的记忆存储层次，信息的主体创造层次，主体信息的社会实现层次；同时还论述了五个层次之间自下而上的递进建构和自上而下的全息制控关系，以及层次综合参与和层次相互转换关系。显然，这是非常宏观而同时又非常原则的论述，完成了从信息本体论到信息认识论过渡的全面分析。

信息科学则把认识论信息作为自己研究的重点，并把认识论信息定义为"认识主体所表述的事物运动状态及其变化方式的形式（语法信息）、含义（语义信息）和效用（语用信息）"，是语法信息、语义信息和语用信息的三位一体，称为"全信息"。在此基础上阐明了包括第一类信息转换（由本体论信息生成认识论信息）、第二类信息转换（由认识论信息生成知识）和第三类信息转换（由认识论信息、知识和目的生成智能策略）在内的"信息转换规律"，揭示了由外部事物的"本体论信息"到认识主体生成应对外部事物的"智能策略和智能行为"的工作机制。

颇为有趣的是，信息科学的"信息转换规律"与信息哲学的"信息层次分析"真正是相映成趣。信息哲学阐明了信息认识论的宏观原则，信息科学则挖掘了信息转换的深刻机理；两者不谋而合，殊途同归。

5. 关于"信息中介"与"信息转换"：各有发现

邬焜教授在阐述信息认识论的时候，把信息的作用理解为沟通主体与客体之间联系的中介，从而消除了人们对于主体与客体之间相互作用过程所存在的某种神秘感。

笔者则认为，信息的作用，是通过本体论信息—认识论信息—知识—基础意识—情感—理智—智能策略—智能行为这一系列的"信息转换"为人类主体提供认识世界和改造世界的智能策略，实现主观世界与客观世界的和谐双赢，为人类不断改善生存发展环境服务。

可见，"信息转换规律"和"中介"分别从科学和哲学的层面上揭示了主客观相互作用的信息机理。

人类认识世界和改造世界的活动复杂多样，然而，它们的共同形式都可以抽象为信息转换。虽然不同场合的信息、知识、智能的具体内容多姿多彩，但是"信息—知识—智能转换"的总体规律是共同的，这是"多样的内容"与"统一的规律"的辩证关系。因此，可以把"信息转换规律"称为"信息转换定律"。

更有意义的是，物质科学的"质量转换定律"和"能量转换定律"使人类懂得如何把劣质物质资源转换为优质材料，把低效能量资源转换为高效动力，而信息科学的"信息转换定律"则使人类懂得把原始的信息资源转换为智能策略。由此可以体会："信息转换定律"的意义至少不亚于"质量转换定律"和"能量转换定律"。

总之，从信息科学研究的角度来看，邬焜教授在信息哲学领域的研究成果，特别是关于"存在分割方式"的研究成果，是开创性的工作，对信息哲学和信息科学的研究都具有基础性意义。同样，信息科学的"全信息理论"和"信息转换定律"也是开创性的研究成果，对科学技术、经济和社会的发展具有重要意义。

几乎独立行进的我国信息哲学和信息科学研究如此和谐默契，颇为发人深省！

信息存在论的建构路径与哲学观念的变革

——对西蒙栋和邬焜信息哲学的比较

王　健

（西安交通大学人文与社会科学学院博士生）

近 10 年以来，国际信息哲学研究进入了一个繁荣发展的新时期，无论从期刊著述、研究队伍，还是从机构建制、国际合作等方面都取得了卓著的成果。然而，诚如邬焜教授在"信息哲学的研究需要怎样的一面'旗帜'"的讨论中所指出的："整合的理论体系"忽视了"信息在存在论意义上所具有的普遍而独特的品格"，"因为，正是信息在存在论意义上的本质规定，能够成为确立新的哲学基本问题、哲学本体论、哲学认识论、哲学价值与伦理观、哲学的经济社会观、哲学的科学技术观、哲学的演化发展观的理论前提"。① 只有这样，信息哲学才能举起一面为自身及其相关研究开辟道路的旗帜。然而，在存在论意义上对信息的探究毕竟不同于仅仅对"信息"概念或现象的本质是什么做出概括性的说明。基于海德格尔对"存在论差异"（the ontological difference）的阐述，存在论意义上的信息探究须臾不离"存在"与"存在者"之间的回旋周折，且得"扣其两端而执其中"。这种所谓的"中庸之道"，在此也似乎适用于我们对吉尔伯特·西蒙栋和邬焜两位信息哲学奠基者的思想比较。借言海德格尔，"同一与差异"，要在于对"与"字的领悟，即它们共属原初事件之发生（ereignis），且二者之间的实际性解释学循环，又不离此在之在之于"他者"世界的视域融合，因而我们对两位学者的比较便可能既为我们提

---

① 邬焜：《信息哲学——理论、体系、方法》，商务印书馆 2005 年版，第 21—22 页。

供对信息存在论的深解，又为我们明晰信息哲学的精义给予一条借道
"它山"的"攻玉"之径。

一　信息存在论的系统实在观念

法国信息哲学研究的先驱者，吉尔伯特·西蒙栋（Gilbert Simondon）
（1924—1989 年）便是最早致力于前述研究向度的学者之一，尽管他在
"信息存在论"上的贡献直到近年才被学界所发现并得到重视，为数不多
的几篇文章和著述也才被翻译成了英语。同样这种学术贡献与史学地位不
相称的情况不仅发生在欧美哲学进路的偏执分殊之上，而且也表现在中西
哲学研究的罔薄歧见之中。作为中国信息哲学研究创始人，邬焜（Wu
Kun）专注于信息哲学已逾 30 余年，著作颇丰，且建构了整套信息哲学
的统一体系，尽管直到 2008 年之后①，他的工作才逐渐为"外人"（for-
eigners outside of China）所知晓，为"世人"（scholars in the world）所称
道。

作为信息存在论的卓越建构者，西蒙栋和邬焜最初都是从对"作为
实在的存在"入手进行探究的。西蒙栋认为，我们对存在之实在（亦即
存在着的实在）的思考一直被哲学史上的两种观念所束缚：一是实体主
义，它将存在看作是自足的、自予的、自构的、持存不灭的实体；二是形
质复合论，它将存在看作是由相互分离的形式和质料加和组构的产物。尽
管此二者立场相对，然而它们共有着同一预设，即认为某一原理（princi-
ple）先于实在而存在（无论是在逻辑上还是事实上），实在必须经由此原
理才可得其释解。如此的研究视角便赋予了构成性实在以存在论上的优先
地位，进而陷入传统哲学无以将"生成"（becoming）与"存在"（be-
ing）相互蕴缴的经典困境之中。然而，恰如西蒙栋所言："存在和生成之
间的对立，仅仅在一种固定的，即假设存在的绝对模型是实体的教条之
中，才是有效的。"② 生成并不是存在所在其中的一个框架，而应该被看

---

① 2007 年 6 月，邬焜教授参加在武汉召开的首届社会信息科学研讨会，并提交了一篇英文
文章 *"Information Philosophy and its Overall Breakthrough to Philosophy"*，次年，此文在国际一般系
统研究学会杂志刊发，这是邬焜教授呈现给英语学界的第一篇以信息哲学为主题的文章。

② Gilbert Simondon. *The Position of the Problem of Ontogenesis*, PARRHESIA, 2009（7）: 5—6.

作是存在的一个向度、一种原初矛盾的解决模式，存在经由生成、作为生成才得以成其为存在。因此，西蒙栋提议，将存在看作是区别于实体、质料以及形式，超出排中律和同一律的适用范围，且高于实体层次之上的一个系统（system）。于是，他从系统理论的视角出发，提出了标识此一系统之状态的"元稳定"（metastablity）概念（较之于普里高津所提出的"非平衡态"更为原初），以区别于通常的稳定—平衡状态。通常的稳定—平衡排除了生成的可能，而实在的生成则类似于制控水晶生成的过冷却和过饱和状态的失衡，乃是元稳定状态的分解（resolution）运动。西蒙栋曾明确地指出，他的研究乃是建立在如此的存在观念之上："存在并不拥有一个同一的整体，即任何转化在其中都不可能的稳定状态；存在拥有一个转导的（transductive）整体，即它能够在自身关系中发生相移（dephase）；它可以从其中心开始，自身从一部分溢出到另一部分。"①

　　或许与其深谙中国传统思想的原初资源有关，邬焜教授并未受囿于西方哲学存在与生成截然二分的经典思维框架，他认为"存在"即可看作为"有"，"它是世界上所有事物和现象的统称。"②"有"生于"无"，然而根据邬焜对古代哲学的考察，这里的"无"乃是"无形之有"③，或言之，绝对的、纯粹的"无"并未进入存在论的思想界域。因而，生成指涉的便是从"无形之有"到"有形之有"的运动、转化过程，由之，"存在"（有）与"生成"便并行进入到其原初沉思之中。古代自然哲学中的实体实在论观念，亦即实体思维，潜蕴地这样一种微观不变性信条：微观的基础元件是刚性、简单、不变的，而由其所构成的宏观物象则是柔性、复杂、变动的。然而，实体思维限于其"一元论"和"构成论"进路，便无以阐明两个层级之间的涌现生成机制，终而流于素朴。实质而言，"对于实在来说，实体、关系和过程并不存在谁是第一性、谁是第二性之类的问题，也不存在先有怎样的实体，后有怎样的关系或过程之类的机械性命题。在这里，在实在的具体形式中，不仅实体是关系与过程的载体，而且关系与过程同样是实体的载体；作为系统的实体是关系的网络，在

---

① Gilbert Simondon. *The Position of the Problem of Ontogenesis*, PARRHESIA, 2009（7）：10.

② 邬焜：《信息哲学——理论、体系、方法》，商务印书馆 2005 年版，第 34 页。

③ 邬焜：《古代哲学中的信息、系统、复杂性思想——希腊·中国·印度》，商务印书馆 2010 年版，第 65 页。

此，实体是由关系构成的，实体即是关系，没有关系就没有实体（系统）；作为要素的实体是关系的纽结，在此，实体是由关系规定和约束的，没有关系就没有作为要素的实体，作为要素的实体不能简单被认为是可以游离于此系统之外的'自立体'；过程是新旧实体、新旧关系、新旧系统变化、转换或生成的载体，没有过程就没有新的实体、新的关系和新的系统的创生、发展和进化；从一个特定的角度来看，也可以把过程看作是系统纵向演化的系列关系的体现者、承载者。"①

二　信息存在论的致思志趣与逻辑理路

西蒙栋的信息存在论思考人手于对哲学基本问题的探究，他是以亚里士多德的形质复合论为课题对象的，并且纳入了"二战"时期信息和通信理论的个性化读解视野。按照西蒙栋的观点，亚里士多德的形质复合论为我们提供了一个解释个体性物象，亦即其所谓的实体（substance）之存在与生成的"先在原理"：被感知到的"这一个"（质料）、作为其所趋向之自然状态的"这一个"（形式）和作为此二者之结合的"这一个"（个体物象）乃是实体的三种形式；形式，在本质上，与世界之质料相分离；第一实体，内在地由潜能所充盈，从而排斥现实于外，则更是此三者之外的第四种异质性连接者。西蒙栋不赞同亚里士多德，他认为我们应该远离形质复合论模式，假若质料是后天地被赋之予先天的感知形式，那么这种所谓能够表征质料的感知实质上并不存在。感知并不去接合质料，而是质料使得我们感知（或者更确切地说是"质料感知"）。因此，形式并不先于质料而在。传统的主体认识论认为人能够依靠充分的感知以发现知识，然而在形质分离的模式中，除却感知和经验所得，形式不再能够蕴含所有全部的知识。亚里士多德通过将人作为感知和形式的介体而对知识进行的经验主义奠基，引致了一种所谓的归纳理性。归纳并非诉求于经验推理以证明因果效应，而是经凭特例的想象性联结，从而构成西蒙栋所称作的"统一体的相似物"（analogue of unity），如若其内在关系产生于我们的理解，那么我们经验或尚未经验的自然便在某种意义上等价于我们所已

---

① 邬焜：《信息哲学问题论辩》，西安交通大学出版社 2008 年版，第 144 页。

经验的，而事实显然并非如此。因而，西蒙栋认为我们既不可能拥有绝对的、真实的归纳意义，也不可能具有将第一实体与形式、质料分离开来的纯粹线性因果观念。在此基础上，他引入"个体化"一词以对其所重构的个体性物象生成过程进行了概述①。

相较于此，邬焜对信息本质的阐述则尽量避免了对旧有术语的"重构"，而且他对哲学基本问题的探究则更为直接而明晰。无可避免地受到20世纪中国哲学研究的马克思主义话语系统的影响，同时作为致力于推进恩格斯所创立的自然辩证法研究进程的学术共同体成员，邬焜着眼于物质和精神的关系这一哲学基本问题的"特定理解"，将列宁对物质的经典定义中的核心范畴，即"客观实在"，与存在者层次，即"存在领域"连接起来，进行了严格的形式逻辑推理和所谓的"存在领域的分割"，从而阐明了信息的实质，建构了一个物质与信息"双重存在"的世界图景。

列宁曾指出："物质是标志客观实在的哲学范畴"，又说："物质的唯一'特性'就是：它是客观实在，它存在于我们的意识之外。"② 由此，我们得到一纵一横交错维度的思想维度："物质"与"客观实在"在符号学意义上的概念异同；作为客观实在的"实体"等与其后诸形态的演变序列。依据前述，"实在"（或真实的存在）作为存在论意义上的概念，乃是对存在论差异结构中"存在者"层次，亦即"存在领域"的指涉。从古至今，诸形态的实在论与反实在论之争的根本分歧并不在于是否承认主观意识之外客观存在的真实性，而且它们共有着同一的"存在论前提"或"基本信条"，即主客二分的世界图景。对此，邬焜进行了严格的形式逻辑推演。

"如果我们假设：客观的 = P；实在的 = Q，那么，客观的反题'主观的'就是 - P（读'非 P'）；实在的反题'不实在的'就是 - Q（读'非 Q'）。

现在我们在这四个命题中建立两两组合的合取式，我们便可以得到如下六个逻辑公式：

---

① "个体化"是西蒙栋哲学思想的核心范畴，最明晰的中文阐述可参见贝尔纳·斯蒂格勒的《技术与时间》（第一卷），在此，我们限于文章主旨和篇幅，仅能在后文中做浅释，而不求甚解了。

② 《列宁选集》（第 2 卷），人民出版社 1972 年版，第 128 页。

P∧Q；P∧－Q；－P∧Q；－P∧－Q；P∧－P；Q∧－Q

除去后面两个违反形式逻辑的'不矛盾律'的'永假公式'，我们将其余四个公式所对应的字母含义分列如下：

P∧Q＝客观实在

P∧－Q＝客观不实在

－P∧Q＝主观实在

－P∧－Q＝主观不实在"。

依循列宁与和唯物主义的立场，邬焜将客观实在与物质相对应，而认为"'主观实在'其实是没有什么东西和现象可指谓的。"① 那么"客观不实在"与"主观不实在"又该作何解呢？传统哲学独断地认为主观或客观存在领域要么真实要么不真实，或言之，真实的存在领域要么是主观的要么是客观的，存在领域只可能依据"主客"、"真假"的标准相应地区别为两个分立的领域，然而无论"主客"、"真假"皆是认识论而非存在论意义上的范畴，且因而不可完全排除其相互之间的交叉干涉。邬焜便由此做出了其信息哲学世界观的独到创见，即对"信息世界"的发现。

三　信息本质的存在论规定与诠解

据前所论，与香农同时代的诸多学者都对控制论中的信息概念有所批评，例如它未能涉及信息的语义面相，西蒙栋对此也甚为熟识，事实上，他的信息研究进路便是就此问题的深扩。如同邬焜的研究旨归，西蒙栋也是在"自然化"的方向上推进着他的信息哲学建构，例如，当控制论学者将信息看作为世界之中的一整束"闭合"系统时，他指出并不存在如此这样的系统，宇宙本身就是一个庞大的、单一的信息运作系统。在他的著述中还时常出现一个水冷却与空气冷却引擎相比较的例子：如果我们将水冷却引擎看作一个自身闭合系统，在其运作过程中，水被作为外部的因素被添加进去和排放出去，从而仅仅发挥着单一的作用，然而事实并非如此；空气冷却引擎在工作时处于与周围环境的交互作用之中，机器的运作无需添加任何东西，空气也便具有多种多样的功能。西蒙栋便是如此地看

---

① 邬焜：《信息哲学——理论、体系、方法》，商务印书馆2005年版，第36—37页。

待世界上的所有现象，包括自然生物过程，并指出在一个闭合循环的系统中探讨结构关系、模式或熵等与信息之间的关系完全没有意义。事实上，西蒙栋所谓的信息本身并不是一种结构、模式，尽管它对实在进行着结构化的运作，或者更确切地说，信息并不是一种同质性的单一实体，而是在个体化（individuation）的事件①中，由两个异质性（disparation）实在领域或层级之间的"转导"（transduction）作用而涌现出来的。② 在这里，"个体化"应该被看作是，在自身中包含着潜能和某种不相容性关系的系统中所发生的，对这种极项之间的不可交互作用和张力所构成的不相容性的局部、相对的解决；"异质性实在"指的是新的信息"实体"所由之而涌现出来的先前层域；"转导"则是指个体化发生进程中两个异质层域的信息性特征的辩证整合，其过程中的信息保持守恒。③ 同样以两种冷却引擎为例，在其中，转导意味着关于一个开放系统之协同要素的内在信息的知识可以产生真实的本体论效果。托斯卡纳曾将西蒙栋的信息意涵概述为"在前个体性中涌现出个体化模式的过程"，信息并不在两个所谓的实体之间流动，因为"并不存在信息自身的数据或测量，而只有将异质层域解析为关系和个体所构成的系统的信息过程"，④ 换言之，信息运作、流动、交换于个体化生成的系统之中，因此西蒙栋也将其称作"内在信息"。举例而言，假设我们将身体理解为过程而不是客体，经由持续地技术行为从而不断受到信息力量的影响，使得我们在某种程度上失去了自我的明确界域，因为我们已经成为了肉体化的信息形式。

　　邬焜的信息本质观似乎远比西蒙栋的更为明确，如果说后者确实有关于信息的定义的话。邬焜具体地针对日常经验理解的、实用信息科学的和哲学的信息本质观进行了批评，例如他指出将信息看作为"消息中的新内容"，仅仅具有相对性和功能性，而将其看作为"消除了的不确定性"和"负熵"则更有其量化性和特殊性。同西蒙栋一样，邬焜对维纳的两

---

① 在这里，"事件"一词的适用，暗指实体的不同层次间并不存在形而上学的鸿沟，只是表明个体化乃是实在之信息所构成。

② Gilbert Simondon. *The Position of the Problem of Ontogenesis*，PARRHESIA，2009（7）：5—9.

③ Gilbert Simondon. *The Position of the Problem of Ontogenesis*，PARRHESIA，2009（7）：9.

④ Toscano A. *The theatre of production：Philosophy and individuation between Kant and Deleuze*，Basingstoke：Palgrave Macmillan，2006：149.

个基本信息观给予了一定的肯定，即"信息就是信息，不是物质也不是能量"和"信息是我们适应外部世界，并且使这种适应为外部世界所感到的过程中，同外部世界进行交换的内容的名称"，并进一步地将排除了香农信息论模型及其环节的机械性："在这一过程中，双方都同时是信源（输出自身信息），又同时是信宿（输入对方传来的信息），还同时是载体（将输入的对方信息以自身的某种改变了的'痕迹'储存起来，也便是载负起来）。"并将其扩展至"任何物体"之上，从而肯定了物质的信息体性，或言之，"任何物体都是一个直接存在和间接存在的统一体"，揭示出整个宇宙的存在方式："物质与信息同在"。由此，他精确地将信息规定为："标志间接存在的哲学范畴，它是物质（直接存在）存在方式和状态的自身显示。"① 这里内含着一个或许不必明言的预设，即：物质和信息不仅仅"同在"，而且是更为紧密的"相对的同在"，"间接"总是相对于"直接"而言的，"直接"则总是相对于"自身"而言的，然而这并不表明信息自身不具有其独有的存在特性（如虚拟性）。事实上，这里还存在着邬焜与西蒙栋的"具体化"观念之间的一个重要相同点，即物质的存在方式和状态总是具体的，由其所"自身显示"出来的信息也必然是具体的。当然，这里的"自身"并非是就"直接"意义上的"物质"而言的，而是具体的"物质存在方式和状态"，因此，"自身"是处于"存在领域"之中具体的"存在者"层次上的范畴，从具有了系统动力学上的"自组织"、"自创生"意义。尽管邬焜并没有对"显示"一词进行过多的比较性阐述，但是他从没有排除"显示"的动态性和指引性特征②：其一，信息不仅仅指谓"显示"出来的内容和形式，而且也可指谓动态的"显示"本身，甚至于说对信息的把握必须整体性地认知"显示"的全过程；其二，信息的"显示"离不开信息的载体，离不开其所在的符码、结构或模式，后者将认知者的意向指引到相对应的物质的存在方式和状态上，就此，针对学界在对信息的规定中常用的"显现"概念，笔者认为应将其与"显示"区分开来，前者易于使人忽视这种"指引性"

---

① 邬焜：《信息哲学——理论、体系、方法》，商务印书馆 2005 年版，第 9、45 页。

② "指引"借用于海德格尔的"形式指引"概念，邬焜教授曾在多处运用"间接性"、"反映性"等来对此进行表述。

特征。值得一提的是，邬焜由此出发，提出"信息的信息"，即多级间接存在或多级信息显示，从而赋予了信息以载体的地位，较于西蒙栋的现有论述极有创见。

四 基于信息存在论的哲学观念变革

西蒙栋的信息本体论，尽管将所有的事物都看作是实在的，毕竟为我们提供了一个认知"客体"或"物质"的信息性视域，将闭合生态圈似的思维进路转变为极为开放的信息性范式。就此，有的学者认为西蒙栋的信息存在论与卢西亚诺·弗洛里迪等人的严格的信息结构实在论并为一列，[①] 事实上，笔者认为此二者之间存在着物理主义、生成论与基础主义、理念论之间的本质性差异。西蒙栋认为个体化信息作为存在着的实在，尽管其为世界的涌现生成提供了逻辑性的基础，然而并非是单一的、基元性的传统实体，"个体发生的类别促使我们将逻辑复多化以作为复多性的一种有效的基础，"而并非用这种逻辑来取代和抹消存在的实在性。西蒙栋认为对信息在存在论意义上的建构，将会"导致基础性哲学观念的变革"，这不仅仅表现在逻辑学上，还表现在认识论上，即无论直接的还是间接的关于个体化的知识，我们都无法具有，而只能获得一种与认知运作相平行的运作的知识，两种运作之间乃是类比的关系。"实在的个体化外在于主体，是主体通过对内在于自身的知识个体化进行类比而把握的；但是通过知识的个体化，而不是仅仅通过知识，非主体存在的个体化得以把握。"[②] 由于个体化的本质乃是信息性的运作，因而可以说存在的信息性运作只能够由主体所具有的知识的信息性运作所把握。

除此之外，尽管有的学者指出了西蒙栋信息哲学思想的方法论意义，然而现有的可获文献尚未能尽显他对于"哲学观念变革"的全景。相比之下，邬焜近年来对此做出了卓有成效的研究。基于其信息存在论的建

---

① Andrew Iliadis. *Informational Ontology*: *The Meaning of Gilbert Simondon's Concept of Individuation*, communication +1, 2013 (2): 18.

② Gilbert Simondon. *The Position of the Problem of Ontogenesis*, PARRHESIA, 2009 (7): 13.

构，他系统地初创了一整套信息哲学体系，从而为哲学观念的变革奠定了统一的基础。邬焜认为："信息哲学给哲学带来的变革与以往的哲学的转向不同，它首先是在存在领域分割方式的哲学的最高范式的层面引发的变革"，①"正是信息世界的发现为人类提供了对存在领域的构成和人的认识方式的复杂性的新看法，从而打破了传统的物质和精神、主体和客体的二元对立关系，并由此为哲学本体论、哲学认识论、哲学进化论、哲学方法论、语言哲学论、实践哲学论、人的本质与人的生存论、人类生产与人类社会论、价值哲学论等领域带来全新意义的根本性变革。"② 这里所谓的"哲学的转向"、"根本性变革"在某种意义上乃是针对西方哲学中的几次转向说而言的。③ 笔者认为，哲学上最根本的转向必然是关系到哲学生死存亡的观念性变革，从而起到某种"救亡图存"的效果。根据笔者的印象和关注，称得上关系到哲学生死存亡的时代主要有：其一，古典文明时代，即所谓的"轴心时期"，"爱智之学"的诞生；其二，中世纪时代，即所谓的"黑暗时期"，哲学沦为神学的婢女；其三，近现代初始，即所谓的"启蒙时期"，哲学逃出樊笼返回人间；其四，20世纪以来，即所谓的"二战"时期，哲学家们普遍地开始对哲学进行深刻的反思，"哲学死了"的呼告在此时也最为繁多。直至近来，还有霍金在《大设计》中开篇伊始，便提出"哲学死了"的命题，他给出的理由是："哲学未能跟上科学尤其是物理学的现代发展"。事实上，当代哲学的发展在具体内容的建构上难免其滞后于科学的局限性，然而在经历过一次"黑暗时期"之后的"凤凰涅槃"，而又"自我反思"了一段时间的哲学渐已呈现"昂然气象"，其典型特征就是对科学与哲学的关系之沉思从单向批判或全盘附庸到"哲学的科学化、科学的哲学化"的日益成熟，"由此，我们也可以清晰地看到哲学本体论和哲学认识论及与其他哲学领域的统一性关系。对

---

　　① 邬焜：《存在领域的分割和信息哲学的"全新哲学革命"意义》，《人文杂志》，2013年第5期。

　　② 邬焜：《哲学基本问题与哲学的根本转向》，《河北学刊》，2011年第4期。

　　③ 对此，学界众说纷纭，有所谓的"伦理"、"认识"、"语言"转向说，有所谓的"批判"、"存在"、"语言"转向说，有所谓的"人理"、"认识"、"后现代"转向说，也有所谓的"三个向度"、"两次转向"的说法，此外还有添加上实践转向、现象学转向、身体转向等的说法。

于人类知识发展的多重交织的统一性关系的研究，不仅能够使我们清晰揭示人类哲学发展的现实途径和方式，而且也能够使我们找到哲学根本转向的合理判据。"① 正是在当今这个"纳米技术、生物技术、信息技术和认知科学"繁荣昌盛的时代，邬焜的这段文字值得我们深入思考。

---

① 邬焜：《从信息世界看哲学的发展及其根本转向》，《中国人民大学学报》，2014 年第 3 期。

"客观知识"辨析

——波普尔和邬焜观点的比较

王有腔

（西安交通大学人文社会科学学院副教授、博士）

哲学史上，知识通常归属于主观范畴，物质常常与客观相等同。但实质上却存在着对"客观"概念的不同解释，柏拉图、黑格尔是客观唯心主义哲学大师，这里的客观既不指称物质，也不指称精神，而是某种第三者"客观精神"；马克思主义哲学认为真理是客观的，真理作为一种对事物反映的认识本应是主观的，此处的客观其实表示主观思想与现实的符合；波普尔提出了知识客观论理论以对抗笛卡尔等人的知识主观论思想，他在传统哲学物质（世界1）、精神（世界2）二分基础上增加了客观知识（世界3）这一新领域，这里的客观表示人类所创造的知识；邬焜弥补了传统哲学物质精神二分的缺陷性，把存在领域分割为物质和信息双重存在的世界，其中信息包括客观不实在和主观不实在，这里的客观不实在主要是对事物中"特定编码结构""痕迹""相互关系"等内容的反映，而客观表示这些现象本身不是主观存在的，虽然不同于实在性的物质。问题是，波普尔提出知识具有自主性、客观性，它是一个独立存在的领域，然而，这和知识本身须依赖于一定的载体而间接存在的特性不符合，那么依据邬焜对存在领域分割的方法和理论，我们又怎样看待波普尔的客观知识呢？

一　客观范畴阐释

《现代汉语规范词典》这样解释"客观"："1. 不依赖人的主观意识

而存在的物质世界；泛指认识的一切对象（跟'主观'相对）；2.（观点或言论）跟事物本来面目一致，不带个人偏见的"①，第一种客观定义包含双重意思，其一，客观就是物质；其二，如果客观泛指认识的一切对象，那么思想、理论、知识都是认识的对象，可以是归属客观范畴，这又似乎与"跟'主观'相对"这一辅助解释相矛盾，可见，这里客观的含义不是特别明确；《简明哲学辞典》中认为"客观指人的意识以外的物质世界或认识对象……客观是不依赖于主观而独立存在的。"②这里客观的含义似乎很明确地指向物质，但"认识对象"一说又似乎可以包含非物质之外的思想、知识等对象。权威词典对客观定义的解释让人在理解时存在如此歧义，那么，客观到底应该怎样理解呢？

其实，虽然从上述词典解释中我们很难明确客观含义，但从哲学上关于世界本原的认识来看，客观常常与物质相关联，与客观相对的主观常常和精神相关联。在马克思主义哲学教科书中可以看到客观具有两大主要特征：其一是在本体论意义上不依赖于人的意识而存在，具有独立性；其二是在认识论意义上，与主观相对应，在主客体关系中可以成为主体的认识对象。列宁在《唯物主义和经验批判主义》中认为"物质是标志客观实在的哲学范畴。这种客观实在是人通过感觉感知的，它不依赖于我们的感觉而存在，为我们的感觉所复写、摄影和反映"③，列宁关于物质的定义隐含着整个存在领域由物质和反映物质的意识这两个部分所构成，相应地，客观就是物质的代名词，精神被排除在客观之外。果真如此吗？

哲学史上，客观概念也有不同于物质的含义。客观唯心主义是不同于主观唯心主义和唯物主义的一个哲学派别。它认为在人的主观意识之外独立存在着一个并非物质的"客观世界"，这里的客观既非主观唯心主义认同的意识、思维本源，也非唯物主义认同的物质本源，总体上是一种"精神实体"，但不同哲学家对其指称具有不同的思想意蕴。古希腊哲学家柏拉图哲学的核心概念是理念，理念就是一种客观存在。他认为个别事物是多而理念是一、是超越于个别事物之外并且作为其存在之根据的实

---

①　李行健主编：《现代汉语规范词典》，外语教学与研究出版社，语文出版社2004年版，第746页。

②　余源培等编著：《简明哲学辞典》，上海辞书出版社2005年版，第16页。

③　《列宁选集》（第2卷），人民出版社1995年版，第89页。

在，具体事物之所以存在是因为分有了理念，比如"如果在美自身之外还有美的事物，那么它之所以美的原因不是别的，就是因为它分有美自身。每类事物都是如此。"①具体事物不断生灭变化，它们是相对的、个别的、偶然的，而理念是绝对的、普遍的、必然的、独立的客观存在，正像列宁所说的："在苏格拉底或柏拉图那里，我们不仅看到了主观性—而且也看到了客观性"②；德国哲学家莱布尼茨不满笛卡尔和斯宾诺莎描述实体本性的方式，认为用广延实体来说明事物具有机械性，很难解释生物的运动变化及其广延和实体的同一性问题。应该寻求一种具有能动性的、单纯的、无形体的永恒的实体作为万物的基础，这就是"单子"。莱布尼茨所谓的单子就是客观存在的、无限多的、非物质性的、能动的精神实体；近代哲学大师黑格尔著作中"客观"一词随处可见，其客观的思想主要体现在他的"实体即主体"的原则中。他在《精神现象学》中指出："照我看来，——我的这种看法的正确性只能由体系的陈述本身来予以证明——一切问题的关键在于：不仅把真实的东西和真理理解和表述为实体，而且同样理解和表述为主体"③，可以看出，黑格尔的思想是将主观和客观融为一体，实体即主体，思维即存在。绝对精神作为既是实体又是主体的客观存在，通过自我运动过程外化为自然界和人类社会，并通过此过程扬弃自身中的矛盾和对立，最终回归自身，重建自身的统一性。这种思维即存在的同一性原则，黑格尔明确地用"思想的客观性"加以说明。他认为客观性有三种：第一种客观性是唯物主义所承认的不以人的意志为转移的外在事物；第二种客观性是康德认同的与主观感觉的东西不同的普遍性和必然性；第三种客观性就是黑格尔提出的"客观性是指思想所把握的事物自身"④，也称之为"客观思想"。可以看出，黑格尔认为客观既不是唯物主义所说的物质，也不是康德所说的纯粹的主观，客观应是思维与存在的同一，正由于思维能够把握事物的本质，那么这种思维就不仅仅是主观的思想，事物客观的本质在此变成了思想。"思想不但构成了外界

---

① 苗力田主编：《古希腊哲学》，中国人民大学出版社1995年版，第265页。

② ［俄］列宁：《哲学笔记》，人民出版社1974年版，第304页。

③ ［德］黑格尔：《精神现象学》（上卷），贺麟、王玖兴译，上海人民出版社2013年版，第61页。

④ ［德］黑格尔：《小逻辑》，贺麟译，商务印书馆1980年版，第120页。

事物的实体，而且构成了精神性的东西的普遍实体……当我们把思维认为是一切自然和精神事物的真实共性时，思维便统摄这一切而成为这一切的基础了"①。因而，在黑格尔的哲学中，思维使事物本身的本质从潜在变成了现实，客观就是"思想所把握的事物自身。"

马克思主义经典作家在其著作中对"客观"也有过诸多阐述。马克思在《关于费尔巴哈的提纲》中指出："人的思维是否具有客观的 [gegenstandliche] 真理性，这不是一个理论问题，而是一个实践的问题"②，思维本身是一种主观精神，真理也是主观精神，马克思在此把客观与真理相关联，认为从主观思维上升到客观真理不能在纯粹理论范围内加以解决，而应通过真实的、客观的人类实践活动来评判，这说明了马克思通过实践活动对人的思维正确与否的检验看到了真理的客观性。列宁在《唯物主义与经验批判主义》中专门以"有没有客观真理？"为标题用一节的内容批判俄国的马赫主义者波格丹诺夫对客观真理的否定。针对波格丹诺夫把"永恒真理"等同于"有绝对意义的客观真理"，列宁认为其主要混淆了两个问题："（一）有没有客观真理？就是说，在人的表象中能否有不依赖于主体、不依赖于人、不依赖于人类的内容？（二）如果有客观真理，那么表现客观真理的人的表象能否立即地、完全地、无条件地、绝对地表现它，或者只能近似地、相对地表现它？这第二个问题就是关于绝对真理和相对真理的相互关系问题"③，在这一节，列宁主要分析和阐述了第一个问题。他认为波格丹诺夫既然认为真理是思想形式，是人类经验的组织形式，那么照此观点推论，就"不能有不依赖于人类的真理，不能有客观真理了"④。对此，列宁直接地用"自然科学关于地球存在于人类之前的论断，是客观真理"这一科学事实有力地驳斥了波格丹诺夫对客观真理的否定。同时，进一步用反例驳斥了波格丹诺夫关于客观性的定义，波格丹诺夫认为"客观性的基础应该是在集体经验的范围内，我们称之为客观的，是这样一些经验材料。它对于我们和别人都具有同样的切身意义……物理系列的客观性就是它的普遍意义……是社会地组织起来的

---

①　［德］黑格尔：《小逻辑》，贺麟译，商务印书馆1980年版，第80—81页。

②　《马克思恩格斯选集》（第1卷），人民出版社1995年版，第55页。

③　《列宁选集》（第2卷），人民出版社1995年版，第81—82页。

④　同上书，第82页。

经验"①，且不说物理世界在人类之前就存在，单就关于用人类的经验、普遍意义来看待物理世界，这已经具有主观主义观点，列宁认为如果这样界定客观性，那么，宗教教义也适合这个定义，因为宗教教义无疑也具有普遍意义。也正是马克思主义经典作家对客观性的认识，在马克思主义哲学教科书中，客观真理在认识论部分成为一个核心词语，其思想主要体现在两个方面：（1）真理在内容上是客观的；（2）检验真理的标准是客观的。从整个文本语境来看，客观最主要的含义应该是真理所表述的内容是对现实的真实反映，这种思想是真实存在的，而且也不依赖于人的意志为转移。

科学哲学家波普尔把存在领域划分为世界 1（物理世界）、世界 2（意识经验世界）、世界 3（书、图书馆、计算机存贮器以及诸如此类事物的逻辑内容），第三世界也被其称为客观知识②。他认为这种知识之所以是客观的就在于它们在某种意义上是自主的，而且许多问题在它们被意识之前就在那里存在着，同时完全的自我意识（世界 2 的知识）都依赖于世界 3、取决于理论知识。

邬焜教授通过逻辑推演把世界划分为物质和信息两大领域，认为世界是一个物质和信息双重存在和演化的世界，物质是直接存在的，信息是间接存在的，在世界本源、本性意义上直接存在派生间接存在。相较于传统哲学把世界划分为物质和精神两大领域，邬焜教授最大的创新点在于发现了传统划分中缺失的客观不实在（客观信息）这一领域，他指出按照传统哲学对存在领域的分割方式，"'客观不实在'是不可能存在的，因为'客观实在 = 客观存在'，所以只要是'客观的'东西就是'实在的'，就不可能是'不实在的'"③。在反驳这种传统观点的基础上，邬教授通过分析"水中月、镜中花"以及树木年轮等客观存在的现象从而让人们看到了一个客观不实在的新领域，这也说明客观并不是必然等同于物质。

通过上述哲学史上诸多有关客观含义的不同解读，我们确信客观存在既可以是物质存在，也可以是物质之外的其他存在。那么，由于知识在传

---

① 《列宁选集》（第 2 卷），人民出版社 1995 年版，第 83 页。

② ［英］卡尔·波普尔：《客观知识》，舒炜光、卓如飞等译，上海译文出版社 2001 年版，第 78 页。

③ 邬焜：《信息哲学——理论、体系、方法》，商务印书馆 2005 年版，第 36 页。

统意义上通常被归入主观精神范畴，知识又能否是一种客观的存在呢？下面我们通过波普尔和邬焜两人的不同认识来加以比较分析。

二　知识是客观的吗？——兼谈波普尔和邬焜的观点

邬焜教授在《信息哲学》中以"波普尔的三个世界的理论"为题主要从两个方面探讨分析了波普尔的三个世界理论，其一，他指出波普尔不是从现实存在者的整体归属层面（如世界划分为物质和精神两大领域）划分世界，而是具体深入到现实存在者的具体细节和因素中，以因素的归属来划分世界，如人类语言可以归属于三个不同的世界，"就语言由物理作用和物理符号组成这一点来说，它属于第一世界。就它表示一种主观的或心里的状态而言，或者就把握或理解语言能在我们主观状态中引起变化这一点而言，它又属于第二世界。就语言包括信息而言，就其述说或描写事情或者传达别人可以接受的任何意思或任何有意义的消息，或者同意或反对别人意见这一点而言，它又属于第三世界。"[①] 可以看出，这种划分通常依据划分对象的不同特性把对象归属为不同世界，邬教授认为这种划分"具有一定的科学性和进步意义，但是，它把"客观实在和意识以及意识内容的客观储存混淆起来了"。其二，对波普提出的世界 3 的"发展具有独立性、自主性，是一个没有'认识主体'的客观认识过程"提出质疑，邬教授认为任何认识都不能离开认识主体，这种认识主体可以是个人、也可以是集团。[②]

波普尔第一世界是物理客体或物理状态的世界；第二世界是意识状态和精神状态的世界，或关于活动的行为意向的世界；第三世界是思想的客观内容的世界，尤其是科学思想、诗的思想以及艺术作品的世界[③]。其实，波普尔的三个世界理论就是在传统哲学关于世界物质和精神二分的基础上增加了一个精神产物的世界。的确，精神产物的提出是一个创新，但

---

① ［英］卡尔·波普尔：《客观知识》，舒炜光、卓如飞等译，上海译文出版社 2001 年版，第 167 页。

② 邬焜：《信息哲学——理论、体系、方法》，商务印书馆 2005 年版，第 83—86 页。

③ ［英］卡尔·波普尔：《客观知识》，舒炜光、卓如飞等译，上海译文出版社 2001 年版，第 114 页。

正如邬教授所分析的波普尔未能从整体归属层次进行划分，仅就具体细节和因素的归属划分，最终导致整体划分相互交叉、模糊不清。然而，波普尔所提出的精神产物这一新领域却值得我们关注，邬教授在其文章中对波普尔第三世界的发展是没有认识主体的独立的、自主的客观过程进行了分析和批判，认为任何认识都必然离不开认识主体，这种认识主体可以是个人、群体、集团等。的确，有认识就必然有认识主体，认识的发展必然是在认识主体推动的基础上得以发展。但我想进一步结合波普尔的理论来分析以下几个问题：存在论中的知识有无客观性？认识是否等同于知识？

波普尔在《客观知识》一书中多次提到第三世界是概念东西的世界，它主要是发表在报刊、书籍以及储藏于图书馆中的各种理论及其理论的逻辑关系、问题境况等。很明显，从波普尔的整体文本语境来看，第三世界所指称的是与主观知识不同的一种知识，他认为主观知识常常与"我知道"、"我在想"这些词语相关联，主要指人的精神、意识、意向等直接与人相关的思想，而报刊、书籍中的理论以及理论中的逻辑关系、蕴含的问题背景已经脱离了具体人的意识、精神，成为储存在一定载体中的知识，它不管正确或错误，有用或无用，都已经是现实中的客观存在，而且也并不以某个人或集团的意志为转移的，因而从存在论角度来看，客观知识应该是一个不能忽视的新领域。当然，像波普尔一样说这种客观存在具有独立性、自主性的观点却很难成立。独立性、自主性经常用来表示不需要借助其他外来力量而能够独立自存、自主发展的事物，知识虽然是一种客观的存在，但它主要蕴含在纸张、电子设备、媒体中介等物质性载体之中，并不能独立存在。而且知识的形成、增加、减少、修正、改进、进化、发展却始终需要人的参与，我们可以说知识的存在是客观的，但知识的演化是非自主的。非自主演化的客观知识自然不能如波普尔所说在世界1（物质）和世界2（精神）之外构成一个独立的世界3，那么，客观知识又该归入哪种哲学范畴呢？我们能否在接纳波普尔客观知识这一认知的基础上重新进行世界的划分呢？应该说，邬焜教授对存在领域的创新性分割方法和理论有助于对波普尔的理论加以改造。

邬焜教授认为波普尔提出世界3具有客观性和实在性是"把客观实在和意识以及意识内容的客观储存混淆起来了"，的确，根据上面的分析我们知道世界3很难独立自存，因而它不像物质一样具有客观实在性，但这并不能说明它不具有客观性。从前述对客观性的阐述可以看出，客观性既可以表示现实存在的实在现象，也可以表示现实存在的不实在现象，在这里重要的是要区分意识、认识、精神和知识的关系。意识、认识、精神这些词语都很难离开人而存在，《现代汉语规范词典》对精神和知识这两个词语具有不同的界定："精神是指人的意识、思维、情感等主观世界"①；"知识是指人类在实践中认识客观世界（包括人类自身）的成果"②。知识作为已经成品化的精神产物，存贮于各种载体之中，其"白纸黑字"式客观存在是任何人都难以更改和抹杀的。但同时由于知识又凝结着人类的主观意识、精神，因此，可以看出，知识其实呈现复杂性特征，一方面，它已经离开创造知识的具体个人或团体而外化为客观存在；另一方面，知识中凝结、内蕴着人类主观性的意志、精神、期望。邬教授在《信息哲学》中把存在领域分割为直接存在和间接存在，直接存在是客观实在的物质，间接存在包括主观不实在和客观不实在，主观不实在是精神、意识，这种精神、意识是蕴含、内化于个体或团体之中的心理现象，而客观不实主要是对物质自身显示的物质的存在方式和状态，以及"客观事物间的反映（类反映）内容的指谓"③。邬教授在此阐述中也批判了传统哲学认为"'客观的'东西就是'实在的'，就不可能是'不实在的'"④的观点，他通过逻辑推理和分析提出了一个"客观的"存在但又"不实在"的存在领域。的确，物质可以是客观的，但客观并不都是物质，二者的关系并不绝对对等。以此分析，知识储存于诸多载体、媒介之中，它既不同于这种载体物质，也不单纯等同于人类主体内化的精神、意识，又不同于客观事物间关系的映现（客观不实在），它是人类精神、意识外化的结果，是客观存在与主观内涵的统一，总体上属于信息范畴。波普尔阐述世界3时列举了一个花园的例子，他认为花园即使被精心计划，但其通常在一定程度上通过意想不到的形式形成，"安排好的对象之间某些预想不到的相互关系可能会产生出一个可能性的世界、一个可能的

---

① 李行健主编：《现代汉语规范词典》，外语教学与研究出版社，语文出版社 2004 年版，第 694 页。

② 同上书，第 1674 页。

③ 邬焜：《信息哲学——理论、体系、方法》，商务印书馆 2005 年版，第 37 页。

④ 同上书，第 36 页。

新目的的世界和一个新问题的世界"①，很明显，波普尔其实看到了知识中所蕴含的种种逻辑关系，然而这种逻辑关系是被事先安排好的对象所具有的，不同的安排会有不同的结果，客观性的逻辑关系及其潜在的问题境况蕴含着主体的事先设定。理论知识、逻辑关系、问题境况共同构成了系统性知识体系，人们学习、了解、接受这些知识体系，充分说明这些知识并非存在于某个个体头脑中难以把握的主观思想，而是可以明确认知的客观信息，个体学习的过程其实也是一个不断获得信息的过程。

三　知识的复杂性

任何知识都是人类认识累积的结果，从知识产生的源头来看，所有的知识应归属于主观世界。从知识演化过程来看，现存的知识来自于过往个人和团体对人自身以及自然等诸多事物反思和认知的累积。然而，知识一旦脱离开个体头脑，就从主观存在的形态外化为客观存在的形态，变成了具有主观内涵的客观知识，呈现其复杂性特征。依据知识与其寄居载体的关系可以把这种复杂性知识归为下述三类：其一，知识内容与与其寄居的物质载体无关。书籍、报刊、光盘、计算机等物质中所承载的知识内容本身与这些载体的关系仅仅是承载者和被承载者的关系，就像筐子和物的关系一样，承载者结构、性质、状态等的变化并不改变被承载者的内容，二者之间没有一一对应的关系。知识通过这些物质载体外化为客观的存在状态，物质载体的消失并不意味着知识的消失，知识内容可以在各种物质载体中转换而不改变其信息含量。其二，知识内容与物质载体共存共生。艺术雕塑、建筑这些实体性的物质既是载体同时也蕴含着主体的主观期望和思想，二者是一种共存共生的关系，人们欣赏这些载体的本质其实在于欣赏其中内涵的知识。当然，随着载体的消亡，其中内涵的知识由于其本身的象征意义，通常会转化为人们的主观精神而永久存在。比如，徽派建筑是徽文化的重要象征，自由女神像蕴含着独立自由的精神，长期以来，这些物质载体中的知识已经渗透于人们的头脑中，内化为主观思想和认知；

---

① ［英］卡尔·波普尔：《客观知识》，舒炜光、卓如飞等译，上海译文出版社 2001 年版，第 126 页。

其三，社会环境中隐含的知识。这种知识其实就是一种客观精神，它最初存在于大多数人的头脑之中，是一种主观的认识、思想，但是一经汇聚为时代精神，又会形成不以个人意志为转移的客观知识、客观精神。"中国梦"看不见、摸不着，但谁又能否认其客观存在呢，几百年来多少仁人志士为其浴血奋斗而在所不惜，其中最大的原因就是在他们心中有一个客观存在的"中国梦"，在今天，"中国梦"又凝聚着中华儿女一起建设强大的具有中国特色的社会主义，这种精神弥漫于社会氛围之中、渗透在人们的实际行动之中，它是无形的主观愿景，但又是客观存在的。

不论何种类型的知识最终都超越了个体的主观精神，或者成为被大众能够掌握的知识、捕捉的信息，直接地影响着每一代人的发展；或者成为一种无形的客观精神主导着人们的思想、行为。

四 结 语

知识究竟是主观还是客观？哲学史上笛卡尔、贝克莱等哲学家坚持知识主观论，因为"我思故我在"、"存在就是被感知"。波普尔认为知识是客观的，它具有客观性、自主性特点。知识作为人类创造的产物，不管其正确或错误、有用或无用，它已经脱离开主体的人而外化为一种客观存在。但知识的形成、增加、减少、修正、改进、进化、发展却始终需要人的参与，我们可以说知识的存在是客观的，但知识非自主。非自主的客观知识自然不能如波普尔所说在世界1（物质）和世界2（精神）之外构成一个独立的世界3，那么，客观知识又该归入哪种哲学范畴呢？邬焜教授的信息哲学对存在领域进行了新的分割，整个世界是物质和信息的统一体，它弥补了传统哲学把世界二分为物质和精神两大领域的缺陷，实现了哲学的创新性发展。从邬焜教授对存在领域分割的理论体系来看，信息是一种间接存在，包括客观不实在和主观不实在，客观不实在主要是对事物中"特定编码结构""痕迹""相互关系"等内容的反映，是事物存在和演化过程中凝聚的信息。主观不实在主要是人类的精神、意识，由于精神、意识、意向等不能脱离主体人而存在，而知识不同于精神、意识这些现象，它可以脱离人而客观存在，但因为它又蕴含着主体人的思想、观点，不同于邬焜教授纯粹客观事物"痕迹"反映的客观不实在。可以看出，知识具有复杂的特性，它是客观存在与主观内涵的统一，总体上属于信息范畴。正是在这一意义上，邬教授把知识归入社会信息的领域，并认为社会信息不是一个独立的信息形态，而是在客观信息和主观信息的关系中呈现出的一种综合的信息现象，是三态信息［自在信息（客观信息）、自为信息（主体把握的信息）和再生信息（主体创造的信息）］具体而现实的有机综合统一着的复杂的信息形态。①

————————————

① 邬焜：《信息哲学——理论、体系、方法》，商务印书馆 2005 年版，第 58—60 页。

论符号与信息

——关于技术哲学与信息哲学的一种比较

李乖宁

（西安交通大学人文社会科学学院博士生；

西安石油大学人文学院讲师）

在人类社会发展的长河中，人类文明进步的每一步都离不开科学技术的发展，由此引发了社会生活各个领域，如政治、经济、文化观念的变化。就哲学领域而言，伴随着人类科学技术的进步，人认识自然和解释自然的能力不断提高，哲学的探索经历了本体论、认识论、语言论和文化论等不同的研究阶段。与此同时，对科学技术的哲学思考也从未间断，尤其是18、19世纪发生的两次工业革命更是催生了科学哲学、技术哲学等专门以科学技术为研究对象的理论知识。20世纪以来，随着人类社会逐渐步入信息时代，信息化的浪潮席卷全球，关于科学技术与信息之间的关联、信息的本质、信息的特征、信息的传播等问题的研究日益增多，而且，哲学已经将信息与科技纳入自己的视域之中，逐渐形成了具有鲜明时代特色和前沿学科性质的信息哲学和技术哲学。

虽然，信息哲学、技术哲学都是科学技术革命的成果，但是，从目前的研究来看，信息哲学自20世纪80年代由邬焜教授创立并不断完善已然已建构起了一座理论的大厦，成为真正意义上的"元哲学"。技术哲学也不断有新的面孔，从马克思对技术本质的政治批判到现象学家们对技术的构成性环境的分析，再到麦克卢汉等在传媒文化界对技术所进行的哲学批判，越来越明显的一条线索就是信息化社会所带来的变革使得技术哲学的研究日益将信息与符号作为研究的课题之一，因为在对技术本质进行探讨的过程中，越来越多的学者开始注意到技术是联结人与自然的"媒介"，这一媒介需要一定的符号系统才能实现人与自然之间的沟通，所以技术的革新是人与自然沟通方式的不断演进。美国技术哲学家尼尔·波兹曼认为媒介这一至关重要的技术恰是一般的技术哲学中被严重忽略的，人们更关心的往往是生产方面的，或者说那些"改造自然"的技术，沟通人与人的"媒介"技术却受到了技术哲学家们的忽视。麦克卢汉的名言"媒介即信息"，更是道出了媒介研究的真谛。他认为媒介本身的存在改变了人类认知世界、感受世界的方式，进而生成人类影响世界的新行为方式，而媒介传递的内容信息与此相比，它给人类社会发展所带来的影响则是相对次要的。国内也有学者认为，在技术革命中媒介技术对现代文明的影响尤为重要。问题在于，媒介技术的革新与发展对人类的行为方式、思维方式等固然都有着重要的影响，但是将信息置于一种相对沉默的存在却值得再思考。

媒介作为信息的载体，与其相关的技术革新实质上是信息的呈现方式的不断改变，而呈现方式的不同表现为符号体系的不同，所以，在语言学、符号学的研究不断深入的背景下，当代的诸多技术哲学家们倾向于从符号与信息的角度阐发自己的思想，而且有不断走向信息哲学的趋向。其中，以美国学者阿尔伯特·伯格曼（Albert Borgmann，1937—）为代表。目前国内学界对伯格曼的研究主要集中在以他提出的"装置范式（device paradigm）"为核心的技术哲学思想方面，肯定了他的这一理论的贡献与价值，在此不一一赘述。实际上，伯格曼本人认为他的研究属于信息哲学范畴，因为他一直致力于在现代技术的符号化呈现中去思考信息的价值与意义，进而展开他对技术和人类文化的反思。为此，基于我国信息哲学研究的成果，本文拟从符号与信息的角度，比较阿尔伯特·伯格曼先生与我国信息哲学的代表邬焜教授的相关思想，继而对符号与信息的关系提出浅见，以显示作为"元哲学"的信息哲学的理论视域。

一 实在论思想——不同哲学基础的比较

"关于实在的争论,关于真实的争论,是哲学的首要的、永恒的话题。"①

---

① 陈嘉映：《关于科学实在论的几点思考》，《世界哲学》，2006 年第 6 期。

哲学史上，关于实在论与反实在论的争论由来已久，即使是实在论本身也包括极为多端的议题，本文不着力于此间的诸多争议，仅先就阿尔伯特·伯格曼先生与邬焜教授的思想中实在论予以比较，因为这是他们建构信息哲学的基础。

虽然，现有的研究文献对伯格曼的实在论思想缺乏系统的研究，但是，我们不能忽视的是，伯格曼的科学本质观是他技术哲学思想的一个重要逻辑起点，他所谓的"兼容实在论"（inclusive realism）是他科学本质观的精髓。伯格曼认为，自17世纪以来，"哲学家一直试图以共同接受的科学实在为基础重构意义，但时至今日，关于如何从科学结构转变为意义结构，从原子和分子到调整或引导我们生活的模式或划时代事件，并没有共识的观点"① 所以，他提出的"兼容"即是想扩宽之前被科学研究广为接受的仅以客观实在作为实在的基本观念，试图透过后现代视角，把"兼容"的观念嵌入实在论②，进而他把社会实在、精神实在也作为实在的重要范畴，并把三者看作一种三位一体的实在论，即"兼容实在论"。首先，他坚持科学实在论的观点，相信在科学的解释范围内，各种不确定性都会随着科学解释范围的扩大而变得日益明晰。其次，他认为对实在的认识还应与社会生活领域紧密结合，一方面，社会领域内的一切物质都打上了人的烙印，成为"人化的自然"；另一方面，人类之间的相互交流、学习、创造等包含着情感动机、道德标准、审美意识和价值取向等都作为"实在"，以聚集实践（focal practice）和公众欢庆（communal celebration）为形式而存在。最重要的是，他强调认识主体的精神信仰与非科学语言及其意义是兼容实在论的核心。关于这一点，他显然受到了皮尔士（Peirce, C. S.）语义学的影响。按照皮尔士的理论，人对实在的客体对象的认识过程包括三个环节：符号—实在客体—解释实在客体。这一过程说明，人对外界信息的前期处理从心理的潜在意念开始，通过符号寻求对实在的认识并做出解释，符号在此的关键作用在于连接主体和客体，形成主体对实体的把握。我们可以发现，兼容实在论以整体和微观的客观实在

---

① Albert Borgmann. *Holding on to Reality: The Nature of Information at the Ture of the Millennium.* Chicago, IL, USA: University of Chicago Press, 1999: 10.

② Albert Borgmann. *Response to My Readers.* Techné, 2002, 6: 1Fall.

为物质基础，把符号作为连接物质与社会生活和精神世界的桥梁，从而构成对实在的全面理解。

列宁说过："物质是标志客观实在的哲学范畴，这种客观实在是通过人感觉感知的，它不依赖于我们的感觉而存在，为我们的感觉所复写、摄影、反映。""物质的唯一'特性'就是它的客观实在，它存在于我们的意识之外。"① 在此，列宁认同这样一个基本观点：物质即客观实在。这给我们提供了一个问题，物质之外是什么领域？其存在形态如何？传统哲学告诉我们，物质之外是人的意识，意识是一种主观存在，由于它有别于实体的物质存在，所以可以称为主观不实在。从这个角度来看，伯格曼的"兼容实在论"囊括了物质与精神，即客观实在与主观不实在的领域，因而，在以科学实在论为基础的技术哲学领域有所突破，是试图打破"一元论"的探索。但是，物质世界和精神世界、客观实在和客观不实在从来都不是直接发生关联的，是什么可以将二者在人类生活中联系在一起，实现人对自然的理解认识、人与人之间的沟通、学习及人的创造性活动？"物质范畴并不能囊括精神之外的全部世界，在物质和精神之间还有一个传统哲学未曾予以足够重视的'客观不实在'的领域。"②

邬焜先生似乎一语道破天机，客观不实在作为客观存在的一部分，不是以物质实体的形态直接存在，而是以"中介"的形式间接存在，这样，物质世界和精神世界之间有了沟通的桥梁，邬先生把这一标志间接存在的新领域称为"客观信息"。由于精神世界归根结底也是反映直接存在的间接存在，所以，精神也是信息，也是间接存在，是"主观信息"。一切存在都是直接存在和间接存在的统一体，都既是物质体，又是信息体。基于这种新的存在观念，信息哲学确立了它作为"元哲学"的基本立足点。

如上所述，伯格曼先生的"兼容实在论"和邬焜先生的新的存在观都是他们二人哲学思想的基础，其实质是不同的实在论思想将二者的信息哲学截然区分开来。"兼容实在论"是建立在科学实在论即"一元论"基

---

① ［俄］列宁：《列宁选集》（第 2 卷），人民出版社 1995 年版，第 89、192 页。
② 邬焜：《信息哲学——理论、体系、方法》，商务印书馆 2005 年版，第 37 页。

础上统观物质与精神的一切相关物，因而其哲学仍属于传统的技术哲学；邬先生以他所揭示的新的"客观不实在"的间接存在领域提出了新的存在观，突破传统的实在论，因而它的信息哲学具有了"元哲学"的基本品格。可贵的是，在物质与精神二分的连接处，两位先生都做了自己的探索。伯格曼把符号作为连接物质与社会生活和精神世界的桥梁，邬焜先生把标志间接存在领域的"客观信息"视为物质世界和精神世界之间的纽带。可见，两位哲学家都在寻求物质和精神之间的事实关联，都有意避免落入传统"二元论"的窠臼。而他们一个抓住了"符号"，一个找到了"信息"，这是为什么？符号和信息的关联究竟何在？这种关联就是他们哲学的相通之处。符号和信息的差别何在？这种差别就是他们二人哲学的不同内涵。

二　符号与信息——不同哲学要素的比较

符号与信息是技术哲学与信息哲学中的重要概念，伯格曼先生和邬焜先生把它们分别都作为达成物质与精神沟通的中介，可见，把握它们的内涵和相互之间关系是进入信息哲学和技术哲学的关键，符号与信息作为不同的哲学要素在不同的哲学体系中扮演着不同的角色。

我们知道，人类社会的发展一刻也没有离开过符号，符号是人类传达意义的表征系统。波普尔认为，人所生活的世界有三个，即物理世界、精神世界和符号世界，他分别称之为"第一世界"、"第二世界"和"第三世界"①。美国哲学家皮尔士指出，人类的一切思想和经验都是符号活动。德国哲学家卡西尔指出，人类与其说是理性的动物，不如说是符号的动物，人类只有通过符号活动才能创造出使自身区别于动物的文化实体，并且只有人类才具有这种符号化能力。对于符号的研究由来已久，中世纪时期基督教思想家奥古斯丁曾指出：符号是指示某些东西的事物。因此每一个符号同样也是一个事物，因为不是事物者，便是一无所是；但又并不是每一件事物同时也是符号。明确了事物和符号的这一区分，当我们言说事物，我们就应当明白，虽然有一些事物被用来意指他物，但是这一事实并

---

① 李伯聪：《高科技时代的符号世界》，天津科学技术出版社 2001 年版，第 7 页。

不影响我们把事物和符号区分开来①。他指出了符号定位的指意功能，显示了符号的基本特征。尤其是 20 世纪初以来，裹挟着哲学上的"语言学"转向，符号学研究沿着语言学的方向向纵深发展，着力于作为符号的语言系统的研究，探讨思想和意义的问题。技术哲学家对符号的逐渐重视源自于皮尔士的推动，他把符号作为人认识自然的开始。进入信息时代，由于技术革新带来的媒介技术的发展，符号系统更加丰富多元，所以尼尔·波兹曼等人开始重视媒介技术研究，因为不同的媒介需要不同的符号载体，带来的是更为多元的意义。由此，符号与信息的关系问题就逐渐凸显出来。在科技高速发展的信息时代，人们获得信息的渠道、感知信息的方式等随着媒介技术的发展而日新月异，我们都置身于一个"信息爆炸"的时代之中。根据信息论的开创者、美国数学家克劳德·香农的定义，信息是熵的减少。也就是说，信息是用来减少不确定性的东西。那么，信息的集中涌现将使我们无限靠近确定性，由于信息需要符号作为载体，信息由符号所表征的意义所决定，所以符号的意义成为重点。但是，符号的意义是由它们在一个系统中的位置而产生的，不同的系统、不同的位置都会引起符号意义的变化，这样一来，从理论上讲，符号意义的不确定性很难直接将我们导向确定性，所以，信息减少不确定性的本质也难以显现。

在伯格曼的研究中，他将信息区别为三类：关于现实的信息（information about reality）、为了现实的信息（information for reality）、作为现实的信息（information as reality），以此分别对应社会生活中的自然信息、文化信息和技术信息。我们认为，伯格曼的这种划分标准是在"兼容实在论"的思想基础之上，依据皮尔士的符号理论，将符号作为区分信息类型的关键，每一种信息类型对应着不同的符号系统，即自然符号标识自然信息、文化符号或约定符号标识文化信息、技术符号标识技术信息。在这里，伯格曼同样也将符号的差异看作信息差异的根本，以此来反思当代信息技术社会中技术符号所表征的技术信息对自然信息和文化信息的侵蚀，昌明符号和事物的关系、保持信息与现实的关联，使人类不致迷失在技术

---

① St. Augustine, On Christian Doctrine, Book one, H. Adams and L. Searle eel. , Critical Theory Since Plato. Boston: Michael Rosenberg, 2005: 141.

的虚拟性之中。然而，由于他将符号作为标记实在的存在领域，所以他的信息哲学思想中并没有见出信息应有的位置，只是简单地将信息看作是符号组合之后的意义，由于符号意义的约定俗成性，所以，这样就无法解释作为主观间接存在的精神领域的丰富性和复杂性，如不同的符号可以表征相近的或相同的信息、相同的符号可以表征截然不同的意义等。

在邬焜先生的信息哲学体系中，信息是标志间接存在的哲学范畴，无论是客观间接存在还是主观间接存在的精神世界（包括符号）都是信息。信息同时具有客观和主观的两种形态，又是物质和精神的中介，它可以沟通存在的各个领域，建立起人类社会与自然界的各种联系。哲学研究面临着新的转向，即从由符号构建的"意义"转向作为存在范畴的"信息"这一更为根本的层面，信息不再只是认知过程中对符号组合的加工，而是在其本体存在意义的基础上建构出它所特有的存在论、认识论、价值论、进化论、方法论和思维方式。邬焜先生认为，信息作为"间接存在一旦产生便以自身独具的特质超越了直接的本性，并由此展开了自身的运动和发展的历程"①。进而，他提出了信息具有自在、自为和再生三种基本的形态。自在信息是信息还未被主体把握和认识的原始形态，以信息场和信息的同化和异化两种形式存在；自为信息是自在信息的主体直观把握形态，包括信息的主体感知和主体存储两种形式；再生信息是信息主体的创造性形态，以概象信息和符号信息为基本的形式。在这里，信息的三种形态囊括了自然界中的信息和精神信息的全部活动，三种形态之间的演进过程实际就是从客观信息产生出感觉和思维的精神现象的过程，由此我们看到了作为本体存在的信息强大的生命力和主体生生不已的思维创造过程。

首先，从信息的形态划分来看，伯格曼先生囿于"实在论"的单一性，将符号作为划分信息类型的标准，这种划分虽然也体现出了人类社会的演进性，但忽视了这种演进性过程中蕴含的无限生机和伟大的创造性，所以伯格曼先生更向往回到自然，回到符号与事物直接关联、信息与现实具有连续性的状态。邬焜先生的划分基于新的存在领域的分割的基础上，洞开了信息的历史演进过程和思维的层级跃迁过程，其中符号信息是信息再生阶段的重要形式之一，体现了符号作为人类思维的产物在创造性思维

---

① 邬焜：《信息哲学——理论、体系、方法》，商务印书馆 2005 年版，第 47 页。

中的作用。

其次，从符号与信息的关系来看，伯格曼先生将符号作为标记实在的存在领域，信息是在符号基础上的意义呈现，即符号所表征的意义就是信息。由于在他的哲学观念中，符号是现实的代示形式，所以，符号与现实的关系决定了信息的质量和文化内涵。邬焜先生把信息作为物质存在方式和状态的自身显示，信息的形态演进中伴随着物质世界和精神世界的同步进化与发展，从信息场与信息的同化与异化到信息的主体感知和存储再到概象信息和符号信息的生成，我们看到，符号信息是概象思维的进一步抽象化，它是信息在创生阶段的关键环节。"只有当这些符号信息不仅在量上达到一定程度，而且在质上显示出它们之间的多方面联系时，人们才有可能产生抽象思维。"① 所以，符号是信息进化过程中的一个阶段，也是人类思维的一种形式，信息通过符号实现再生，再生的信息又可能转化为再生自为的信息进入下一轮的进化，如此一来，具有相对的独立性的信息具备了生生不已的活力，符号也在不断进化的思维中拥有了新的形式和意义。

最后，从信息的价值来看，在伯格曼的思想中，对信息的把握要靠符号与事物之间的关系来实现，"即包括事物的显现、内在关联的事物和有理解力的人，事物的指涉是能够具体化的，也就是说，让一个事物通过特定的方式指涉另一个事物，那么可以使得前者变成符号。符号总是和已经是具有意义的事物，我们能够揭示、说明和限定它们的意义。"② 符号与事物的关系愈直接，其所包含的信息与现实的关系越密切熵越小，即越具有确定性；反之，则信息的熵越大，不确定性增强。在现代科技迅猛发展的背景下，伯格曼先生认为技术符号离事物渐行渐远，它所表征的技术信息与现实的关系也越来越模糊，技术信息充满了不确定性、虚拟性与寄生性，有悖于人类精神家园的澄明性、实在性与超越性，所以，信息的价值在于它与现实的一致性，它能带来确定性的不断增强，指明人类的精神家园何在。也正是基于此，伯格曼对当代信息化浪潮下的技术信息持消极的

---

① 邬焜：《信息哲学——理论、体系、方法》，商务印书馆 2005 年版，第 56 页。

② Albert Borgmann. *Holding on to Reality*：*The Nature of Information at the Ture of the Millennium.* Chicago, IL, USA：University of Chicago Press, 1999：23.

态度，认为"事物的意义随着信息的兴起一样逐渐消退"。邬焜先生认为"任何价值过程都同时就是相关信息的交换、变换（信息同化与异化中的耗散与重组）、建构（凝结与创生）的过程"①，所以，价值的实现过程就是主体信息在客体中实现的过程。信息价值的最高形态是精神价值，主体和客体通过相互作用实现对客体信息的感知、认识，主体通过内部思维过程对自身储存信息的加工处理，以及不断创造出的新的概象和符号信息等，这三者构成了精神价值的实现过程。信息的价值具有广泛性和复杂性，也充满了活力和创造性，它将推动人类价值模式的多元化发展。

毫无疑问，技术哲学和信息哲学，都是当代信息技术背景下哲学领域的重要结晶，是科学与哲学在交汇处的优美旋律，但是，在它们各自发展的过程中，我们发现，由于哲学基础的不同、哲学要素的差异，二者又泾渭分明，有着各自的发展方向。虽然，本文仅就伯格曼先生和邬焜先生的符号与信息关系的相关理论做了比较，但我们可以清楚地看到，伯格曼先生的信息观是从信息伦理的角度所展开的技术哲学思想，具有鲜明的批判性和反思性。邬焜先生的信息哲学思想，具备了新的理论视野和宏大的理论空间，我们相信，信息哲学的发展在大力推动技术哲学发展的同时，将促成哲学基本观念的变革，进而引发哲学的根本性变革。值得注意的是，如今信息哲学在世界范围内的研究日益兴起并不断创新，其他学科门类（如生命科学、脑科学、认知科学等）也在飞速地发展，其间不断涌现出的新的哲学问题，也将从信息哲学的理论大厦中汲取灵感，从而在更深广的理论层面上推动信息哲学的发展，充分展示信息哲学作为"元哲学"的理论魅力。

---

① 邬焜：《信息哲学——理论、体系、方法》，商务印书馆 2005 年版，第 375 页。

信息形态演进中的统一时空观探析

南　琼

（西安交通大学人文社会科学学院博士生）

人类思想史上的时空观灿若星河，概而言之，却无非以下几种：（1）时空相关于物质及其运动状态，客观而实在，亚里士多德、费尔巴哈、爱因斯坦等人都秉持此观念；（2）时空指涉人类思想意识、内心感受的延伸，主观而先验，承继此观念者有奥古斯丁、康德、胡塞尔、海德格尔等人；（3）时空运动周而复始、轮回往复、永恒不息，这属于古老的循环时空观，代表人物有泰勒斯、毕达哥拉斯、赫拉克利特等；（4）时空运动单向流逝、不可逆转、有始有终，这属于经典的线性时空观，代表理论有物理学中的热寂说和基督教神学中的创世说等；（5）此外，还有认为时空之间没有联系而绝对割裂的牛顿绝对时空观、时空之间紧密联系且相对统一的爱因斯坦相对时空观，以及现代系统科学中的关于系统演化过程的微观可变性、内随机性、自组织性、分叉性、多曲折性、分维性等特征所展现的复杂性时空观。

从系统论的观点来说，以上各种时空观都忽略了时空关系结构整体模式的有机统一；从生成论的视角来看，它们都割裂了"时空"自身生成演化的连续性过程；从实在论的立场而言，它们未关注到实在领域中相互作用机制的重要作用。然而，不可否认，它们看似不可调和，对立重重，但究其论域和议题，也都有着不可除却的解释力，因而各具其合理性。如果对时空观进行更具统一性、更有说服力、更逻辑自恰的统一性解释，便有必要引入颇具时代性话语权力的理论基元："信息"。基于信息哲学的基础理论，我们可以在信息形态之展开的思想理路中，重述时空的展开方式、内容以及其统一关系。

一 物质、时空与信息及其相互关系

物质，时空与信息及其相互关系乃是信息哲学理论的基础问题。根据邬焜教授的定义："信息是标志间接存在的哲学范畴，它是物质（直接存在）存在方式和状态的自身显示。"① 这表明物质和信息分别从直接和间接的双重维度上共同构架了存在领域的整体图景。时空，以及除此之外的运动、差异、层次、结构等都是物质（直接存在）的存在方式和状态，"任何物料都必须有它的直接存在的种种方式和状态，诸如运动、时空、差异、层次、结构，等等。这些存在方式和状态也具有直接存在（客观实在）的性质，因为任何实体和场离开了这些存在方式和状态都将会失去其本身的存在性。"② 既然信息是对物质存在方式和状态的自身显示，那么信息就是对时空自身，结构自身、层次自身等等的显示，它所显示的内容就是物质的时空、结构、层次、运动等的存在方式和状态。并且，由于事物内部以及之间差异关系的普遍性所引发的普遍性相互作用，使得时间、空间、结构、层次以及运动等都处于直接性的相互转换、流变生成之中，这种相互转换、流变生成所体现的就是信息的创生、凝结和转换，或言之，信息的创生、凝结和转化都是通过时空流转变换现象所呈现出来。由此可说，时空行为的展开依赖于物质的运动，而又呈现为信息的形态；信息形态的展开蕴含着时空的行为，同时也显示着物质的运动。

在邬焜教授看来："间接存在（信息）虽然产生于直接存在（物质及存在方式状态）的相互作用，但是，间接存在一旦产生便以自身独具的特质超越了直接性的本性，并由此展开了自身运动和发展的历程。"③ 他将信息的形态分为自在信息、自为信息、再生信息，并分别给出了定义。"自在信息是客观间接存在的标志，是信息还未被主体把握和认识的信息的原始形态"；"自为信息是主观间接存在的初级阶段，是自在信息的主体直观把握的形态"；"再生信息是主观间接存在的高级阶段，是信息主

---

① 邬焜：《信息哲学——理论、体系、方法》，商务印书馆2005年版，第45页。

② 同上书，第40页。

③ 同上书，第47页。

体创造的形态。"① 既然信息是物质存在方式和状态的自身显示，也就是时空自身等存在方式和状态的显示，且信息运动与时空变换紧密关联，那么我们便可以通过对以上信息形态之展开进行考察以诠解时空行为的统一性关系。

二 自在信息形态中的时空行为（自在的信息时空）

现代物理学中，实体和场作为物质的两种存在形式，都具有客观实在性，或言之，它们都是以客观实在的方式和状态存在着的，因而，作为此种存在方式和状态的时空本身也必然是客观实在的，时间和空间也是绝对统一、不可分割的整一体。从自在信息的角度来讲，这里所谓的时空乃是尚未被主体认识和把握的自在形态。在宇观世界和微观世界之中，以及在人类出现之前或混沌蒙昧之初，所有没有进入人类意识、没有被人类认识和把握的时空都可谓一种"自在的时空"，亦即具有客观实在性的时空自身。

自在信息有两种基本形式：信息场和信息的同化和异化。它们分别是信息产生的逻辑开端以及促使信息展开自身运动的内在动力。信息场的产生乃是普遍差异着的物质场所派生的，于是"场的差异性与产生场的物体本身的差异性的相关对应性，使物体本身与它物、与自身无限差异的特性得以显现。"② "自在的时空"作为物质存在方式和状态，也必然具有这种差异性，事实上，在自在时空本体的基础上，我们才可以在信息表征的层次上探究时间和空间的自身差异、相对分离及其相互关系。于是可以说，空间就是这种差异性（质量流、能量流、信息流间的差异）的并存，所谓时间就是这种差异性之间的过渡、转换、相互作用的过程。这种差异性所得以表征的自在信息，换言之此种差异性在自在信息层次上所表现出来的关系，表征着时空的逻辑开端及其行为推动力，由于差异性关系下的相互作用而导致的物质空间结构的变化体现出时间，以及时间流逝生成的变化体现出空间，二者相互映射从而展现出时空之多维向度上的统一性关

---

① 邬焜：《信息哲学——理论、体系、方法》，商务印书馆 2005 年版，第 47、51、55 页。

② 同上书，第 48 页。

系，进而言之，时空相互作用、相互转换、同化、异化的过程即是此种"一体多维"之关系显现与行为展开的内在动力学机制。

可见，在自在信息形态的层次上，时空也是以一种原始的、自在的方式存在着。物质的普遍性和客观实在性规定了时空的普遍性和客观实在性，时空这些本质特性是不变的、无条件的，因而是绝对的。然而与物质质—能变换以及运动速度相关联，时空自身的结构却可能会发生有条件的、相对的变化，因而其在自在信息层次上显现出来的时空信息便具有复杂多维的存在特征。由此，时空转换呈现出信息内容，信息凝结显示着时空结构，如此所呈现出的和所显示着的，便可视为"自在的信息时空"。当信息由此自在更走向自为之时，时空也必将获得其更新的样态。

三 自为信息形态中的时空行为（自为的信息时空）

自为信息作为自在信息的主体直观把握的形态，其所具有的两种基本形式是被辨识（感知）和可回忆的储存（有感记忆）。人类的感知和记忆能力为时空感的产生提供了条件。事实上，时空本体的表征——（所有）差异性的并存性关系以及相互作用、转换、过渡的过程现象，都是时空感得以产生的对象，都有成为测量计时标准的潜在可能性。这种依感知而得且被回忆的时空感，亦即对时空的直观识辨和储存记忆，普遍地存在于一些高级动物界，比如鱼类洄游、信鸽归巢、老马识途等都是经典的事例。但是不同尺度时空结构的质和量，以及感官和脑结构的差别，使得无论人类还是动物，都不可能对所有的差异性关系及其相互作用进行感知，就像并非所有的信息都能被感知并呈现出来一样。

自诩为万物之灵的人类，在远古洪荒、蒙昧混沌之初，对时空的感知还是直观的、原始的。尽管只有很少部分的时空形式能被感知，人类还是选出了最为直观、最易识别、最有规律的物态行为作为时空感知的对象，即太阳东升西落的运行变化。这种对时空的原始感知早在创世神话文本中便有记载，战国时期的浪漫主义诗人屈原在其"千古万古至奇之作"——《天问》中，开篇就表达了对宇宙创生的诘问："曰遂古之初，谁传道之？上下未形，何由考之？冥昭瞢暗，谁能极之？冯翼惟象，何以识之？明明暗暗？"所谓"明明暗暗，惟时何为"，即对明暗变化之由的思索，指向的便是由日升日落所带来的昼夜之分。庄子在《庄子·内篇·应帝王》有语："南海之帝为疏，北海之帝为忽，中央之帝为混沌。疏与忽时相与遇于混沌之地，混沌待之甚善。疏与忽谋报混沌之德，曰：'人皆有七窍以视听食息，此独无有，尝试凿之'日凿一窍，七日而混沌死。"这里"疏"与"忽"，既是时间的象征，表示一瞬间，或夏冬二季，也是空间的象征，表示南北二方。"中央之帝"则是混沌一片，无有时空，在"时空二神"即"疏忽"将"混沌之神"凿死之后，才结束了时空未有的混沌之境，于是宇宙创生。

可见，远古时期，人类对时空表征的经验还仅是一种直观的感知和朴素的把握。这种把握是通过对时空本体的显示，亦即自在信息时空的感知和记忆储存而获得的。此时人类主体还并没有形成对时空的标度、测度，或将感知到的时空符号化，对时空的进一步认识和改造则依赖于信息"在自为的基础上，展开自身主观性再加工、再改造、再创制的过程，（这便使物达到了思维）"①，也就是自为信息上升到再生信息，进而时空行为也相应地从"自为的信息时空"上升到再生样态。

四　再生信息形态中的时空行为（再生的信息时空）

"人类对于自然的义务，不仅在于认识它，而且更重要的是在于改造它。人们对自然的能动的改造的作用，是人脑对感知、记忆的信息可以通过分析综合的加工改造，创造出新的信息，反作用于自然的结果。我们把这个产生新的信息的过程定义为思维过程，把思维过程所产生的区别于自在、自为信息的新的信息，定义为再生信息。"② 对于时空行为来讲，就是差异性关系如何在意识中得以体现，意识又是如何映射、标度、测度，并利用它们的，这也就是时空在再生信息中的真实内涵与样态。

"生存需要与环境协调，这是一切生命在进化之中体悟和掌握到的真理。"③ 由于生存所需，古代先民必须根据环境变化协调自己的行为活动。

---

① 邬焜：《信息哲学——理论、体系、方法》，商务印书馆 2005 年版，第 54 页。

② 同上书，第 55 页。

③ 吴国盛：《时间的观念》，北京大学出版社 2009 年版，第 8 页。

当时一切惯常的行为活动是依赖于太阳的运行规律，于是"日出而作，日落而息"就成了它们的行为准则，太阳东升西落、循环往复、永恒不变的周期性特征便成为先民时空观产生的根源。"日"便是人类计时的首个时间单位，为了标测"日出日落"的运行过程，使自身的活动有序化、规律化，人类根据太阳的天空位置与地面投影的变化对应性，发明了"日晷"，并且将时空概念人为符号化，如图1所示。

	太阳（日）	昼（日）	月亮	夜（夕）
纳西象形文				
汉字金文甲骨文		同左		

图1　时空概念的人为符号化①

随后，月、年、星期，以及小时、分、秒等更精致测算的时间概念相继产生，它们其实就是对不同的差异性关系及变化的标示。随着概念符号的演变与发展，以及计测时间、标识空间能力的提升，后来的人们就不用再通过直接进行时空的测度而去协调自己与环境的关系，他们只需依靠前人成果，比如香钟、机械钟表之类的计时装置，以及地理标志等去安排自己的日常活动，由此，人们只需通过对这些表征时空的概念或将时空具化的装置就可以有效地进行日常生活。这一过渡的完成，恰好就是时空由客观实在层次向主观意识领域的"过渡"：此时的时空当然不是其本体自身，但也祛除了自在、自为的客观特性，而成为内在于人类自我意识之中的"再生的信息时空"，这也正是人们将时空看成是主观性的绵延，或看成思想意识的延伸的原因。然而，反而思之，恰恰又是在这样的"过渡"层面上，我们说，所谓主观心理的时空只是客观实在的时空派生之物。客观时空和主观时空，就像自在、自为、再生信息是信息形态发展的不同阶

① 刘文英：《中国古代的观念》，南开大学出版社2005年版，第3页。

段一样，也是时空行为在不同阶段、不同层次上的次第展开，因而具有内在的统一性。

五　基于统一时空观的扩展探析

据前所论，客观时空和主观时空之间具有内在的统一性，主观时空是客观时空的高级形式，是自在、自为的信息时空以及时空本体的再生信息样态。基于此种主客统一的时空观，我们便可以对前文所提出的线性和循环的，以及现代系统科学中的复杂性时空观进行适恰的探析。

首先，从客观时空维度上来看，线性时空观的典型事例便是所谓的"时间之矢"的说法。狭义热力学第二定律表明，封闭系统的发展遵循"熵"增原理，且此过程不可逆转，直至归于"热寂"。转换为时空术语，即指在事物发展过程中，差异性关系的既定形态具有绝对的单次单向性，从而不可能重复出现。广义热力学通过对开放系统的考察，认为在一定条件下（系统外熵变小于零，且外熵变的绝对值大于内熵变）系统会沿着熵减从无序走向有序，由此推广到宇宙演化模式中，形成了对"热寂说"的否证。可以说，就客观时空而言，线性模式的时空演化只是循环模式时空演化的一个特例或阶段。

其次，从主观时空维度上来看，时空的线性观主要根源于我们在日常生活经验中，无法看到"破镜重圆"，难以想象"死而复生"，因而常叹"逝者如斯夫，不舍昼夜"。这昭示着，时空不可逆转，"往者吾弗及兮，来者吾不闻"。而时空的循环观则是因为，在心理意识中，我们可以回忆过去，展望未来；我们有记忆，也有期许；我们会对过去美好的事件反复回味，也会对未知的将来多次憧憬。如此，时空便可以倒流，便可以"遥想当年"、"故国神游"，如此等等。当然，客观物质世界在一定范围内、一定程度上的周期性运动规律，也是人们形成循环时空观的原因之一。无论是循环时空观还是线性时空观，在主观时空的维度上都是统一的，都是客观时空的派生物与高级形式。

最后，从现代系统科学中的演化维度上来看，时空的复杂性观念颠覆了经典世界图景中对时间和空间的关系的规定，其中尤以基于分形分维理论的思考最为新颖。传统的几何学都是用整数来测定空间的维度，而分形分维理论则揭示了空间维度的非整数性及其所表现出来的内随机性、分叉性、非平滑性等微观复杂性特征。这里的空间本身内蕴着生长发育的时间机制，或言之，分形显现着内在时间的有序演化，此即所谓的时间空间化和空间时间化。显然，如此的时间也必然是非整数维的。事实上，量子力学、超弦理论、混沌学、复杂适应系统和人工生命理论等也都在不同的表征方式上揭示着复杂性时空观的这一基本规定，即时空基于"一体多维"基础上的两相互化。

信息方式与人类社会的双重进化

毕　琳

（西安交通大学人文社会科学学院博士生）

一　信息社会的困惑

没有人能够否认我们处于信息社会，也没有人能够否认我们身处的社会每时每刻都在信息技术的作用下发生改变。如果以未来作为思考的起点，必然会提出社会会被信息技术带向何方的问题。对于这个问题持乐观意见的，如阿尔文·托夫勒认为信息以及网络技术的发展会消解权利，这必然会加速人类平等的进程；也有持悲观态度的，如卢梭站在人本主义角度上认为，信息技术的产生并未带给人类安宁，反而使社会越加孤独。而在毫无根据地树立态度之前，必须先回答的问题是：什么是信息社会以及信息社会从何而来？

学术界对于什么是信息社会的问题已经做了浩如烟海的描述和探索。以往描述信息社会的文献大致都从科技、经济、职业、空间、文化等角度来界定"信息社会"这一概念，写作者描写了大量信息社会的特征，他们分别从经济生产、社会交往和生产进程方面进行解释，却回避了信息社会的生活中的核心，即信息。

邬焜所创立的信息哲学中对于信息的定义直指这一关键。即信息是标志间接存在的哲学范畴，它是物质（直接存在）存在方式和状态的自身显示①。在这一哲学定义的基础上，邬焜认为"信息社会"就是人类把

---

① 邬焜：《信息哲学——理论、体系、方法》，商务印书馆 2005 年版，第 45 页。

握、利用、开发、创造和实现信息的高度信息化（间接化、社会化）的社会。"信息社会"的核心问题不在于创造和实现信息与否，而在于创造和实现信息的方式。人类社会进化的信息意义也并不仅仅停留在"信息选择"上，而更重要的还在于信息的主体（个人的、社会的）创造，和通过人类的社会实践将这些创造出来的信息转变为社会的、自然的现实（直接存在）①。那么究竟该如何认识信息社会中人类创造和实现信息的方式呢？

历史是现实的基础，也是开创未来的启示。在所有关于信息社会的研究中都没有回避社会形态与信息技术之间的关系，即信息技术对于当前的社会形态的形成有直接的影响。这就必须面对一个问题，即信息技术通过何种方式影响了信息社会的形成，而社会在信息技术的影响下又会走向何方？这个问题在本质上是社会演化的问题。根据信息的时空观，事物的现存结构同时具有三重存在的价值和意义：一是它自身规定着它自身的是之所是；二是它自身承接着它自身的历史；三是它自身指示着它自身的未来②。这样，事物以它自身的现存性，凝结着关于自身历史、现状、未来的三重信息。在社会领域，我们便有理由认为当前的信息社会形态同样凝结了其自身的历史、现状和未来三重信息，所以要理解信息社会的现状以及未来走向，必须从其历史脉络着手。

要描述信息社会的历史发展进程，传统的社会发展理论过于宏观，只有在社会进化历程中加入信息维度进行考察才有可能了解信息技术与人类文明进程之间的相互作用。传统理论只注重从社会生产、社会生活的物质形态进化方面讨论，这种理论要解决开篇提出的问题，虽然可以提供社会发展脉络的大致走向，但由于缺少信息技术在生产劳动中地位以及作用的论述，很难从中分析出信息方式与社会发展的互动关系。解决这一困境的关键在于在考量人类社会的进化时增加信息维度。邬焜认为世界的进化是一个物质形态和信息形态的双重进化过程③。这个双重进化过程以何种方式展开将是本文要探讨的内容。

---

① 邬焜：《信息哲学——理论、体系、方法》，商务印书馆 2005 年版，第 230 页。
② 同上书，第 151 页。
③ 同上书，第 202 页。

二　人类信息活动的历史路径

在社会的双重进化理论视野下，本文开篇的问题即可拆分为两层内容：（1）信息技术与社会系统内部要素的关系问题；（2）信息技术产生之前社会的发展状况。一方面，社会是由人类个体构成的。人类个体之所以构成社会就在与人类个体之间的相互交往。社会就是人们相互交往即交互作用的产物。弄清人类社会的起源和构成，并由此弄清社会有机系统的种种问题，都必须从探讨人类个体之间的社会交往入手。社会经济、政治、文化是人在不同社会领域的体现出的关系，即人与人在不同领域的交往方式构成了社会生活的基本领域①。那么，信息技术正是通过改变人与人的交往，改变了社会各个领域状态，进而改变了整个社会系统，这样就得出"信息技术—交往模式—社会"的基本讨论逻辑结构。另一方面，要探讨在信息技术作用下的社会发展方向问题，必须要明确信息技术对当下社会发生了怎样的影响。回答这一问题，就无法回避信息技术产生之前的技术和社会发展状况。这种对历史关系的追溯是"信息技术—交往模式—社会"的基本结构在信息流的动力机制下共同演化的过程，即人类信息方式与社会发展关系的大致演变过程，也是探讨信息技术因素在社会发展中作用的历史依据。

人类的信息活动起源与物质生产与交往活动。马克思和恩格斯《德意志意识形态》中在论及人类生产与交往时将人类的生产活动分为两类：一类是物质生产，即生产必需的物质生活资料的生产，与此相应的是人与人之间的物质生产活动；一类是精神生产，即表现在某一民族的政治、法律、道德、宗教、形而上学等的语言中的生产，与此相应的则是人与人之间的精神交往。马克思和恩格斯所描述的精神交往是以语言为中介的人的社会关系，而语言是人类信息活动最基本的载体和表现形式，所以精神交往在本质上是一种人类的信息活动。以人类的精神生产和交往起源于物质生产和交往活动这个观点考察人类的信息活动即信息生产和传播起源于并建立在物质生产和交往的基础上。

①　肖前主编：《马克思主义哲学原理》（上），中国人民大学出版社1994年版，第340页。

三 信息方式与三种文明的更替

标志社会发展不同阶段的劳动工具为人类信息活动提供了不同的技术条件。一般意义上，人类进行信息传播的工具依次经历了语言、文字、印刷、广播、电视、互联网六个阶段，不同的信息传播工具所具有的特点既反映了当时的社会交往需求，又限定了当时交往模式的种类和范围，不同的交往模式承担了社会生活的基本结构，并在历史长河中依次经历了农业文明、工业文明、信息社会文明时代。

农业时代大致的起止时间为公元前 15000 年至公元 1774 年。这一时期人类社会经历了由旧石器时代向新石器时代的跃迁。据考古学家考证，现存的文字可追溯至公元前 25000 年克罗马农人在西班牙和法国的山洞里留下的用于记录生活的山洞壁画。巧合的是，这一时期人类已经开始使用磨制工具，这大大提高了狩猎的速度和人自身的安全，原始人急需将这种技术传播给同一组群以及后代，这种需求促使了人类语言的产生和发展。最早，当语言表现出不能保存、易失真以及短程传播的物理特点时，文字的产生在某种程度上弥补了这些缺陷，然而学习文字在很长的历史时期内属于权贵阶层以及知识分子的特权，所以农业时期人类传播在范围和速度上呈现出短程、分散、慢速的特点，在模式上局限于个体自身、个体间、群体间。这种信息方式在某种程度上形成并强化了农业文明时代个体或家族或村落的自给自足的经济体制，以及个人或家族集权的君主制度的政治体制①。相应地，人们的价值观念也趋于保守和单一。

18 世纪下半叶，机器逐步代取代了手工工具，机械技术、动力技术等技术相继崛起，这不但催生了社会产业结构的大变革，也为大众媒体的产生提供了技术支持。14—15 世纪，为向商人提供天气以及市场信息的活动，手抄报纸产生。但手工作坊式的抄写报纸一方面价格高昂；另一方面产量有限，不能满足贸易市场发展的需求，古登堡发明的现代印刷机满足了短时间内大批量进行印刷的需求，大众报纸就此产生。19 世纪初，工业化浪潮兴起，社会化大生产以及高精度的分工协作在客观上要求快速

---

① 邬焜：《信息哲学——理论、体系、方法》，商务印书馆 2005 年版，第 272 页。

准确的原材料和供货的市场需求信息，这就要求一种快速有效的远程传播工具承担这一使命。19 世纪末，电报、电话、留声机等技术的发明为广播的产生提供了技术条件。1893 年，匈牙利人西奥多·普斯卡斯把布达佩斯 700 多条电话线连接起来定时报告新闻，有线广播就此诞生。1906年，美国物理学家费森登通过无线电波在空中播放了圣诞节音乐，人类的无线广播宣告诞生。远程声音传播媒介工具产生后，人类又思索图像是否可以远程传播的问题。1936 年，伦敦建立了电视台，开始电视转播。这些远程图像传递以及显像技术为成就了电视作为大众传播工具的诞生。"二战"以后，人类在经历了长期经济萧条和战乱带来的创伤后，需要和平并声色艳丽的生活抚平创伤，这种社会需求为电视的普及提供了巨大的市场。

经典传播学理论认为，在前工业社会，人的行为是通过调节人自身与环境之间的关系实现的，而当大众传播工具进入社会生活后，人对环境的认知来自由"拟态环境"。大众传媒通过对社会信息的筛选、加工和传播在媒体上塑造了区别于真实社会环境的"拟态环境"，这种加工活动一般在媒体内部进行，所以大众不会意识到这个过程。交往便始于从"拟态环境"中获取认知，却以行为的方式反馈给现实环境，这使得现实环境越来越呈现出"拟态环境"的特点。由于在一定程度上左右这一过程的是媒体，所以交往的内容通常由大众传媒提供。在工业时代，持有大众传播媒体所有权的大多为国家、政府、商业财团，传媒内容大多体现和表达了所有者的意志，这种交往在结构上是由作为中心点的媒介与作为面的大众构成的，大众媒体正是通过传播内容和结构实现对社会价值观念的整合。

20 世纪 70 年代，计算机技术的发展以及互联网信息技术的诞生宣告了人类信息文明时代的到来。当互联网作为传播工具进入社会生活，人类社会就此发生天翻地覆的改变。首先，互联网的传播特点实现了社会个体的远程点对点即时交往。基于互联网的各种新媒体提供了一种去中心化的交往模式，即每个个体既是信息发出者同时也是众多接受者中的一员，由此构成了一张无边际的网，在结构上每个个体都成为网上的一个点。每一个个体进入网状结构以后都会以自身为中心辐射成一张属于自己的网，而这个网仅仅是互联网里的一个极小的节点，这种进入行为一方面强化了互联网中交往模式的复杂性；另一方面置于其中也使得个体自身趋于复杂化。这种网状交往结构中，每个人都是社会交往的中心，所以每个人都不是社会交往的中心；每个人都是网络中的节点，所以每个人都是独立的个体。

社会的经济、政治、文化生活也呈现出相应的改变。互联网经济是基于互联网所产生的经济活动的总和，经济主体的生产、交换、分配、消费等经济活动，以及金融机构和政府职能部门等主体的经济行为，更多地依赖互联网提供的信息，一方面依靠网络信息进行对生产经营和市场的预测和决策；另一方面也依靠互联网交易平台进行交易。在政治生活上，传统国家的集权制政体也面临做出相应调整的课题。互联网的开放性意味着使用者获取信息的渠道不再局限于大众传播工具，还可以来自自己社交网络的任何一个节点，这种信息获取方式给予了个体充分的自主性，他可以根据任意的信息来源做出行动决策，并通过任意渠道表达向网络上的任意节点。当所有的互联网用户都用这种信息方式活动，而集权政府面对控制这张网络的传播内容时束手无措，传统社会由集权中心面对大众的传播模式被瓦解。在人的价值观念方面，由于人的认知可以来自网络上的任何一个节点传递出任意内容的信息，这就造成了多元化的"拟态环境"。在社会经济生活领域，商业由卖方市场转变为买方市场，产品的生产者以消费者喜好为依据生产产品，一方面，使得产品种类多样化；另一方面，使生产部门精细化。在社会政治生活领域，集权制被网络消解，网络上的节点获得相对平等的发声权。这个过程形成了一个回路，即互联网用户既接受了多元存在的信息，同时又成为多远信息源里的一个子集。

四　人类文明是物质和信息双重进化的过程

人类信息方式与文明的协同发展过程，可以佐证信息哲学中人类社会是以物质形态与信息形态双重进化的论断。在这个总结构的进化趋势前提下，各个部分又体现出一些特征。

首先，这一双重进化的过程是以"信息技术—交往模式—社会"为基本结构协同发展的。在不同文明时期人类所制作和使用不同劳动工具的技术成为其为适应传播需要而创制信息工具的先决条件，全新的信息工具产生进入社会生活往往会改变当时人类社会的交往模式，由于社会系统以人的交往为最基本的关系单位，所以交往模式的改变会波及使社会生活各个领域进而改变整个社会体系的发展轨迹。

其次，每一次社会文明的更迭都源自于生产力与生产关系之间的矛盾，信息生产和信息活动伴随着人类一切的生产生活活动，从这个意义上讲，信息流动伴随着生产力共同促进着人类文明的进步。再者，从口语到互联网，随着社会需求的变化，每一种信息工具都在功能上呈现出的自调整特征使得人类的信息工具在漫长的历史过程中没有因为任何新的信息技术的产生而消失，而是不断呈现出与旧的信息工具叠加进行传播行为的趋势。

基于物质系统论的信息复杂性探寻

王 亮

（西安交通大学人文社会科学学院博士生）

邬焜教授把信息定义为："信息是标志间接存在的哲学范畴，它是物质（直接存在）存在方式和状态的自身显示。"① 这一信息定义具有高度的抽象概括性，体现出了信息的基本特性。在邬教授的存在领域分割理论中，间接存在包括两大领域：客观间接存在（客观信息）和主观间接存在（主观信息、精神）。与直接存在的物质一样，客观间接存在也是一种客观的存在，它不以人的意志为转移，独立于人的意识之外。尽管物质与客观信息都是客观存在，但是，直接存在的物质是第一性存在，间接存在的信息是第二性存在，"它是物质（直接存在）存在方式和状态的自身显示。"邬教授对信息的定义还体现了信息的动态性。物质处于永恒的运动和普遍的联系中，物质状态时刻都处于变动之中，信息作为"物质（直接存在）存在方式和状态的自身显示"，也会随着物质状态的变动而变动。"显示"这一词很形象地描绘出了信息的动态性。另外，邬教授对信息的定义还体现了信息的整体性。物质是作为整体而存在的，哲学中的物质范畴具有高度抽象的统一性。作为"物质存在方式和状态的自身显示"的信息自然也就具有了高度抽象的统一性，是一种整体性的存在。邬教授关于信息的定义不仅能够很好地展示出信息的复杂性特质，而且也深刻地揭露了物质与信息之间天然而又密切的关系，正是有这种关系的存在，才使得信息能够表现出复杂性。正因如此，笔者将立足于邬焜教授关于信息

---

① 邬焜：《复杂信息系统理论基础》，西安交通大学出版社 2010 年版，第 109—110 页。

的定义，深入探讨信息的复杂性。

一　信息复杂性的表现

对于信息的复杂性，有些学者已经做出了一定程度的研究，例如，苗东升先生在《信息复杂性初探》一文中通过分析元信息的概念以及信源、信宿、信息之间的关系对信息的复杂性进行了描述。在文中，苗先生将元信息描述成现实信息的本原，并借助元信息分析信源与信宿之间的复杂作用关系，而且专门分析了信宿对信源信息的影响，进而描述了信息的复杂性。[①] 云南行政学院的洪昆辉和杨娅两位学者在《论信息存在的复杂性》一文中通过对信源、信道、信宿对应的实有、实在、实得信息概念及它们之间的关系的分析，深入探讨了信息的复杂性。[②] 笔者认为，尽管信息的传播过程可以简单地描述为：信源→信道→信宿，但是通过信源、信道、信宿来描述信息的复杂性较为欠妥。一般来说，信源、信道、信宿的划分是相对的，物质系统都是集信源、信道、信宿于一身的信息体，这本身就体现了信息的复杂性。因此，对信息复杂性的描述只能立身于信息本身，笔者将从信息的整体性、动态性、创生性三个方面对信息复杂性进行详尽的描述。

首先，信息的整体性体现了信息的复杂性，可从三个层次来探讨。第一个层次是，整体的物质蕴含了其自身的全部信息，信息也是一种整体性的存在，包括了物质各层次的信息。物质是作为整体而存在的，包含了许多层次，从宏观物体到微观分子、原子、夸克等。物质的不同层次有不同的相互作用规律，体现出不同的状态，而信息"是物质存在方式和状态的自身显示"，因此，整体的物质的信息必然也是包含各层次信息的整体性的存在。由于物质的层次是无限多样的，科学界至今还没有完全解决更小尺度上的粒子运动之谜，所以物质存在方式和状态也是无限多样的，从而信息也体现出无限多样性和复杂性。第二个层次是，物质具有全息性，物质的部分中也包含着整体的信息。物质是由各个层次、部分相互联系而

---

① 苗东升：《信息复杂性初探》，《华中科技大学学报》（社会科学版），2007 年第 5 期。
② 洪昆辉、杨娅：《论信息存在的复杂性》，《云南社会科学》，2005 年第 6 期。

构成的统一整体，各层次、部分之间相互发生作用，彼此交换信息，共同制约着整体。同时，整体也将自身的信息传递到各层次、部分之中，使各层次、部分都有一种整体规定性。信息在物质的各层次、部分以及物质整体之间流动着，构成了一个十分复杂的信息网络。第三个层次是，物质是集信源、信道、信宿于一身的信息体。作为信源，物质是第一性存在，信息是从物质中派生出来的，"是物质（直接存在）存在方式和状态的自身显示"，是第二性存在；作为信道，物质可以储存、传播信息；作为信宿，物质在与外界发生相互作用的过程中可以接收信息。每一物质都是一个完整的信息体，信息既可以从其中派生出来，又可以被它存储、传播，还可以与其他物质发生相互作用，接收外界的信息。信源对信息的形成具有决定性的影响，信息是信源（物质）存在方式和状态的自身显示，当信源的状态发生改变时，信源的信息肯定会随之而改变。但是，当物质同时作为信宿而存在时，信宿也会通过对作为信源的物质产生影响，进而影响到信息。作为处于普遍联系中的物质，时刻要与外界发生相互作用，其在与外界发生相互作用过程中也会接收外界的信息，并对自己的状态做出相应的改变，这种改变直接影响到信源（物质）信息。当物质同时作为信道而存在时，物质间的相互作用同样也会影响信道，进而影响信息的储存、传播。信源、信道、信宿三者会相互影响，使得集信源、信道、信宿于一身的完整的信息体充分体现了信息的复杂性。

其次，信息的动态性体现了信息的复杂性。信息"是物质存在方式和状态的自身显示"，而物质不可能一直停留在一种状态之下，永恒运动和普遍联系是物质的固有属性，物质内部层次之间、物质与物质之间彼此发生相互作用，使物质的状态得以改变，所以作为显示物质状态的信息也会相应发生改变，处在一个动态过程中。物质内部有许多层次，各层次按照尺度从低级到高级，彼此之间相互发生作用，但是这种作用是非线性的，不是从低到高依次发生，而是互相缠绕，各层次相互规定，互相制约，共同作用，使物质处于一定的状态。物质的状态是相对的，一方面，物质在宏观尺度层次上表现出一定的状态，但是在微观尺度层次上可能正在发生一些变化。比如，物质的原子保持一定的状态，但是原子内部的电子绕着原子核运动，状态不断地发生变化。再如，一个苹果从树上摘下来红通通的，过了几天之后，苹果的色泽和形状并没有发生改变，但是切开一看，里面的苹果核烂了。另一方面，物质内部层次之间非线性的相互作用使物质能够发生新质的突现，从而使物质的状态发生改变。除了物质的内部因素以外，物质的外部环境也能使物质的状态发生改变。物质需要不停地与外界环境发生作用以维持其存在，外界环境将物质、能量、信息作用于它物质，当作用到一定程度时，它物质的状态就会改变。比如，放久了的苹果会腐烂，色泽、大小等都会发生改变；动物的尸骨埋在地底下，经过无数年后变成了石油；地面经过大自然长时间的作用而成为地质层等。其实，无论是物质自身的内部因素，还是外界环境所引起的物质状态的改变，都体现出一种过程性。过程与状态是一对相对的概念，过程代表着动态，状态代表着静态。物质状态的改变有一定的过程性，状态中包含了过程，静中有动。静代表着一种相对确定性，物质状态的自身显示使我们能够把握信息。动代表着非确定性，物质状态的改变或者改变的过程性使我们又不能把握信息的全貌，体现出信息的复杂性。

最后，信息的创生性体现了信息的复杂性。只要有物质就有信息，物质总是处在普遍联系之中，不停地要与外界环境发生作用。我们可以将外界环境作用于物质之前的信息称为该物质的背景信息，将物质与外界环境发生作用之后而形成的信息称为该物质的创生信息。创生信息就是由物质的背景信息和物质所处的环境信息共同来决定的。一般来说，创生信息只发生在高级复杂物质系统中，比如人脑。人脑有十分复杂的生理构造，能够识别、记忆、储存、组合信息。通过遗传、学习和实践，人脑具备了一系列背景信息，当人与外界接触时，人脑就会对外界的环境信息进行识别，人脑中的某些背景信息将会被激活，记忆中的信息将会被唤醒，脑中的各种信息将会进行重新组合，进而产生新的信息，新的信息也将会被记忆、存储。不同的人，面对同一环境所产生的反应不同，这主要是因为不同的人的大脑中的背景信息不同。由于人脑背景信息的复杂丰富，以及对信息的处理方式无限多样，就算是同一个人，不同的时刻，面对同一环境所产生的反应也不同。对于人脑的创生性是容易理解的，其实，创生是一种普遍的现象，只不过人脑的创生性更加显著，一般物质的创生性不太显著。创生就是求新，只要物质能够产生不同于之前的新质，我们都可以说物质拥有创生性。当我们用系统的眼光来看待物质时就不难理解物质的创生性。物质作为系统，是由各部分所形成的统一整体。整体的特性、功能、状态与其所包含的部分有着质的不同，所以可以把整体看成是其所包含部分的创生。信息"是物质存在方式和状态的自身显示"，物质的创生也就体现了信息的创生。将信息的整体性、信息的动态性、信息的创生性相比较而言，信息的创生性更能深刻地体现出信息的复杂性。创生就是一种从无到有的过程，信息的创生不仅要具备丰富的背景信息和环境信息，还要具备复杂的创生机制。创生的结果就是新事物的产生，之所以新，就是人们之前所没见过的，未知的。创生的过程也是一种从已知走向未知的过程，已有的背景信息和环境信息是已知的，创生信息在创生之前是未知的，未知代表着非确定性、非预测性，深刻地体现了复杂性。

二 物质复杂性是信息复杂性的根源

信息复杂性有其产生的根源，对此苗东升先生做出过专门的研究，苗先生认为，"信息的复杂性在于它不同于物质的奇异性：信息是物质自我表征的可能性，即事物得以自我肯定的属性；信息又是非物质的，是物质内在的自我否定性，事物凭借信息表征自己的结果是使自己转化为他物，即否定自己。"① 笔者认为，如果仅仅从信息区别于物质的特性来研究信息的复杂性不是十分妥当。信息"是物质存在方式和状态的自身显示"，是间接存在，信息的复杂性与物质本身的复杂性极其相关。因此，我们在探讨信息的复杂性时，不仅要看到信息不同于物质的特性，更重要的是要看到信息和物质的联系，只有立身于物质本身才能深入的挖掘出信息复杂性的根源。为了更好地探寻物质复杂性与信息复杂性之间的关系，我们需要引入物质系统这一概念。从辩证唯物主义的角度看，世界统一于物质，物质是普遍联系和永恒发展的。恩格斯曾经指出："我们所面对着的整个自然界形成一个体系，即各种物体相互联系的总体，而我们在这里所说的物体，是指所有的物质存在，……只要认识到宇宙是一个体系，是各种物体相互联系的总体，那就不能不得出这个结论来。"② 其中的"体系"就是指系统，从微观的基本粒子到宏观的总星系，从无机界到有机界，从生

---

① 苗东升：《信息复杂性初探》，《华中科技大学学报》（社会科学版），2007年第5期。
② ［德］恩格斯：《自然辩证法》，人民出版社1971年版，第54页。

物大分子到动植物世界，从个体到种群再到生态系统，从个人到人类社会等，由于普遍联系和相互作用，各物质不仅自成系统，而且还互成系统，整个世界就是由物质组成的普遍联系的大系统，现代科学的发展使得人们不仅能以直观的方式从整体上来把握世界，而且能更加深入地认识到世界整体性的内涵。物质系统概念比物质概念更能深刻地反映出世界的整体性，物质系统观丰富和深化了辩证唯物主义物质观。

那么，何谓系统呢？一般系统论的主要创始人贝塔朗菲认为，系统是"处于一定的相互关系中并与环境发生关系的各组成部分（要素）的总体（集合）"。[①] 从定义中可以看出，对系统有决定性影响的主要有三个方面：系统要素、各要素的相互关系（结构）、环境。物质系统充满了复杂性，其主要体现于：物质系统的要素是无限多样的，物质系统的结构是十分丰富的，物质系统的环境是无限的。物质是直接存在，信息是间接存在，"是物质存在方式和状态的自身显示"，物质系统的要素、结构和环境对物质系统的存在方式和状态有决定性的影响，进而对信息也有决定性的影响。

首先，物质系统的要素在一定程度上决定了物质系统自身的存在方式和状态，而物质系统的要素都是无限多样的，其在一定程度上决定了物质系统存在方式和状态的无限多样性，进而使得信息体现出复杂性。物质系统的要素是物质系统的基本组成单元，是物质系统的载体，不同种类、不同数量的系统要素组成的物质系统不同，在这种程度上，物质系统的要素决定了物质系统自身存在方式和状态。不同种类的要素组成不同的物质系统，比如，水分子是由 H 和 O 元素组成，甲烷是由 C 和 H 元素组成。同一种要素，由于量不同，其组成的物质系统就不同。比如，含碳量在 2%—4.3% 之间的铁，叫生铁，含碳量在 0.03%—2% 之间的铁，称为钢。而系统与要素的规定又是相对的，某一要素对于高一层次的系统来说是要素，但是对于低一层次的系统来说是系统。例如，相对于细胞来说，生物大分子是一个要素，但是对于构成生物大分子的小分子来说，生物大分子又是一个系统。从目前的科学实践来看，还没有发现物质系统的终极层次，物质系统的层次是无限的，每一个层次下

① ［奥］L. V. 贝塔朗菲：《普通系统论的历史和现状》，科学出版社 1981 年版，第 315 页。

面都会有更低一级的层次。而系统要素的规定是相对的，是和层次的划分紧密联系在一起的，因此也可以说系统要素也是无限的。但是我们在处理特定的物质系统的过程中，还是需要划分基本层次的，否则就无法对物质系统进行研究。例如，我们研究大脑系统的神经活动，神经元是其基本层次，而不是对构成神经元的蛋白质和核酸进行研究。尽管如此，作为大脑系统构成要素的神经元的数量是十分巨大的，将近千亿。因此，无论是从物质系统层次划分的角度来看，还是从系统特定层次的构成要素的数量来看，物质系统的要素是无限多样的。也正是物质系统的要素的无限多样性，使得物质系统存在方式和状态体现出无限多样性，进而使得信息体现出复杂性。

其次，物质系统的结构在一定程度上决定了物质系统自身存在方式和状态，而物质系统的结构是十分丰富的，其在一定程度上决定了物质系统存在方式和状态的丰富性，进而使得信息体现出复杂性。在系统中，各要素的相互关系就是指系统的结构，具体表现为系统内的组织方式，结合形式等。不同结构的物质系统不同，在这种程度上，物质系统的结构决定了物质系统自身存在方式和状态。物质系统的结构是丰富多样的，最常见的表现为空间结构，即各要素在空间上的组织方式。任何物质系统的要素是特定的物质客体，不是一种抽象物，它有其广延性，在空间上有一定的尺度、规模、分布等，也正因此，要素间形成了一定的空间结构。比如，在太阳系中，诸行星之间在万有引力的作用下，有特定的空间分布，形成一定的空间结构。就算是超微观尺度的粒子，它也有一定的空间结构。在生态系统中，动植物表现出一定的种群分布结构。除了空间结构外，系统还表现出时间结构。物质系统的要素除了有广延性，还有持续性。物质系统的要素有自己的运动周期，而且还能随时间的推移而出现一定的变化，这些都表现为物质系统的时间结构。比如，一年中的节气的变化，心脏的跳动，生命系统的生活节律，甚至有些共振态粒子寿命只有 10^{-23} 秒等，都表现为物质系统的时间结构。其实，物质系统的元素都具有广延性和持续性，因此物质系统同时具有空间结构和时间结构，诸要素之间既有空间上的分布、排列等，也有时间上的先后更替，物质系统的空间结构和时间结构交织在一起，使得物质系统的结构变得十分复杂。不同的物质系统包含有不同的要素，不同的要素之间有不同的相互关系，从而也使物质系统形成了不同的结构。① 比如，在分子中不同的原子形成不同的化学键，社会中的不同社会群体所形成的社会结构等。其实，物质系统的时空结构可以看成是一种形式上的结构，它抽象掉了物质系统所包含的具体要素的质。物质系统的要素之间由于不同的相互关系而形成的结构考虑到了不同要素之间质的差别性，是一种实质性的结构。无论是物质系统形式上的结构，还是实质性的结构，都充分体现了物质系统结构的丰富性。也正是物质系统结构的丰富性，使得物质系统存在方式和状态体现出丰富性，进而使得信息体现出复杂性。

最后，物质系统的环境在一定程度上决定了物质系统自身存在方式和状态，而物质系统的环境是无限的，其在一定程度上决定了物质系统存在方式和状态的无限多样性，进而使得信息体现出复杂性。这里的环境是指物质系统以外的和物质系统发生相互关系的其他物质系统。除了物质系统的要素和结构对物质系统自身存在方式和状态有决定性的影响以外，环境对物质系统自身存在方式和状态也有决定性的影响。环境对物质系统的决定性影响主要体现在两个方面：第一，外界环境是维持物质系统存在的条件。由于物质是普遍联系的，任何物质的存在和发展都离不开它物质的存在，需要从它物质那里获得物质、能量和信息。严格意义来说，物质系统都是开放的系统，没有绝对的封闭系统，由于物质系统自身的消耗，如果不从外界环境中获取物质、能量和信息，它就不能持续地存在。花、草、树木离开阳光、土壤和雨露就没办法进行新陈代谢而生长。如果不持续地给电器供给电能，电器将会停止工作。如果我们不学习，不从外界获取知识，我们大脑已有的知识将会老化，将会跟不上时代的步伐。第二，物质系统必须要适应外界环境。当物质系统适应外界环境时，外界环境能维持物质系统存在；当物质系统不适应外界环境时，物质系统就会被淘汰。地球上之所以有生命的存在，就是由于地球在太阳系中的位置合适，地球上的生物能适应地球上的光照、温度、压强等一系列条件，也正是这些条件孕育了生命。人类到太阳系中除地球以外的其他行星，就无法生存，主要是不适应其他行星的恶劣环境。物质是普遍联系的，物质系统以外的和物质系统发生相互关系的其他物质系统都可以称为环境，因而物质系统的环

---

① 张华夏：《物质系统论》，浙江人民出版社 1987 年版，第 125 页。

境是无限的。也正是物质系统的环境的无限性，使得物质系统存在方式和状态体现出无限多样性，进而使得信息体现出复杂性。

物质系统作为一个统一的整体，其无限多样的要素、丰富的结构和无限的环境互相影响，深刻地体现了物质系统的复杂性，共同地决定了物质系统自身存在方式和状态的无限多样性。无论是信息的整体性、动态性，还是信息的创生性，都起因于物质系统自身存在方式和状态的这种无限多样性。因此，我们可以说，物质系统的复杂性是信息复杂性的根源。

三　结　语

现代科学的发展使得我们不能再用朴素、直观的眼光来看待物质，而必须要用系统的、整体的视角来理解物质。本文正是站在物质系统的视角上对信息的复杂性进行了探寻。对不同的研究对象必须采用不同的研究方法，对于复杂性的事物，还原分析的方法不能充分说明问题。本文尽管在具体的研究过程中采用了一些还原分析方法，但最终还是将还原后的对象再进一步综合，从整体、系统的视角来说明问题。在理论上，本文是立足于邬焜教授关于信息的定义，结合物质系统论，深入地探讨信息的复杂性。本文将信息和系统论、复杂性结合起来研究，有利于推进统一信息理论的研究。

信息哲学与医学模式变革

冯 洁

（西安交通大学人文社会科学学院博士生）

医学模式（medical model）是指在不同历史阶段和科学发展水平条件下，人类为保护健康，与疾病作斗争时观察、分析和处理各种问题的标准形式和方法。医学模式的核心是医学观，它研究医学的属性、职能和发展规律，是哲学思想在医学中的反映。随着医学科学的发展和人类健康需求的不断变化，历史上主要经历了神灵主义医学模式、自然哲学医学模式、机械论医学模式、生物医学模式、生物—心理—社会医学模式等几种医学模式。

这些医学模式纵然有种种不同，却有一个最大的共同点：都是把疾病视为健康的假想敌，是以疾病的诊断和治疗为核心的疾病医学模式。这种模式在控制流传千余年的传染病方面是有贡献的，因此在 20 世纪的上半叶，有了长足发展，成为主宰世界的主流医学。但自从 20 世纪下半叶以来，人们逐渐开始质疑这种医学模式对待现代文明病的实际效果。

当今对人类健康和生命的威胁主要来自心血管疾病，癌症，以及老年性退行性变化引起的慢性非传染性疾病（NCD）。以癌症为例，10 年来全球癌症发病率和死亡率增长了 22%。近半个世纪的实践表明虽然生命科学已深入到分子、亚分子层次，人类基因组测序已完成，蛋白质组学、结构生物学、基因工程药物和基因治疗技术乃至系统生物学等正在迅速发展，投入空前巨大（尼克松的"向癌症宣战"计划投入 651 亿美元），但对 NCD 的控制和疗效效果甚微。这种将解决 NCD 的希望完全寄托在遗传因素、分子、基因层面上的先验假想在逻辑上存在问题。有人曾对 9 万个双胞胎进行了长期跟踪调查，结果表明，即使同卵双胞胎，同时患癌症的概率也仅为 3%。这表明，除了少数罕见的遗传病外，对 NCD 来说，基因组不是决定性因素，更不是唯一的要素。而整体失调、失稳状态才是发生各类 NCD 的基本条件。

疾病医学模式不仅在对待 NCD 的效果上存在逻辑问题，而且对整个社会、经济，以及医学本身也会带来巨大影响。1996 年，世界银行副行长卡基在一份有关中国医疗问题报告中称："展望未来，前景令人十分担忧。倘若中国的卫生保健模式不进行重大变革，世界银行预测，到 2030 年有可能（医疗费用）高达 GDP 的 25%！历史上没有任何一个社会能够承受这样的负担。"这就是说，这种疾病医学模式继续发展下去还会影响中国社会的稳定性。

以上分析说明，这种以诊断和治疗为主的疾病模式，从逻辑原理上看已经不能适应当今社会的需求，必须进行相应的变革。然而医学模式的核心是医学观，是哲学思想在医学中的反映，所以医学模式的变革只能从哲学的高度来寻求。

哲学本体论的范式是分层次的，存在领域的分割方式是最高范式，关于各存在领域之间的具体关系的解读则是次一级的范式。[①] 邬焜老师所创建的信息哲学把传统哲学的"存在 ＝ 物质 ＋ 精神"的一般信条改变成了"存在 ＝ 物质 ＋ 信息"，并在信息活动高级形态的意义上重新解读了精神活动的本质，实现了人类哲学的第一次根本转向。[②]

信息哲学提出三次科学技术革命的理论。这三次科学技术革命导致人类的科学世界图景的变革，相应的科学思维方式也从实体思维，过渡到能量思维，再过渡到信息思维。正是第三次科技革命的发展奠定了信息社会的科学技术前提，并为信息时代的政治、经济、军事、文化、教育、生活、观念的全方位变革带来了新契机。[③] 所以当旧的医学模式面临危机时，也应当运用信息哲学的相关理论来寻求发展契机。

从信息哲学的角度看，所谓生命体其实只是一个物质—信息系统，而这个物质系统的稳定与否就是疾病与健康的界定。

---

① 邬焜：《哲学基本问题与哲学的根本转向》，《河北学刊》，2011 年第 4 期。

② 邬焜：《存在领域的分割》，《科学·辩证法·现代化》，1986 年第 2 期。

③ 邬焜：《信息哲学——理论、体系、方法》，商务印书馆 2005 年版，第 461 页。

　　信息哲学认为生命体是一种远离平衡态的有序结构，它只有不断地进行新陈代谢才能生存和发展下去，因而是一种典型的耗散结构。人是一种高度发达的耗散结构，具有最为复杂而精密的有序化构造和严谨协调的有序化功能。所有生命系统的生长过程包括人类社会的发展过程都是有序化不断增长的过程。这种有序化的增长是通过"负熵"实现的。生命从一个受精卵逐次发育出各具功能的、互相协调的器官，身体结构越来越复杂。身体的发育过程就是身体的建序过程，身体发育得越完美，其有序性就越高。人成长过程就是不断从环境抽取负熵，从环境摄入高级形态的能量，再将低级形态的能量排给环境，就像从环境摄取负熵的能量转换器，依靠从外部环境摄取负熵维持和发展。

　　信息哲学将生物体视为一个整体，由许多子系统组成，每个子系统之间有确定的关系相联系，通过各种控制过程对各部分进行整合，控制自身的体内环境使其保持相对稳定，共同处于一种动态的物质—信息交换过程中，使机体趋向于一种最佳稳定态。反之，整体失调、失稳状态就是各种疾病发生的基本条件。呈井喷态势的慢性病是机体长期超负荷应激反应导致的整体内稳态失调、失稳所致。① 生物对不同非生物因子的耐受性是相互关联的，可以借助于驯化过程而加以调整，也可在较长期的进化过程中发生改变。例如：生物系统抵抗外界干扰的负反馈状态就是内稳态；江山易改，本性难移，指的是心理素质方面的内稳态；运动员按照一定的方案训练，达到运动训练平台的时候就形成了内稳态，只要维持相应的训练，运动水平就可以稳定发挥。内稳态的稳定程度就是内稳态的品质。优秀运动员的内稳态品质高于普通运动员。常规训练维持内稳态的稳定，超常训练则可提高内稳态的品质（打破品质低的旧内稳态，建立品质高的新内稳态）。内稳态的品质越高，抵抗外界干扰所产生的应激的能力越强，各种应激的影响越小。

　　所谓内稳态的锻炼和可提高性其实是通过生物体的自组织功能实现的。生命是功能强大的自组织系统，具有自发地走向有序结构目标，即达到健康身心状态的功能，以及适应环境的自组织性；当发生疾病时，这种

----

　　① 俞梦孙：《系统·生命·疾病·路线》，《医学与哲学》（人文社会医学版），2013 年第 3 期。

以走向有序结构为目标的自组织性，体现为对病痛的自修复性。没有自组织就没有适应，没有自组织就没有发展，没有自组织就不可能提高内稳态的品质。信息哲学所描述的生命自组织现象的基本特征和自组织行为的一般过程和机制阐明了生物起源、进化和代谢的生命自组织过程，这与达尔文的进化论是相一致的。[①]

俞梦孙院士依据系统科学理论，结合自身医学专业领域的研究，在慢性病井喷的今天率先提出了具有革命意义的新的医学模式即健康医学模式。健康医学模式和人类健康工程是对待慢性病的两种途径。过去的疾病医学模式是以慢性病的诊断和治疗为主要努力方向的；而健康医学模式是以切断超负荷应激原、变身心失调状态为协调状态，重建自组织功能为目标。世界卫生组织在《21世纪的挑战》报告中强调："21世纪的医学，不应该继续以疾病为主要研究领域，应当以人的健康为医学的主要发展方向。"世界卫生组织的这一观点和健康医学模式对待各类NCD患者的思路是一致的。而健康医学模式强调的是发生各类NCD的人，了解患者的状态，以及存在的应激原。从而改变其状态，变失调、失稳为稳态。

提出健康医学模式的理论依据有以下两条：（1）健康人所具备的自组织功能之一——自修复力是祛除病痛最安全、最有效的途径，是人体天然合理的自然力。（2）各类慢性病的生存条件是："状态失稳"与"遗传因素"同时存在，即二者相"与"的结果。因此，消除NCD的唯一可行的途径是变"失稳状态"为"协调状态"，重塑自组织功能，充分运用恢复过来的自修复力，祛除各类NCD。这就是健康医学模式理念。

健康医学模式实施流程可简述为以"人"为中心的SIR模式，监（检）测与状态有关的信息，用Sensing表示；辨识状态的属性，用Identifying表示；调理状态的现状，使机体走向"稳态"，用Regulating表示。三个英文词的词头SIR就是健康医学模式简述。

SIR模式中的重点是"R"环节，即作用在机体自组的系统中"序参量"上的调理。俞梦孙院士所在团队近几年已聚集了一系列可作用在"序参量"上的调理项目，包括饮食、认知教育方面，也包括可工程化的

---

① 邹焜：《复杂信息系统理论基础》，西安交通大学出版社2010年版，第215—220、234—242页。

生物反馈、红光幅罴、多点同步振动、低频旋磁等设备。在对待癌症、银屑病、慢性高原病等 NCD 调理试用中已经取得众多令人鼓舞的效果。特别要提到的是 SIR 模式中每个环节的内容都可产业化、网络化，为应对井喷状的慢性病控制提供可行性。

　　恩格尔曾说过为理解疾病的决定因素，以及达到合理的治疗和卫生保健模式，医学模式必须考虑到病人、病人生活在其中的环境以及由社会设计来对付疾病的破坏作用的补充系统，即医生的作用和卫生保健制度。世界卫生组织在《21 世纪的挑战》报告中强调："21 世纪的医学，不应该继续以疾病为主要研究领域，应当以人的健康为医学的主要发展方向。"钱学森先生在怎样对待人的问题上亦多次强调要从人的整体、从人体功能态和功能态的调节去研究人。

　　健康和疾病不是互不相关的对立面，而是一种互相延续的状态，在一定条件下可以互相转化。对待已呈现各类慢性病（包括癌症）者，如果我们能设法切断可引起超负荷应激反应的应激原，或者将原本起超负荷应激刺激作用的应激原设法转化为生理性刺激，再加上设法去调理机体的失调失稳状态，使其回归为稳态，在这种情况下各类慢性病产生的根本条件已不复存在，各类慢性病就会被祛除。这就是健康医学模式的系统学原理。实际的运行效果也证明，这种健康医学模式是十分有效的。对各类患者而言，他们更需要的是回归健康，而不是首先去对付疾病本身。而健康医学模式强调的就是发生各类慢性病的患者，了解患者的状态，以及存在的应激原，从而改变其状态，变"失稳状态"为"协调状态"，重塑自组织功能，充分运用恢复过来的自修复力。健康医学模式的核心机制在于通过科学的定向训练充分调动人体的自组织功能，提高人体内稳态的品质，从而实现面对环境中各种不利因子依然能保持健康的目的。

　　历史的车轮已转动到了信息大爆炸的今天，越来越多的事实表明，我们在工业时代形成的习以为常的思维方式和习惯已经不能适应今天正在发生的巨大而迅速的变革。这种矛盾突出地表现在对于现实世界的复杂性认识不足，或者说对于许多现实问题采取了简单化、绝对化的思考方式，陷入了认识与现实相悖的困境。我们的医学模式如不进行相应的变革，不但将会面临越来越多的矛盾与困境，甚至会对整个国民经济和国家稳定产生不可忽视的负面影响！邬焜教授的复杂信息系统理论基于对世界的物质性和信息性双重存在模式的规定和认同，揭开了哲学研究的新篇章，也为医学的变革提供了可靠的理论支撑和明确的方向，作为医务工作者，有责任尽己所能推动医学模式的顺利变革。

第三编　商榷与讨论

具有中国特色的信息哲学?

——评邬焜教授的信息哲学体系

周理乾[1]；Søren Brier[2]

（1. 南京大学哲学系博士生，哥本哈根大学访问博士生；

2. 哥本哈根大学商学院国际商务通讯系教授）

毫无疑问，信息是定义我们这个时代的关键词之一。由于信息在当代科学以及社会生活中扮演的重要角色，信息成为当前学术界讨论最热烈的前沿话题之一。哲学作为对时代精神的反思与建构，信息自然成为当代哲学最重要的研究对象之一。无论是西方，还是中国，对信息现象进行哲学反思，甚至构建信息哲学，成为哲学界一个自发的趋势。邬焜教授由于其长达 30 余年对信息哲学思考与建构，毫无争议地成为中国信息哲学的代表人物。邬焜信息哲学的影响不局限于国内，现在已经引起了欧洲信息研究领域的注意，出现了对他的哲学的研究性文献以及主要著作的述评。首届国际信息哲学研讨会在西安的顺利召开，更是提高了邬焜哲学在欧洲信息理论研究界的知名度。然而，自邬焜全面建构他的信息哲学以来，他的理论也备受争议。①

由于邬焜信息哲学的庞大与复杂，本文作为对其哲学的反思与评论，并不会评论该哲学体系的方方面面。而是通过考察邬焜哲学学术背景，指出他的哲学实际上是依附于斯大林教科书体系的自然辩证法和 20 世纪 80 年代思想解放相结合的产物，具有明显的中国"特色"。邬焜对存在领域的重新划分以及对当代哲学的根本转向的论断都应在这一背景下进行理

---

① 邬焜、霍有光：《信息哲学问题争鸣》，中国社会科学出版社 2013 年版。

解。通过对邬焜定义信息论证思路的重构，可以看到邬焜本体意义上的信息实际上并不是我们通常意义上的信息现象，而是将他对存在领域重新划分后的一个部分叫作信息。我们认为，他的这种定义信息的方式实际上偏离了对信息现象进行哲学反思的路径，信息只是他的独特哲学的一个代名词。信息作为一个复杂现象，应该从跨学科的角度进行研究，建立一个涵盖客观规律、主观意义和主体间规范的理论框架。

一　宏观学术背景与邬焜信息哲学的出现

邬焜作为改革开放以来在中国本土成长起来的哲学家，其独特的哲学体系带有深刻的中国语境烙印。在欧洲信息科学基础学术圈（FIS Group，Foundation of Information Science Group）看来，邬焜迥异的运思方式让他们感到惊讶与好奇，在这种文化震惊（cultural shocking）中很多人给出了相当高的评价。[1] 而中国一些同行则给出了几乎完全相反的评价，如邬焜教授的同事霍有光教授则一直强烈质疑信息哲学的合法性；有的学者则认为邬焜的信息哲学只是老旧的自然辩证法下的产物，不符合现代学术规范，可以说他的信息哲学还没有入（国际主流科学哲学讨论的）门（私人通信）。同样的理论，为何不同的学者给出了完全不同的评价？我们认为这应该从邬焜教授学术成长的宏观背景来理解。只有理解了他的这种学术成长背景，才能够明白他何以能够产生如此独特的信息哲学体系。邬焜的学术成长于 20 世纪 80 年代，特殊的历史环境造就了他独特的、富有创造性的哲学体系。在这段时期，两种因素对于邬焜的哲学体系的产生具有极为重要的影响：一是中国独有的科学技术哲学传统——自然辩证法；二是 20 世纪 80 年代的思想解放运动。

---

① 如法国学者布伦纳称邬焜为"信息哲学奠基人"；Joseph E. Brenner, Wun and Metaphilosophy of Information, *International Journal "Information Theories and Applications"*, Vol. 18, No. 2, 2011: 103—128；俄罗斯学者康斯坦丁·科林（Constantin Colin）称邬焜为"信息哲学创始人"；见科林：《信息科学中的哲学问题》，邬焜译，中国社会科学出版社 2012 年版，中文版序言。学者佩德罗教授在首届国际信息哲学研讨会的开幕词中称邬焜教授为"中国信息哲学的奠基之父"；德国德累斯顿大学的格哈德·卢纳（Gerhard Luhn）教授认为邬焜信息哲学的诞生"意味着经典现象学的终结"（私人通信），还强调说"在我知道的科学家和哲学家中，只有邬焜从哲学的高度揭示了信息的世界本体的意义，并建立了一个关于世界各领域之间复杂性关系的理论"。

自 1949 年新中国成立以来，由苏联建立的斯大林教科书体系的马克思主义传到中国，经过对中国语境的适应性改造，成为中国官方哲学。[①]教科书体系的马克思主义哲学成为唯一正确的、科学的哲学。所有其他的哲学都要根据这个体系的标准进行真假优劣的评判。同样，马克思主义作为科学的世界观、人生观、价值观和方法论，新中国社会主义建设的各项事业都要接受中国化的马克思主义的指导。同时，由于客观原因，中国的哲学学者长期与国际学术界相隔离，除了与苏联及其社会主义阵营的国家外，几乎停止了与西方学术界的互动交流。这种状况直到 20 世纪 90 年代才有所改观。新中国成立后培养的绝大多数哲学学者都是在这种氛围中成长起来的。由于新中国成立之初东西方意识形态的冲突与对抗，刚刚开始的西方科学哲学介绍近乎中断。但由于科学技术对新中国社会主义事业的重要性和近代以来科学技术对哲学的重要影响，以及科学技术的发展也需要马克思主义的指导，因此也出现了具有中国特色的科学技术哲学——自然辩证法。在新中国成立之前，中国本土的科学技术哲学分为三个主要部分：西方传入的科学哲学传统、马克思主义的自然辩证法传统和中国传统哲学中的自然哲学传统。[②] 新中国成立后，由于马克思主义成为官方哲学，在一些共产党高级官员的直接参与下，自然辩证法传统迅速的兴盛强大起来，成为当时中国几乎唯一的科学技术哲学。[③]

"自然辩证法"原是恩格斯未完成的一本书稿的标题。恩格斯此书的原意是：（1）辩证法不仅在社会现象中存在，在自然科学的研究对象中也存在；（2）辩证法在科学方法论中是普遍的；（3）自然科学家只有在科学研究中自觉运用辩证法，才能够避免犯错误。[④] 1956 年，"全国十二年科学发展远景规划"中，提出了作为一个学科的自然辩证法。"在哲学和自然科学之间存在着这一门科学，正像在哲学和社会科学之间存在着历

[①]　孙乐强：《从"初步探索"到"中国制造"——30 年来我国原理教科书体系改革的历史回顾与反思》，《福建论坛》，2011 年第 7 期。

[②]　任元彪：《20 世纪中国科学技术哲学简述》，《自然辩证法研究》，2002 年第 18 卷 4 期，第 19—23 页。

[③]　自然辩证法建制的具体过程可以参见龚育之：《自然辩证法在中国》，北京大学出版社 2012 年版。当时联合推动自然辩证法建制的于光远、龚育之、查汝强等前辈都是党内的高级官员。

[④]　吴国盛：《自然辩证法辨》，《自然辩证法研究》，1989 年第 2 期，第 59—62 页。

史唯物主义一样。这门科学我们暂定名为'自然辩证法'，因为它直接继承着恩格斯在《自然辩证法》一书中曾经进行过的研究。"① 紧接着自然辩证法开始建制，成立专门的研究机构，开班授徒。虽然自然辩证法是作为学科进行建设的，但从来就不存在作为纯粹学术研究的自然辩证法，甚至从来就不存在一个具有内在逻辑融贯性的自然辩证法范式。因此有学者认为，作为学科的自然辩证法实际上是不存在的，只存在作为事业上的自然辩证法。②

自然辩证法的主要内容为自然观、科学方法论、技术方法论和科学技术与社会。自然观研究科学技术的发展与自然观、自然关系的演化及其规律；科学方法论研究科学的本质以及科学认识和实践的方法论问题；技术方法论研究技术的本质以及技术认识和实践的方法论问题；科学技术与社会研究社会中科学技术的发展规律以及科学技术与社会的互动、科学与人文的关系等问题。③ 从内容上可以看出，自然辩证法的内容实际上是十分松散的，因此有学者认为自然辩证法实际上是一个松散的学科群，而非一个学科。"自然辩证法是个筐，什么都可以往里装"更是业内人士默认的自然辩证法的重要特点。这一点，在近些年的发展中也越来越体现出来。从下文可以看出，正是自然辩证法的这一特点让自然辩证法在 20 世纪 80 年代这个思想解放的时期大放异彩。

自然辩证法作为哲学的二级学科进行建制，其主要的哲学基础为马克思主义的辩证唯物主义，是马克思主义在研究科学技术现象中的具体应用。因此，所有学习自然辩证法的学生必须先学习辩证唯物主义。虽然在80 年代末 90 年代初，之前中断的西方科学哲学的介绍又渐渐回暖，但自然辩证法的教学内容直到 90 年代中叶才有所改变。所以，在此之前自然辩证法所培养的学生绝大多数是这样的学术背景，也就是作为哲学基础的辩证唯物主义，以马克思主义为标尺的科学技术史以及科学技术必须为社会主义建设做贡献的学科功能与目的。

---

① 转引自曾国屏、高亮华、刘立、吴彤编著：《当代自然辩证法教程》，清华大学出版社 2005 年版，第 19—20 页。

② 吴国盛：《试论自然辩证法》，《科学技术与辩证法》，1993 年第 4 期，第 1—5 页。

③ 曾国屏、高亮华、刘立、吴彤编著：《当代自然辩证法教程》，清华大学出版社 2005 年版，第 9 页。

邬焜教授是在这样的自然辩证法的背景下成长起来的。虽然他的信息哲学体系与自然辩证法存在着亲密的血缘关系，但仅仅自然辩证法的背景并不足以支撑他的富有创造性的哲学体系。因为，80 年代之前的自然辩证法研究多是选取自然科学或者技术实践中的案例来印证辩证法的正确性。经典著作中的观点毫无疑问是科学的、正确的，不容篡改的。然而邬焜的信息哲学一开始就认为要重新审视哲学的基本问题，发现了以往哲学所没发现的新的存在领域，哲学由此也要发生根本转向。① 如果仅仅是以往自然辩证法的学术背景，他是不可能做出这样的断言的，只能跟着经典著作亦步亦趋。前文已经提到，邬焜教授的学术成长于 20 世纪 80 年代。20 世纪 80 年代是"文化大革命"后第一个十年，是一个思想解放、思潮涌动、思维活跃的年代。正是成长于这样的学术环境中，邬焜教授才有如此的创造性勇气。

20 世纪 80 年代是改革开放的第一个十年，在"文化大革命"中长期被压抑的思想创造性与活力似乎在这十年里突然爆发出来。一方面西方盛行的各种思潮、理论被大量的介绍到国内，"文化生活译丛"、"二十世纪西方哲学译丛"、"文化：中国与世界"、"现代西方学术文库"，"走向未来丛书"都是当时知识界耳熟能详的丛书，对中国 1980 年代以来的学术界影响深远，"西学"开始成为显学；另一方面，一些人在"文化大革命"期间潜心思考，以"闭门造车"的功夫创造了形形色色的所谓革命性的、完全创新性的新理论、新体系，具有代表性的有张颖清的"全息生物学"、严春友和王存臻的"宇宙全息论"。现代各门人文社会科学就是在前者的基础上发展起来的，这也是国内人文社会科学研究规范化的开始。后者虽然极具创造性，标新立异，不时有惊人之语，但由于大多数缺乏正规的学术训练，良莠不齐，因此绝大多数这类所谓独创性理论只能昙花一现。如上文所述，自然辩证法由于没有共同的范式，学科界限不明显，具有"大口袋"的特点。这却对后者的出现与兴盛极为关键。一时间，凡是不能归入已有学科的新理论、新思想

① 邬焜：《哲学基本问题与哲学的根本转向》，《河北学刊》，2011 年第 4 期；《存在领域的分割和信息哲学"全新哲学革命"的意义》，《人文杂志》，2013 年第 5 期；《从信息世界看哲学的发展及其根本转向》，《中国人民大学学报》，2014 年第 3 期。

全都归入了自然辩证法这个学科：潜科学、科学学、人才学、创新学……自然辩证法成为当时最繁荣的学科。"文革"中被压抑的创造性在自然辩证法这个平台上得到了极大的释放。

"西学"的引入与本土创造性的释放都对邬焜产生了深刻的影响，对于他建立信息哲学有着重要影响。"西学"不仅限于各式各样、丰富多彩的人文社科理论，还有"二战"后新兴的自然科学技术理论，计算机科学、人工智能、认知科学。在这段时间里，对自然辩证法的发展影响巨大的莫过于系统科学，尤其是当时方兴未艾的自组织科学的引入。由于自组织科学本身对经典物理学的革命性，以及当时中国改革开放的氛围，自组织科学的引入得到了政界和学术界的支持。"老三论"（一般系统论、信息论和控制论）被翻译出版，被不同学科的人用来解释各个学科的问题，"新三论"（耗散结构论、协同学、突变论）为新自然观的构建提供了理论基础。同时，系统科学所提供的新的方法论被自然辩证法研究者大量讨论并用来解答不同的问题。① 邬焜的信息哲学毫无疑问发源于信息论。同样在他的集大成著作《信息哲学——理论、体系、方法》中，很明显可以看到这时期引入的新兴科学对他的影响。他在这项工作中，用他的信息概念将这些理论勾连成一个逻辑融贯的复杂理论体系。不过，香农的通信的数学理论只讨论了信息的量度问题，没有关注信息的语义和语用问题，显然对于邬焜构建他本体论意义上的信息哲学是不够的。80 年代创造性的冲动给了他大胆否定与超越旧理论的勇气。邬焜首先否认西方哲学传统中物质—精神的二元对立的存在领域划分方式。虽然没有明言辩证唯物主义的不足，但明显可以从他的著作中看到他对经典马克思主义著作中理论的不满。② 因此，他首先重新定义哲学的基本问题，划分存在的领域，从而给信息以本体论的合法性。不过，由于历史条件的局限性，他的哲学基础几乎仅限于斯大林教科书体系的马克思主义哲学，因此他的逻辑起点也

---

① 钱学森：《创建系统学》，上海交通大学出版社 2007 版，第 1—18 页。
② 比如在《信息哲学》中，他以列宁对物质的经典定义出发，得出传统唯物主义是一元论哲学的结论。在《哲学的基本问题与哲学的根本转向》以及《从信息世界看哲学的发展及其根本转向》中虽然没有直接批评马克思主义哲学，但从其表述中可以看到他并不认为马克思主义哲学是哲学彻底的革命，只有信息哲学才是彻底的革命。这与马克思主义哲学的经典表述是相违背的。

是这个体系所定义的基本问题。①

通过以上可以看出，邬焜的信息哲学是特定的宏观学术背景的产物。他的哲学体系的独特性来自独特的历史环境。当时哲学教学中单一的斯大林教科书体系的马克思主义哲学奠定了他的哲学基础，活跃兴盛的自然辩证法给了他广阔的视野，80 年代特有的创造性冲动赋予了他超越旧哲学理论的勇气。正是这些因素对他的综合影响，才使他铸就了富有中国特色的哲学体系。

二　存在领域重新划分中发现的信息世界

不同于其他科学技术哲学学者，邬焜认为不仅仅存在信息理论中的哲学问题或者信息理论能够对传统哲学问题有所启发，信息哲学是一种全新的哲学，是"元哲学"、"第一哲学"，代表着哲学的根本转向。像物质、意识一样，信息是哲学的基本范畴。全部哲学，包括本体论、认识论、方法论、价值论等，都应该在信息的基础上重新构建。信息概念是邬焜整个哲学体系的根基，因此，要想把握住他的哲学，首先要抓住他的信息概念。本节首先根据上节的宏观学术背景来重构邬焜对信息定义的基本思路，然后论证邬焜意义上的信息实际上并不是我们日常意义上，或者信息社会中所意味的信息，而是他通过对存在领域的重新划分后所发现的存在。邬焜在某种程度上过度地放大了信息的含义，成为一种泛信息主义（Pan – informationism），这与国际上一些信息理论研究者犯了同样的错误。

"作为'元哲学'或'第一哲学'的信息哲学首先必须揭示出信息的存在论意义和价值。"② 邬焜认为信息世界是不同于物质世界和精神世界的第三个世界，因此，要想探寻信息的本质，就必须重新划分存在领域，从本体上来确立信息世界的合法性。前文已经多次提到，由于邬焜的哲学

---

① 从他著作的引文中可以看到，他的引文出处绝大部分来自马克思主义经典作家的著作以及 80 年代翻译的一些著作。而他引以为哲学基础的定义、理论几乎全部来自马克思主义经典作家的著作。虽然 80 年代是"西学"涌入的时期，但一方面邬焜身处西安，并不在西学引入的中心地带；另一方面他只会俄语，且只接受了当时正统的自然辩证法训练，因此，他对当时涌入的各种西方哲学理论吸收得很少。

② 邬焜：《信息哲学——理论、体系、方法》，商务印书馆 2005 年版，第 34 页。

基础是辩证唯物主义，因此他的逻辑起点也是辩证唯物主义的基本范畴。辩证唯物主义最重要的范畴无疑是"物质"，其经典定义来自于列宁："物质是标志客观实在的哲学范畴，这种客观实在是人通过感觉感知的，它不依赖于我们的感觉而存在，为我们的感觉所复写、摄影、反映。"①列宁这个类似于洛克"白板说"的定义成为邬焜哲学的逻辑起点。邬焜的信息哲学目的在于超越传统唯物主义的一元论，实现哲学的根本转向，开创全新的哲学，因此，他并没有直接沿用列宁的这个经典定义，而是寻找这个定义背后所隐含的存在论基本观念及论证逻辑。

　　邬焜认为，列宁关于"物质"定义的存在论前提是存在领域分为物质和意识。在这个定义的背后已经假设了物质＝客观存在＝客观实在。以往哲学理论，无论如何的变化，都没有跳出这个基本信条，因此并不存在彻底的哲学革命。要想开创全新的哲学，就必须推翻这个基本信条。② 在没有给出理由的情况下，他断言，这个前提和这个前提背后隐含的命题是不能成立的。既然他给出了这个断言，必定有充分的理由来论证之。既然在他的著作中省去了理由，那么我们就越俎代庖地重构他的理由。邬焜认为"存在领域分为物质和意识"不正确，无非存在两种理由：第一，物质和意识两者可以还原为其中一个，存在领域是一元的；第二，存在领域中除了物质和意识外，还有其他的存在。本节开篇已经提到，邬焜认为"信息"是与物质和精神一样基本的范畴，因此，我们推断，他断言传统哲学存在论基本信念的理由是第二条。再看第二个断言：物质＝客观存在＝客观实在。那么可以推出存在＝实在。这显然是矛盾的。因为存在包括物质和意识两种，物质是客观实在的，但意识却是主观不实在的。（具体理由见下文）"客观存在＝客观实在"这个命题实际上混淆了范畴层次，"存在"应该是"实在"的上级范畴，也就是"实在"的元范畴。

　　基于这个判断，邬焜认为应该重新划分存在领域，才能够实现哲学的根本转向，否则只能在物质、精神层次上来回的绕来绕去，不能前进。虽然列宁对物质的定义多受人指摘，但邬焜认为这个定义毕竟指出了物质是

---

① 邬焜：《信息哲学——理论、体系、方法》，商务印书馆 2005 年版，第 35 页。

② 邬焜：《存在领域的分割和信息哲学"全新哲学革命"的意义》，《人文杂志》，2013 年第 5 期。

客观实在，这是他基本的逻辑出发点。根据辩证唯物主义，意识是主体对客观实在的能动反映，那么意识就是主观的。由于对客观实在的反映并不是客观实在本身，因此是不实在的。所以意识是主观不实在。在此基础上，他认为能够利用"客观"、"主观"、"实在"、"不实在"等范畴进行存在领域的逻辑推演。设"客观"＝ P，由于"主观"是客观的反题，因此主观 = － P；"实在"＝ Q，"不实在"＝ － Q。通过合取这两组范畴，可得：

P∧Q；P∧－Q；－P∧Q；－P∧－Q。

P∧Q ＝ 客观实在；

P∧－Q ＝ 客观不实在；

－P∧Q ＝ 主观实在；

－P∧－Q ＝ 主观不实在。

从上文可知，客观实在是物质，主观不实在是意识。传统哲学理论并没有讨论客观不实在与主观实在两个范畴，在邬焜看来，这也就是为何传统哲学总是不能实现根本转向的原因。对这两对范畴的忽视，使存在领域中的一个重要部分被遗忘了。那么什么是"客观不实在"、"主观实在"呢？由于实在是指存在于意识之外的实实在在的存在，而主观本身是不实在的，因此"主观实在"是矛盾的，所以排除掉。根据马克思主义哲学对意识的定义，意识是主体对客体能动的反映。而意识是主观不实在，因此不实在实际上是对实在的反映。由此，我们可以得出客观不实在的定义，客观不实在是不依赖于主体意识的客观事物之间的相互反映，这种反映是客观的，是不依赖于主体意识而存在的。比如月亮照在水里，水中月亮的倒影首先是不依赖于主体意识而独立存在的，但却不是月亮本身，而是对月亮的客观反映。邬焜认为存在领域这个客观不实在的部分就是客观信息。换句话说，客观信息是对客观实在的客观反映。客观反映分为两类，第一类是物质的自身显示，这是最初始的反映；第二类是一个系统对另一个系统的映射，这是从物质自身反映衍生而来的。

邬焜认为，通过对存在领域的重新分割，发现了长久以来被以往哲学所遗忘的客观信息世界。因此存在领域由以往物质和意识两部分变为物质、意识和客观信息三部分。由于这是本体论上的重新划分，因此这实现了哲学的根本转向。因此，信息世界的重新发现意味着彻底的哲学革命，从而能够挽救 20 世纪出现的"哲学危机"。①

在这个本体论承诺的前提下，邬焜认为信息哲学的认识论是一种信息中介论，"凭差异而识辨，依中介而建构，借建构而虚拟"。② 在邬焜看来，主体认识之所以可能是因为作为客观不实在的客观信息的存在能够作为主体认识客体的中介。也就是说，主体认识是以信息为前提的。这显然与我们日常话语中的"信息"概念有所区别。虽然香农的通信的数学理论（The Mathematical Theory of Communication）由于没有涉及到信息的语义和语用方面而遭受批评，但在他的经典论文中的一般通信系统图示表征了人们通常理解的信息过程。

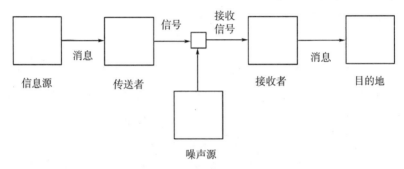

图 1　一般通信系统图式③

在香农理论中，信息并不是本体论上的概念，而是对信息接收者自由选择的度量。"信息概念并不是（像意义概念那样）应用于单个的消息，相反，是将整个情境视为整体，单位信息所表示的是，在这个情境中，一个人在选择消息时有这么些选择的自由……"④ 也就是说，信息只有在信息过程之中才是信息，并没有超越于信息过程之外的信息。信息过程的基

---

① 邬焜"哲学危机"的判断来自 20 世纪八九十年代的"哲学乌鸦"黎鸣的判断。黎鸣在 20 世纪 90 年代惊呼"西方哲学死了"。不过在西方哲学学者看来，这种没有深入到西方哲学内部，只是截取只言片语来片面理解西方哲学的做法令人商榷。

② 邬焜：《存在领域的分割和信息哲学"全新哲学革命"的意义》，《人文杂志》，2013 年第 5 期。

③ Claude Shannon, "A Mathematical Theory of Communication", in Claude E. Shannon and War-ren Weaver, *The Mathematical Theory of Communication*, Urbana: The University of Illinois Press, 1949, pp. 31—125.

④ Claude E. Shannon and Warren Weaver, *The Mathematical Theory of Communication*, p. 9.

本要素包括发送者、信号和接收者。不存在独立于这三个要素所组成的信息系统之外的信息。换言之，只有被接收者所理解并改变接收者认知或行为概率的消息才能是信息。

显然，这个一般意义上的信息概念与邬焜本体论上的信息概念是完全不同的。邬焜的信息是先验的、普遍存在的，即使不存在理解者，信息也是存在的；而日常话语中的信息概念则是依附于理解者而存在的，因此只有改变了接收者（或理解者）的主观概率，才算作信息。邬焜并不是唯一给予信息以本体论地位的学者，如著名哲学家德雷斯基直接说即使没有生命，没有理解者（knower），信息也是存在的[①]，著名物理学家惠勒、生物学家斯东尼尔认为信息是和物质、能量一样的宇宙基本性质[②]我们称这种观点为"泛信息主义"（Pan – informationism）。[③] 泛信息主义对于信息现象的研究并没有建设性的帮助。虽然泛信息主义承认信息是不同于物质、能量的存在，并不能还原为物质和能量，但将信息作为像物质一样基本的存在，实际上回避了信息是如何可能的问题。由于信息在生命科学、认知科学中扮演着重要角色，仅仅把信息看作一种基本的存在而不回答信息如何发生的问题，并不能够推进这些科学的发展。邬焜后面也对信息的具体发生机制进行了讨论，认为物质的相互作用引起的结构变化形成了信息自然编码的具体形式。[④] 但在我们看来，由于他的理论抛弃了理解者，因此还不能够构成日常意义上的信息。

不过，邬焜的信息概念虽然与泛信息主义有许多相似之处，但并不完全与这些观点相同。首先，出发点不同。邬焜信息哲学的逻辑起点是存在领域的重新划分。通过重新划分存在领域，邬焜认为发现了被以往哲学所忽视的存在领域，他将这个新发现的存在领域看成信息世界。而其他泛信息主义的观点的出发点则是信息现象。由于信息无法还原到物质层次，因

---

① Fred Dretske, "Epistemology and Information", in *Handbook of Philosophy of Information*, eds by Pieter Adriaans and Johan F. A. K. van Benthem, Amsterdam: North Holland, 2008, pp. 29—48.

② Tom Stonier, *Information and Meaning: An Evolutionary Perspective*, Berlin: Springer, 1997, p. 1.

③ Søren Brier, "The transdisciplinary view of information theory from a Cybersemiotic perspective", in *Theories of Information*, *Communication and Knowledge*, eds by Ibekwe – SanJuan, Fidelia, Dousa, and Thomas M, Springer, 2014: p. 28.

④ 邬焜：《信息哲学——理论、体系、方法》，商务印书馆 2005 年版，第 44—51 页。

此认为信息与物质、能量一样基本。其次，邬焜的信息概念与泛信息主义的信息概念所指代的对象不同。邬焜用信息来指称他通过重新划分存在领域所发现的部分，而泛信息主义则是指称的日常信息现象。我们认为，实际上邬焜的信息哲学本质上并不是关于"信息"的哲学，而是借用了信息这个概念来指称他所发现的那个被以往哲学所忽视的存在部分，这个存在领域的部分完全可以用其他的名词来指称而不影响他的整个哲学体系的融贯性。我们认为，真正的信息哲学应该是关于"信息"的哲学，应该从日常信息现象出发来研究信息。信息作为一个复杂现象，只有通过跨学科的进路（Transdisciplinary Approach）才能够更好地去理解。

三　跨学科视域中的信息哲学研究

既然邬焜的信息哲学并不是真正的关于日常信息现象的理论体系，那么应该如何正确地研究信息呢？如何能够切切实实地推进对信息的理解，从而推动相关学科的发展呢？我们认为，应该从跨学科的视域来研究信息，因为信息并不是一种简单的存在，而是涉及世界多个层次的复杂现象。限于篇幅，这里只能简略地勾勒我们的研究进路和理论框架。

对信息研究最有影响力，为学术界公认的工作无疑是香农通信的数学理论。香用简洁的数学表达式解决了对信息的量度问题。不过也正是因为香农的信息论只关心信道通信能力的量度，人们批评该理论实际上并没有解决信息是什么，信息如何可能的问题。信息之所以是信息，关键在于信息的内容以及信息的效用，但香农的信息论对此几乎没有言及。因此，要想进一步推进信息研究，就必须要回答信息如何可能的问题，也就是信息的语法、语义和语用方面是如何突现的。也就是说，一个普遍的信息概念不仅应该包括客观方面（比如对信道客观通信能力的量度），还应该包括主观经验认知方面和主体间意义交流方面。我们认为，一个恰当的信息理论框架应该是一个涵盖客观规律、主观意义和主体间规范的跨学科框架，这三个方面涉及次个体层次、个体层次和群体层次。[①] 这三方面、三个层

---

① Søren Brier, *Cybersemiotics*：*Why Information is not Enough*？Toronto：University of Toronto Press，2008.

次的结合点就是符号（或者说信号）。符号的载体是符合客观规律的物质现象，但主体或者说接收者能够从接收到的符号理解所需要的信息，但符号又不是个体私人的，而是主体间可理解的。一个好的信息理论框架就应该让人满意地解释这何以可能。

符号是生命体（living being）与外部世界打交道的工具。生命体通过符号来获取外部世界的信息，与其他生命体进行交流，并根据获取的这些信息来达到自己的目的。要解释这个信息现象，至少需要四个理论框架：自创生理论（Autopoieisis Theory）、生物符号学（Biosemiotics）、信息动力学（Information Dynamics theory）和信号发送博弈论（Signaling Game）。自创生理论用来解决生命，也就是信息的起源问题；生物符号学用来解决生命是如何利用符号与世界打交道的问题；信息动力学用来解决信息的语义层次是如何从物理动力学层次突现出来的问题；信号发送博弈论用来解决符号的主体间性是如何可能的问题。布赫尔将融贯了这四种理论的跨学科理论框架称为控制符号学（Cybersemiotics）。①

自创生理论是依据生命认知连续性原理②用于解释生命和认知起源的理论。③ 我们之所以认为这个理论也解释了信息的起源问题，是因为按照香农和韦弗的理解，信息是对主体选择不确定性的消除，主体选择的起源便应该是信息的起源。④ 自创生理论的基本逻辑是生命系统本身是一个自

---

① 参见 Søren Brier, *Cybersemiotics: Why Information is not Enough?* Toronto: University of Toronto Press, 2008; "Cybersemiotics: A New Foundation for Transdisciplinary Theory of Information, Cognition, Meaningful Communication and the Interaction Between Nature and Culture", *Integral Review*, June 2013, Vol. 9, No. 2, pp. 220—263; "Cybersemiotics: Suggestion for a Transdisciplinary Framework Encompassing Natural, Life, and Social Sciences as Well as Phenomenology and Humanities", *International Journal of Body, Mind & Culture*, 2014, Vol. 1, No. 1, pp. 3—53.

② 生命认知连续性原理是说，没有生命就没有认知，只有理解了生命，才能够理解认知。参见 Humberto Maturana and Francisco Varela, *Autopoiesis and Cognition*, Boston: D. Reidel Publishing Company, 1980, pp. 8—9; Evan Thompson, *Mind in Life: Biology, Phenomenology and Science of Mind*, Canbridge: The Belknap Press of Harvard University, 2007, p. 14.

③ 参见 Humberto Maturana, Francisco Varela, *Autopoiesis and Cognition*; *The Tree of Knowledge: Biological Roots of Understanding*, Boston: Shambhala, Inc., Rev Sub edition, 1992.

④ 虽然香农明确提出信息是对主体不确定性的消除，但香农的理论并不是关于主体不确定性的消除。香农在其理论中确实进行了两种量度，一种是信源的量度；一种是信道的通信能力的量度。不过这两类理论都是一致的，就是将信息的主观语义内容转换为客观的存在从而能够运用数学进行计算。

我繁殖、自我维持、自我修复的自指系统（self - referential system）。一个系统能够成为一个自创生系统，首先这个系统具有一个能够将这个系统与外部环境相隔离的可渗透边界；其次这个系统内部存在非线性动力相互作用的机制能够自我产生组成这个系统的元素，并且能够维持、修复整个系统；最后，系统的边界是由系统本身的非线性动力学机制产生的，反过来一方面，保护这个动力学机制免受外部环境的干扰；另一方面，动力学机制通过边界从外部环境中获取自我维持、自我繁殖的物质能量。由于外部环境中不是所有的因素都是对自创生系统有益的，因此自创生系统必须具有选择能力。系统对外部环境中不同因素依据对系统有益与否进行赋值然后进行选择。这就是信息的起源。

　　生命的世界是一个意义世界。生命体通过符号将外部世界变为对之有意义的世界，也就是生命体通过感知一个对象来获取另一个对象的信息以满足自己的某种要求。生物符号学就是要探寻生命系统的这种符号学本质。① 符号是这样一种东西，依据一定的规则，来指称符号之外的对象，这个对象能够满足符号理解者的特定目的。生物符号学认为整个生命过程的本质是符号过程，符号过程存在于生命的不同层次。符号过程是模拟—数码双重编码过程（code - duality of analog and digital process）。生命体通过数码编码过程来认知世界，获取相关信息；通过模拟编码过程来行动以达到相关目的。②

　　那么具有模拟—数码编码二重性的符号过程是如何从基本的物理过程中突现出来的呢？信息动力学可以回答这个问题。③ 虽然宇宙中所有过程都遵循因果规律，但在不同的物理过程在相互作用中为自组织留下了充足的空间，为编码二重性提供了物理层次的空间。不过这还不足以解释符号

---

① Jesper Hoffmeyer, *Biosemiotics: An Examination into the Signs of Life and the Life of Signs*, Scranton: University of Scranton, 2008, p. 3.

② Jesper Hoffmeyer, Clause Emmeche, "Code - Duality and the Semiotics of Nature", in *On Semiotic Modeling*, eds by Myrdene Anderson and Floyd Merrell, Berlin and New York: Mouton de Gruyter, 1991, pp. 117—166.

③ Terrence Deacon, "Shannon - Boltzmann - Darwin: Redefining information", Part 1, *Cognitive Semiotics*, 277, 1, pp. 123 —148; "Shannon - Boltzmann - Darwin: Redefining information", Part 2, *Cognitive Semiotics*, 2008, 2, pp. 167—194; *Incomplete Nature: How Mind Emerged from Matter.* New York, London: W. W. Nordon & Company, 2012.

如何能够具有主体间性。信号发送博弈论用来解决信号通过主体间的相互作用稳定下来的问题。信号是在群体层次上稳定下来的，通过综合运用试错理论、演化动力学和合作博弈论，可以发现通过主体间的相互作用信号不但可以稳定下来，还能够创造新的信号并产出复杂信号网络。[①]

四　结　语

邬焜的信息哲学是对传统的继承与叛逆。他的哲学继承了自然辩证法的研究传统，又试图超越限于传统身心二元论的以往哲学。在中国科学哲学界大力倡导"西学"的今天，他的哲学的这种原创性尤为珍贵。不过，由于限于他学术成长的宏观环境，继承于斯大林教科书体系的马克思主义的话语体系又让他的哲学独具"中国特色"。虽然他的哲学冠名为"信息哲学"，但由于其逻辑起点为存在领域的重新划分，而非日常世界中的信息现象，因此他的哲学显得有些名不副实。不过，这并不影响他哲学的原创性与启发性。相信在未来，通过邬焜教授越来越活跃地参与到国际学术界，他的哲学能够越来越具有影响力。

---

① Brain Skyrms, *Signals*: *Evolution*, *Learning*, *and Information*. Oxford: Oxford University Press, 2010.

信息哲学并未带来"全新的哲学革命"

——就三篇文章与邬焜先生商榷

肖　峰

（中国青年政治学院科学与公共事务研究所教授）

近期拜读了代表邬焜先生信息哲学研究最新思想的三篇文章①，其中直接或间接对我否定他所主张的"信息哲学带来了全新的哲学革命"② 进行了再度的阐释和发挥，其核心主张就是只要承认了对世界进行物质、精神和信息的三元划分而无论认为其中谁是世界的本体，就意味着对哲学进行了全新的革命，同时他还重申了"信息是物质与精神之间的中介"以及"信息是标志间接存在的范畴"等观点，他用这些主张和观点正在构建自己的信息哲学体系。但笔者在阅读这些观点和看法时，不时发现若干不周延不合理的地方，在此提出四点进行商榷。

一　物质和精神作为基本的存在领域划分是否过时

邬焜先生认为，传统哲学坚持的都是心物二分原则，都认为世界上的所有事物和现象可以归结为两大领域，即物质现象和精神现象，其中物质是客观实在的存在，而精神是主观不实在的存在。但随着信息现象被发现，"客观世界除了实在的存在之外，还有不实在的存在，如果用客观实

---

① 邬焜：《哲学基本问题与哲学的根本转向》，《河北学刊》，2011 年第 4 期；《存在领域的分割和信息哲学的"全新哲学革命"意义》，《人文杂志》，2013 年第 5 期；《从信息世界看哲学的发展及其根本转向》，《中国人民大学学报》，2014 年第 3 期。

② 参见肖峰：《信息哲学三问》，《洛阳师范学院学报》（社会科学版），2011 年第 12 期。

在来规定物质的话,那么,客观不实在就不再能够属于物质现象了,这一现象只能用客观信息来描述。"①因此需要"把信息看作是与传统哲学所揭示的物质现象、精神现象相区别的第三种现象",因为"信息世界的发现迫使传统哲学所描述的由物质世界和精神世界已经瓜分完毕的全部存在领域让出一块地盘,它必须容纳一个新的与传统物质世界和精神世界所不同的世界——信息世界。"② 他认为由此一来就对存在进行了"一分为三"的全新的划分,并且"与这一新的存在领域分割理论相一致,哲学基本问题的具体解读方式发生了根本性的转换。哲学对存在领域的划分方式不再是物质和精神的二元分割方式,在物质和精神之间增加了一个客观信息的世界,这样,对哲学基本问题的回答不仅要说明物质和精神的关系,而且要说明物质和信息、信息和精神的关系问题。所谓哲学的根本转向,正是基于打破传统哲学关于物质和精神二分世界的基本理念的基础之上的。"③ 他进而认为这种看法的提出导致了一种"新的哲学范式",甚至导致了一种"全新的世界观"和"人类哲学形态的全新革命"。④

这种将存在"一分为三"的分法粗看起来确实有理,当物质被界定为客观实在类的存在、精神被界定为主观精神类的实在后,再将信息界定为"客观不实在"的实在类型,就既不同于物质、也不同于精神,成为独自的第三类存在。

但是,如果对"客观"和"实在"的含义稍加明确,我们就会看到,所谓"客观不实在"的现象早就被归入了精神类存在之中。在哲学中,"实在"主要表示某种"真实的事情、事实、事件、状态或性质"、"某种独立于观念存在的东西";而"不实在"就是不能独立于观念而存在的东西,或者说就是观念中的东西,可以在头脑中随意想象的东西,也就是精神。至于"主观"和"客观",简单地说就是"自己的观念"和"独立于自己观念的外部世界",由此来进行组合,"客观不实在"无非就是指

　① 邬焜:《存在领域的分割和信息哲学的"全新哲学革命"意义》,《人文杂志》,2013 年第 5 期。

　② 同上。

　③ 邬焜:《从信息世界看哲学的发展及其根本转向》,《中国人民大学学报》,2014 年第 3 期。

　④ 邬焜:《信息哲学》,商务印书馆 2005 年版,第 14 页。

自己之外的观念性存在，简单地说，就是别人的观念。别人在想什么，不是我主观范畴中的东西；但即使是别人的观念，也是精神性的存在，所以也是不实在的。由此所谓"客观而不实在"，并不是"信息"概念发明出来后才找到了承载的对象，早在介绍上述哲学基本概念的含义时就已这样或那样地涉及了，它并不构成一个什么独立的存在类型，不过是精神现象中的"客观精神"而已。

　　可见，这里也涉及一个哲学方法论论问题：消除"二元论"是否就一定意味着要消除"物质"与"意识"的二元划分？搞二元对立或"物质和意识的绝对分离"肯定不对，但由此用"信息"来消除明显具有区别性的两种现象之间的"划界"问题，恐怕又会走向"相对主义"。无论如何，物质和精神的区分是迄今最具有哲学内涵和特征的视角，是其他任何视角都无法与之匹敌的，甚至任何别的视角最终都还是以这一视角为依托来展开的，例如邬文所多次提高的"客观而不实在"的信息，其中实在不实在如果离开物质和意识的视角又如何去判别和定义呢？或者说，当邬焜先生还要继续使用"实在"和"不实在"的哲学划分时，本身就是在使用物质和精神的二元划分框架；而且当他把"信息"被归于"不实在"之中时，本身就是将信息归于了精神世界！他原本想在前面加上"客观"来使"不实在"模糊化，但殊不知"不实在"的精神本身就是可以有"主观"和"客观"之分的，进而不实在的信息也是可以这样去划分的，例如我自己知道的信息就是主观的，而我不知道但别人知道的信息就是客观的，且邬焜教授自己对信息也有类似的划分①。既然如此，那么邬焜先生就不应该将信息仅仅看作是客观而不实在的东西，他为了将世界一分为三所设置的"信息类存在"在这里显然是不严谨的：到信息自身分类时，就至少有一半（作为精神的信息）是无法"分割"为独立的现象了。为此也必须补充道：客观而不实在的并不是一切信息，而只是我头脑之外的那些信息，比如别人正在进行的信息活动。

　　当然在有些场合，为了避免上述的明显混乱，邬焜教授限定了一分为三时所需的信息，将其仅仅限定为信息的一部分，即"自在信息"（有时

---

① 　邬焜：《哲学基本问题与哲学的根本转向》，《河北学刊》，2011 年第 4 期。

他也用"客观信息")。其实，只要对信息进行了自在（客观）信息与精神信息的划分，他实际上仍是"落入"传统二分的"窠臼"，说明物质和精神作为两种基本的存在类型是我们分析哲学问题时难以摆脱的"视角"，这甚至也是哲学思维的基本特征。

退一万步说，假如承认了这种对存在领域的三分法，那么还存在哲学的基本问题吗？如果存在，如何去对这一"新哲学基本问题"加以表述？由其不同的回答所形成的哲学派别又是什么？如果认为"信息"或"客观信息"是万有的本源，而这种"信息"或"客观信息"既不是物质、也不是意识，那么这种本体论上的唯信息主义显然就既不是唯物主义，也不是唯心主义，而构成为本体论上的"独立"的"第三条路线"，那么邬焜先生承认自己是在走"第三条路线"吗？如果是，为什么又要称自己是"新唯物主义"呢？

当然，邬焜先生面对这一"新问题"时又进一步发展了自己的观点；即先把本体论立场淡化而将"分类"视为最高原则，认为提出"关于存在领域的分割方式的这一哲学的最高范式的变革"① 或者对存在领域"分割模式的创新"② 才是最重要的，并指出只要这样去分割，无论分割后谁占"主导"地位，都同属"全新革命"的阵营。在这里，他认为"将世界分为几部分"比"世界究竟是什么"更为重要，这其实是"外延重于内涵"、"形式大于内容"的思维方法。正因为如此，所以他才在本体论立场上随意变换，如在 2013 年《人文杂志》的文章中称："在我的具体解读中，物质世界仍然是世界的本原，信息世界是由物质世界派生出来的，并依附于物质世界而存在的世界，"他将这一本体论归结为"新唯物主义"；但在 2014 年《人大学报》的文章中，则将先前的三元论进一步推向"新的二元论"，即在"把传统哲学的"存在＝物质＋精神"的一般信条改变成"存在＝物质＋信息"的同时，认为"所有的物体乃至整个宇宙都是一个二重化的存在，它们都既是物质体，又是信息体"；"基于世界的这种物质（直接存在）和信息（间接存在）的双重存在性，我们

① 邬焜：《存在领域的分割和信息哲学的"全新哲学革命"意义》，《人文杂志》，2013 年第 5 期。

② 邬焜：《哲学基本问题与哲学的根本转向》，《河北学刊》，2011 年第 4 期。

便可以建立一种全新的哲学本体论学说——信息本体论。"①不知这是否意味着他对自己"新唯物主义"立场的放弃而走向物质和信息相互依赖的"物信主义",甚至还要继续走向"万物源于信息"的"唯信息主义"?因为一旦持"信息本体论"的立场,按哲学的语用习惯,就理所当然是主张一切源自信息,就如同"物质本体论"指谓的是将物质作为宇宙的基石、"实践本体论"指谓的是将实践作为世界的根源那样。我们至少从邬焜先生的这三篇文章中,可以看到作者为了来一场全新的"哲学革命",而意识到先必须来一场"本体论革命",即颠覆物质本体论而树立信息本体论;而他的信息定义中又是将信息视为物质的间接存在及其显现,那么此种本体论一出,确实使我们的"观念"产生了颠覆性的改变:间接的东西比直接的东西更根本、显现比显现者更根本,也就是"虚拟"比实在更实在。这种不合逻辑的"颠覆"如果算是"哲学革命"的话,那也早在鲍德里亚那里研究过了。

二 如何理解信息作为物质与精神之间的"中介"

与邬焜教授对世界的一分为三相适应,他还将信息的功能界定为物质与精神之间相互作用的"中介":"物质和意识之间通过自在信息的中介相互过渡和转化。这样,物质和意识的关系便不再是简单的纯粹对立的两极,而是通过自在信息的中介关联起来了,由于信息世界的发现,物质和精神的关系被描述为一个通过自在信息的中介而相互作用和相互转化的过程,从物质到精神、从精神到物质也便可以描述为一个有中介的相互作用和相互转化的过程";而"把物质到精神、精神到物质的活动描述为一个有中介的过程,从而合理地消解物质和精神的二元对立的割裂,并由此实现人类哲学的根本转向。"② 或者说,正是这一中介的发现,才使得物质与精神的相互作用成为可能,才摆脱了过去哲学一直将它们分裂开来的二元论困境,才给哲学的发展带来了新的希望和光明的前景。

---

① 邬焜:《从信息世界看哲学的发展及其根本转向》,《中国人民大学学报》,2014 年第 3 期。

② 同上。

其实，就笔者所知，实践哲学早就不再坚持物质和意识的二元对立，物质可以变精神、精神可以变物质也并非是有了"信息哲学"之后才产生的看法，在这个意义上，所谓消除二元对立的"根本转向"（如果承认的话）也并不是"信息哲学"的专利。更广义地说，即使承认物质与精神之间有中介，也不是有了信息哲学发现信息的功能后才形成的共识，许多哲学都在寻找沟通物质和意识的桥梁并给出了种种不同的"方案"，如身体哲学就将"身体"视为主客观的中介，符号哲学则将"符号"视为这样的中介，因为符号的"指称"功能可以将人的思想与作为所指的对象连接起来，人面对符号由其"唤起"所指称的对象时，人的思想就被"引渡"到对象上去①；甚至笛卡尔的"松果体"早就试图起这个作用；而信息哲学只不过是在诸多方案中又增加了一种方案（假如承认其解释是可接受的）。当邬焜先生认为先前所有哲学的缺陷就是"未能找到物质作用于精神、精神作用于物质、客体通达主体、主体作用于客体的信息中介环节"②，这无疑是一种过度的"信息崇拜"，完全抹杀了其他方案对物质和精神之中介的探索所做的贡献。

所谓"中介"，既是分界面，也是接合部：既把不同的东西区隔开来，从而形成"界面"，也把它们连通起来成为一个整体，从而成为消除界限的桥梁。客观地说，在上述各种方案中，充当物质和精神中介的要素或现象各有优劣，能说明或解释的问题各有千秋，并不见得"信息"能解释的要比"实践"所能解释的更多、更合理；在实践具有"跨界"的特性以及能集合主观与客观于同一过程之中的意义上，通过它来将物质与意识联系和贯通起来的解释力远比一个飘忽不定的"信息"强。这样，如果某一范畴能打破"物质和精神的二元分割方式"就能起到使哲学"根本转向"的作用，那么与其说是"信息"，不如说是"实践"，即"主观见之于客观"的实践。

再结合本文第一部分谈论的问题，不能因为某种东西起中介作用就将其归入"第三种存在"，因为"中介"的存在是普遍的，任何"界面"、"接口"装置，都有中介的功能；邬文引用了列宁的一段话："一切……

① 参见肖峰：《试论以符号为直接起点的认识》，《哲学研究》，1988年第6期。
② 邬焜：《哲学基本问题与哲学的根本转向》，《河北学刊》，2011年第4期。

都是经过中介连成一体"①，其实中介和中介的任何一端之间，也应该还有中介……否则这句话就不具普遍性；而且两端中的任何一端，本身也可视为更长链条的相互作用的中介，例如我现在坐在椅子上，不仅我和椅子之间有中介，而且椅子本身也是我和地面之间的中介。如此分析中介，可以使中介无穷无尽地呈现出来。这也符合郈焜先生的"多级中介说"。因此，如果认为信息起到了物质和精神之间的中介作用，那么无论是物质与信息之间、还是信息与意识之间，都还可以再"中介下去"，甚至"无穷中介下去"。所以，如果非要因为有些现象在物质与精神之间可能具有亦此亦彼（假如承认这种现象的存在）而具有中介的地位进而否定世界的哲学二分，那么为什么一定是"三分"而不是"四分"、"五分"以致"N分"呢？因为假如信息就是那种亦此亦彼的现象，难道信息与物质之间、信息与精神之间就再没有亦此亦彼的现象而成为其中介了吗？所以，对存在完全可以有更多的分类，可以再提出基于更多分类的"N元"论，但那都不是基本的哲学分类，充其量是偏向某种具体科学对世界的分类。从哲学上，无论是"信息"还是"自在信息"或"客观信息"，无论在物质和精神之间加入多少中介，显然最基本的分类还是物质与精神两大类，因此中介的存在无法改变物质与精神作为两种基本存在的分类事实，正如桥梁作为河的两岸的中介将两岸连接了起来，但桥梁的存在并没有改变两岸还是两岸的事实，谁也不会将桥称为"第三岸"；再如国界也是地理上两个国家之间的中介，但并不因为有了这个中介两国就变成了三国。因此认为信息作为中介就否认了"传统"的二分法，是不成立的。

　　"中介"还具有相对性，例如工具是人与自然的中介，但工具归根到底还是客体部分。当然，当工具在人的"感觉上"融入人体时，也可变成主体的一部分，这就是"人—工具—对象"模式可能发展为这样两种形式：人—（工具—对象），或（人—工具）—对象，它们表明中介归根到底可以"分解"到两端中去。拿郈焜先生所认为的"认识发生的相应中介有四个：客体信息场、主体自身的神经生理结构、主体先已建构起来的认识结构、主体认识的物化手段（工具、仪器、设施）"②，其中就归根

---

① 《列宁全集》（第55卷），人民出版社1995年版，第85页。

② 郈焜：《从信息世界看哲学的发展及其根本转向》，《中国人民大学学报》，2014年第3期。

结底也是分属两端的，如仪器就归根到底属于物质世界，而认知结构就归根结底属于精神意识世界，因此它们并不构成真正意义上的"第三"领域现象。类似地我们对"人—信息—对象"[信宿（主体）—信道（中介）—信源（对象）]的中介模式，最后也可发展为如下两种模式："（人—信息）—对象"和"人—（信息—对象）"，前一种模式主要表征人的实践过程，即人将自己的信息附加到对象上去；后者主要表征人的认识过程，即人从对象中"提取"出自己所需的信息，形成"关于对象的信息"。

可以说，用信息、中介来消解物质和意识的对立，目前仍然是"黑箱式"的解决方案。将"信息"中介化，也意味着信息经常只能是一个"过渡词"，甚至经常充当"遁词"或"避难所"的作用：凡是我们从物质机制和现实作用上还暂时解释不了的东西，就把它们说成是"信息"。尤其是"信息"作为"中介"之后，就更成为一个万能的解释工具，是一个什么"转化"都能解释的工具，但解释完后仍改变不了"信息量为零"的状况。当然，一旦科学弄清楚那些相互作用的机制后，就不再将其视为"信息"或"中介"的功劳。就像以前"力"所起过的作用一样。

三　"信息哲学"不可能掀起什么"真正的哲学革命"

自从信息革命、信息文明、信息社会或信息时代到来后，"信息"引起了人们的越来越多的重视，在此背景下产生出"信息哲学"完全是时代的需要和必然。将"信息"引入哲学的视野加以分析确实具有很重要的意义，但这一意义如果像郦焜先生那样评价为是哲学发展中史无前例的"根本性改变"或"真正意义上的根本性的理论转换"①，那就是夸大其词。

其实，只要从事某种哲学，就认为那种哲学最重要，就把那种哲学说成是"第一哲学"，这种职业倾向从感情上是可以理解的，但也仅限于帮助人们认识到"那种哲学非常重要"或"引起人们的关注"就可以了，

---

① 郦焜：《哲学基本问题与哲学的根本转向》，《河北学刊》，2011年第4期。

而大可不必非要把其他的哲学分支排到"第二"或更低而后快。同样，历史上的种种哲学转向都认为自己是开天辟地彻底改变了哲学，以至于在发现某种现象值得进行哲学研究后，便恨不得把全部哲学都变成以该现象为对象的哲学，并走向以该现象命名的"××主义"，如"结构"之于"结构主义"、"道德哲学"之于"道德主义"、"科学哲学"之于"科学主义"、"语言哲学"之于"语言主义"……而一旦冷静下来，或跳到圈子以外去看，就会发现自己所奉为唯一重要的对象只不过是哲学需要或可以研究的诸对象之一，是哲学视角多元化的表现之一，也正是这种多元化，才有哲学的"不断转向"，而且没有哪一种转向具有"前无古人"、"后无来者"的地位，信息哲学也不例外。而真正具有"第一哲学"意味的迄今只有"形而上学"，那些包括信息哲学在内的多种分支或部门性研究，可视其为应时代的需要而或特殊的智力背景所造成的"专门出场"或"耀眼绽放"。但这种研究只要还是哲学性质的，最终还是要通向具有"形而上学"性的终极问题，即我们所观察的或所言说的对象（如"信息"）究竟是实在的、还是不实在的，即是物质性的还是精神性的？邬焜先生在谈论和解释"信息"时也是如此，最终还得在实在不实在、主观客观之间选项。可以说这是无论如何也绕不过去的"哲学问题"，在引入"信息"后想要绕过它去进行一场"哲学的根本变革"或"全新革命"，期盼不再用物质和精神的"双视野"或"双眼"去看世界，而要再加上"信息"之后的"三眼"看世界，这个世界就只能被看花，形成不了什么清晰图景。

从"价值论"上说，一定条件下信息可以在功能上"大于"物质，正如精神世界可以引导物质世界一样；但信息绝不会比物质在哲学属性上更"根本"。而且信息之所以在今天变得这么重要，还是因为作为人工的物质器具——计算机和互联网的出现所使然，因此仍然是物质世界发展到一定阶段所"显现"出来的。信息尽管重要，对信息的哲学研究从而信息哲学也很重要，但无疑是解决或基本解决了前提性问题之后才显得其重要的；从一般的哲学认识论上讲，是有了对象，才有了对于对象的认识和把握，从而才有了关于对象的信息。也可以说，信息哲学的兴起可以具有认识论意义、价值观意义、社会观意义，但并不具有本体论意义，本体论上的"唯信息主义"绝不会比"唯心主义"有更多的内涵。

　　这样来认识信息哲学,并不意味着就要否认信息革命的价值和意义,正如我们说信息文明取代工业文明、信息技术取代机器技术具有划时代的意义,但我们还是要将信息文明纳入到文明的范畴、将信息技术纳入到技术的范畴,绝不会因为在范畴的归类上没有脱离原来的范围就认为不可能具有"革命"的意义,只不过要使用所谓"全新革命"的词汇时,还是要慎重点为好,否则一点继承性都没有的革命只能是从现实的"有"变为彻底的"无",那样的状态下还有可谈论的对象、甚至还有谈论者本身吗?

四　信息究竟是什么

　　邬焜先生上述的所有看法,都是建立在其信息的定义上:"信息是标志间接存在的哲学范畴,它是物质（直接存在）存在方式和状态的自身显示。"[①] 然而,这样一个定义和他所持的上述主张之间,存在着很多不周延的地方,最明显的就是前面所指出的:当信息是"间接"的存在时,如何在本体上能够与它所要表达的直接存在"平起平坐",甚至主张间接比直接更为根本的"信息本体论"呢?

　　其实,笔者也在某种意义上赞同邬焜教授关于信息的界定,只不过认为他并不能在建构其信息哲学理论时始终贯穿自己的定义,而是围绕"根本变革"的需要,随意变换自己对信息的规定,为的是将信息说成是一种万能的可以解释一切的"存在"。

　　说得通俗点,信息与物质的最本质区别,就是"虚"和"实"的区别,无论将信息说成是"客观而不实在",还是"间接存在而非直接存在",都不如更简洁明了地说信息是一种"虚在"。在这里,传统的"虚实两界"的划分并未过时,信息就属于"虚界"的存在,物质属于"实界"的存在,当然精神、意识、思维、灵境之类等也属于虚界,不能说把本属于虚界的东西（如信息就属于虚界）归于虚界的看法划归为唯心主义,正如不能把凡主张意识归于虚界（可以以人的意志为转移）者划归为唯心主义一样;如果把信息划归实界中的存在,就如同把意识划归为

---

① 邬焜:《哲学基本问题与哲学的根本转向》,《河北学刊》,2011 年第 4 期。

物质一样，就是取消了信息和意识作为有别于物而存在的特性。

那么说"对象包含信息"或"对象传递给我们信息"是否意味着信息可以是一种不依赖于人的实在呢？实际这些说法都是指我们通过认识活动而获得了"关于对象的信息"，正如当我们说属性是物的信息时，其实是我们对于物的属性的把握。信息通常具有对象性，总是关于某对象的信息，但该对象并不直接就是信息，这个"关于"就包含了"显现"、"把握"、"反映"等等过程，而一旦进入这个过程，就进入了精神活动的领域。

结合本文第一部分所谈的问题，将信息作为独立于物质和意识的第三类存在，在很大程度上也是基于对信息的误解。例如"客观信息"在被视为客观事物的"显现"时，就常常将其颜色作为客观事物本身显现出来的信息，其实颜色并不是客观事物本身固有的，其固有的仅仅是能够辐射或反射特定波长的电磁波，这些电磁波作用于我们的视觉系统，最后才在我们的视觉中枢形成颜色的主观感觉。所以关于对象的"颜色信息"，其实可以分解为两个部分，一是作为"颜色"载体的光线；二是作为"颜色"效果的感觉，前者属于物质世界，后者属于"精神世界"。所以，当我们谈论"颜色信息"时所指的部分可能并不相同，但最终都可以落脚于两个"传统世界"中的一方。对于"信号"、"符号"（常被误解为就是信息）也是如此，它最终可分解为两个部分，一是其物质部分，即可直观到的载体部分；二是意义或精神部分，即从符号中我们可以读出的内容。所以，"信息"并未引入一个全新的本体论现象或种类，从而在其基础上也不可能创建出什么全新的本体论，也就无从谈起要继而建构起什么全新的哲学。

从我们关于"信息"的许多日常用法中，也能体会到作为哲学概念的信息所具有的精神属性。如我们常说在信息时代，"信息是比物质更重要的资源"，这无疑表明信息是不同于物质的，所以在哲学上也不能以任何方式将信息归结为物质①，那种认为物质对象中本身就存在或包含着信息的看法，就是将信息视为物质世界的一部分，从而以"包含"的方式将信息归结为物，那么信息资源也就成了物质资源的一部分，哪还有它比

---

① 参见肖峰：《重勘信息的哲学含义》，《中国社会科学》，2010 年第 4 期。

物质资源更重要一说呢？

再如，物质没有"真假"问题，但信息却有真假问题，即有"真实信息"和"虚假信息"之分，而真假问题是认识论问题，这就表明信息是一个认识论范畴。至于"信息"一词的另外译法"资讯"、"情报"等，就更具认识论的属性了。而当我们说"信息是消除了的不确定性"时，这里的确定性不确定性也可简单通俗地理解为"知道不知道"，由此获得信息就是使我们从不知道到知道的过程，即一种认识过程。

信息与知识的关系是争论较多的问题，例如"信息经济"常常就被视为"知识经济"，此时信息和知识是被视为等同的；当然也有"信息不等于知识"的看法，主张对信息的加工才能形成知识，或知识是信息升华的成果，从而是一种"浓缩的系统化了的信息"，这里主张的是信息为知识的前身，知识是信息的更高级存在方式；基于这种理解，如果在信息和知识构成的链条两端再做延伸，就形成一个更长的链条：……数据……信息……知识……（智能）…智慧……，其中智慧的前身是智能，智能是运用知识解决问题的能力，是激活了的知识；所以艾略特有诗曰：（一些人）有了信息，却没了知识，有了知识，却没了智慧……当信息被视为介于数据和知识之间的现象时，无疑是将其归入到与物质实在不同的另一类存在——精神现象之中。

还有，我们是如何获取"信息"的？我们并不是像机械唯物主义主张的那样是"被动"地接受"对象发送而来"的信息，而是主动地"提取"或"摄取"信息，这也意味着信息是"制造"出来的。没有信息处理系统，就无法从对象中提取信息来，信息处理系统不同，面对同一对象所"提取的信息也不同"。如前面分析"颜色信息"的形成时所述，信息不是包含在或既存于物质对象之中的东西，物质对象传递给我们的并不是信息，而是这种或那种物质性的作用，这种作用通过我们的感官最后在大脑中才形成关于对象的信息。信息生成的机制就是意识、感觉生成的机制。所谓"来自宇宙深处的信息"，实质就是人对来自遥远天体的物质（如辐射等）进行分析后得出的认识，客观上那就是某种特殊的宇宙射线对我们仪器的物质性作用所形成的显现。由此可见，对象是否"有"信息以及"有什么"信息，并不仅仅取决于对象，而且也取决于提取者，或信息反映系统；提取也是感觉器官与中枢神经系统的"联合作业"。信息是看不见摸不着的，是经过机体的神经机体"联合作业"后从看得见摸得着的东西中提取出来的。必须再次强调，符号或信号并不是信息本身，而是信息的载体，信息是我们从符号和信号中"读出"的东西，或是通过"赋义"附加到它们之上的东西；这个"读出"或"赋义"的过程也就是上面所说的"联合作业"的过程。

因此，在这些理解的基础上，所谓"本体论信息"或"自在信息"无非就是信息载体，就是把信号之类的信息载体与信息本身混为一谈。说本体论信息就是客观对象中包含信息，实际上是将客观对象作为信息的载体与我们可以从客观对象中提取出信息混为一谈，就是把对象和关于对象的信息混为一谈，于是才把信息看作是物质发出的信号。其实，客观对象作为信息的载体，只意味着客观对象包含着被人信息化的可能性，即对象在我们的反映系统中转化为信息存在（虚在）的可能性，而不意味着它本身就是一种虚在！换句话说，我们可以虚化对象、信息化对象，但并不等于对象本身就是虚的，或对象本身就包含虚在。

所以，归根到底，信息无非是我们对对象传递给我们的物质性作用（或我们与对象的相互作用）的理解。"物质性的作用"作为载体是信息产生的必要条件，而"对这种作用的理解"才是信息产生的充分条件。信息作为对象的"虚化"存在方式，和精神属于同一序列的存在，它构不成一个独立的"第三类存在"，也没有在存在的分类上带来什么"根本性的变革"，对信息的哲学分析也绕不开"传统"的哲学视角，同样需要以"实在"、"不实在"、"主观"、"客观"作为哲学分析的框架，所以它并没有给我们带来什么"全新的哲学革命"。

信息哲学的独特韵味及其超然品格

——对三篇文章的回应和讨论

邬　焜

（西安交通大学人文社会科学学院教授）

本文仅对参加本次会议研讨的三篇文章涉及的若干问题进行回应和讨论。这三篇论文是：周理乾、Søren Brier：《具有中国特色的信息哲学？——评邬焜教授的信息哲学体系》（下称周文）；钟义信：《从信息科学视角看〈信息哲学〉》（下称"钟文"）；肖峰：《信息哲学并未带来"全新的哲学革命"——就三篇文章与邬焜先生商榷》（下称"肖文"）。

一　信息哲学与日常信息理论的区别与联系

周文指出我提出的客观信息的概念"抛弃了理解者，因此还不能够构成日常意义上的信息"，"因此，不是真正关于'信息'的哲学"，所以，"冠名为'信息哲学'，……显得有些名不副实。"这其实是涉及了信息哲学的信息和日常理解的信息的区别与联系的问题。

日常理解的信息可以区分为两个领域：一是日常经验理解的信息概念；二是实用信息科学中的信息概念。

日常经验理解的信息概念一般指的是具有新内容、新知识的消息、情报、新闻、资料、数据、图像、密码以及语言、文字等所揭示和反映着的新内容。这种理解主要突出的是一个"新"字，主要是在消息能否给接受者带来新内容的意义上被规定的。显然，这样的理解具有相对性和功能性，它所言说的并不是信息是什么，而是信息相对于接收者所起的作用，即给接收者带来了什么？这与哲学所追求的对信息本质的规定相去甚远。

　　实用信息科学中的信息概念虽然五花八门，但最有影响的说法无非就是申农和维纳的两个表述：信息是消除了的不确定性；信息即负熵。这两种解释同样具有相对性和功能性特征，因为它们言说的同样不是信息是什么，而是信息对接收者所起的效用，就这一点而言，它们与日常经验理解的信息概念是一致的。

　　显然，周文所理解的信息就是在日常经验或实用信息科学的层面上给出的，因为他们强调"只有被接收者所理解并改变接收者认知或行为概率的消息才能是信息"。虽然这一层面的理解在具体的科学技术领域，在人的认知的领域都具有一定的意义和价值，但是，在一般哲学的层面仅仅停留于功能性的解释，并不能给我们带来任何关于信息是什么的本质性意见。忘记了在哪篇已经发表的著作或文章中我曾写道：如果按照"信息是消除了的不确定性"的定义方法，我们也可以把粮食定义为"消除了的饥饿状态"。我想，没有几个人会对这样的定义感到满意。

　　真正的信息哲学，如果它不把自己降低为日常经验和实用信息科学的附庸，它就应该从后者对信息理解的局限性中超越出来，去探求信息自身的本质，并由此本质出发能够包容和解释后者的相关内容。这里就涉及了信息哲学与实用信息科学的关系问题。

　　我曾对科学与哲学的关系，以及哲学发展的一般方式发表过一种意见。我认为在科学和哲学的关系问题上，一方面是科学对哲学的改造；另一方面则是哲学对科学的批判。而从哲学自身的发展而言，还要通过哲学对自身的批判，改变哲学旧有体系和观念中的保守、僵化和落后的方面。在这一过程中所实现的便是哲学的双重批判和双重的超越，即是对科学，也是对自身的批判和超越。①

　　在信息本质问题的讨论中，无论是采取与实用信息科学解释的简单比附，还是采取与传统哲学范畴含义上的简单比附的做法都是没有出路的。我曾主张，由于信息具有一般存在领域的普遍性品格，所以，在信息本质的问题上我们应该采取某种哲学批判的态度。这种批判是双重的：一方面

---

① 邬焜：《哲学的比附与哲学的批判》，载《中国社会科学》，1995 年第 4 期；邬焜：《试论科学与哲学的关系》，载《科学技术与辩证法》，2004 年第 1 期。

是哲学对具体科学的批判，这一批判是要剔除具体科学给信息解释所带来的种种狭隘性的局限，由此使哲学对信息的把握从具体科学的阈限中超越出来；另一方面是哲学对自身的批判，这一批判是要克服传统哲学的旧有框架和理论对信息本质解释的局限，由此使哲学对信息的把握从传统哲学的旧有体系的阈限中超越出来。在这里，实现的正是一种双重的批判和双重的超越。[①]

　　我注意到周文强调说："恰当的信息理论框架应该是一个涵盖客观规律、主观意义和主体间规范的跨学科框架。"这样的观点是十分正确的。然而，不承认客观信息的存在，要实现对客观规律的涵盖又何以可能呢？在我所建立的信息哲学中，信息本体论、信息认识论、信息进化论、信息社会论、信息实践论、信息价值论是相互融贯和统一的。正是这样的一种理论才可能实现周文所强调的宏伟的信息理论框架。这样的信息哲学既能够体现信息所具有的独特韵味和超然品格，也能涵盖客观信息、主观信息和社会信息的统一性解释；既能把实用信息科学中的语法（形式）信息、语义（意义）信息和语用（价值）信息统一起来，又能够给符号信息以恰当的归属和地位。

　　在我的信息哲学中，符号信息乃是人类思维创造的一种信息形式，它的实质是人类通过人为规定的方式，用一种信息模式去代示另一种信息模式。由此也可以说明可以用不同的符号来代示同一个对象，或者用同一个符号来代示不同对象的情景。周文希冀用符号信息哲学来包容和统摄全部信息哲学的观点太过狭隘。其实，符号信息学并不属于最高层次的信息科学，更不具有一般信息哲学的性质，信息所具有的普遍性品格超越了符号信息学的狭隘视野。是信息哲学包容和统摄了符号信息哲学，而不是相反。这样的一种关系定位也适合于其他类型的信息哲学研究进路与我所提出的信息哲学理论的关系。这些其他类型的研究进路包括：计算主义进路、信息伦理进路、信息现象学进路、通信信息进路、信息认知进路，等等。

---

　　① 邬焜：《新的综合：信息世界的发现》，载《延边大学学报》，1988 年第 3 期；邬焜：《信息哲学——理论、体系、方法》，商务印书馆 2005 年版，第 44 页。

二 客观信息的独立性品格

肖文的核心是否认信息的存在论地位和独立性品格。他说："信息作为对象的'虚化'存在方式，和精神属于同一序列的存在，它并不构成一个独立的'第三类存在'。"在他的相关论述中有一个基本的逻辑，即客观的就是实在的，就是物质；主观的就是不实在的，就是精神。如果用客观和主观、实在和不实在来进行分类便不可能逃出传统哲学的物质和精神的二分法。然而，他没有注意到客观和主观、实在和不实在虽然都是对存在领域的一种全分类模式，但是，这两种分类的子项却不是相互对应的同构关系。具体说来，这两种分类中的子项是相互交叉和重叠的。客观的既有实在的部分又有不实在的部分，而主观的则不可能涵盖不实在的全部领域。所以，由这两种分类模式的交叉分类便可以由二分法产生出多分法来。这就是我所运用的方法。对应于现实世界可能存在的领域，排除掉矛盾的分类子项，我们最后确定了三种存在，这就形成了一种关于存在领域的三分法：物质（客观实在）、客观信息（客观不实在）、精神（主观信息、主观不实在）。其实，对这三种存在理解起来并没有多大的困难。天上月、水中月、脑中月就是这三种存在的例子。我不知道为什么肖文要把客观不实在看作是他人的精神，难道水中月、相片上的人的肖像是在他人的脑中存在的吗？难道他人脑中的苏格拉底和相片上的苏格拉底能够划归为同一类存在吗？把自己意识之外的他人的意识看作是一种客观存在，这是唯我论哲学的最为粗俗的一种观点，它已经超出了一般哲学的主观和客观规定的可能理解的范围。

其实，"水中月"也只是一个特例的说法。客观不实在的月并不仅仅在水中。在月到水之间、月到人之间，以及水中月到人之间的光子场中同样存在着"场中月"，场以其特定频率的光子的场态分布模式编码着月的某些特征，从而在某种程度上呈现着月的某些方面的相关信息。诚然，按照肖文的逻辑，和我们接触的只是物质的光，根本不是信息，而关于月的信息是由我们主观分析出来的，这是加入了我们主观赋义的结果。在我的信息认识论学说中并不否认我们头脑中呈现的主观印象加入了主体生理的和心理的信息模式的匹配和重构，因为在我的信息哲学中，人本身同样是一个物质和信息的双重存在，同样具有信息体的性质。我们这里要讨论的问题是：和我们感官接触的是光子场，而我们主观呈现的却是并未和我们感官直接接触的月的模式，而关于光子场的信息则不可能通过这一过程直接获得。这就是说，我们通过这一途径所认识的对象不是和我们直接接触的光子场，而是场外的并未和我们直接接触的另外一个东西。这样，关于我们主观感知的内容就不能简单由直接作用的物质过程来解释，而只能由产生光子场的物的某些性质来解释。这样就形成了一个从认识对象到我们的感知的有中介的联系链条。我们之所以能感知对象就是因为对象首先把自己的信息派生到它所产生的特定场的结构之中，然后我们才可能通过与这个特定结构的场的接触破译出其中所蕴含的并未和我们直接接触的对象的信息。显然，在这一现实的认识过程中，相对于认识的发生，中介所起的作用是信息性的，它的物质性存在具有信息载体的意义，而不具有认识对象的意义。正是基于这样的分析，我们认为物所派生的场具有二重化存在的性质：一方面，它具有自身的质—能分布的物质结构，它是一个物质场；另一方面，它又以这个物质结构的编码方式载负着派生出它的物的某些关系和特征的信息，它又是一个信息场。如果不承认客观信息也是一种存在就无法解释为什么我们通过与某物的直接接触感知到的却是与某物不同的另外一个它物的情景。其实，在我们认识活动中起中介作用的并不仅仅是客体生发的信息场，而且还有我们的生理结构和先已形成的认识结构，以及我们所可能利用的种种物化工具。而相对于当下的认识过程，这些生理结构、认识结构、物化工具都不是认识的对象，它们的作用仅只是对对象信息的选择、变换、重构性再造。所以，相对于认识本身，它们的活动都是信息性的。这就是我所说的"被多级中介的认识"和"在中介中建构和虚拟的认识"。在我的信息哲学理论中，人的认识并不是信息的初级形态，而是多重信息的综合、匹配、再造的信息的高级形态。[①] 这样，我的相关理论不仅能很好地包容主观信息，而且也能够包容客观信息。其解释力远远超过了"必须有解释者的""主观赋义"的关于信息本

---

① 邬焜：《认识：在多级中介中相对运动着的信息建构活动》，载《长沙水电师院学报》，1989 年第 3 期；邬焜：《认识：在多级中介中建构与虚拟的信息活动过程》，载《兰州大学学报》，2006 年第 3 期；邬焜：《信息认识的一般过程和机制》，载《系统科学学报》，2006 年第 4 期。

质的狭隘学说。

我们注意到，肖文谈及了事物的无限中介的问题，这是一个很富有启发性的观点。当我们的认识仅仅定位在某一事物层次上的时候，给我们带来相关感知效应的中介信息的层次便是特定的。正因为如此，我们才有了通过不同的感官和不同的认识工具的中介来把握不同的物质层次的认识方法。我们对……渺观、微观、宏观、宇观、胀观……的认识就具有这样的性质。如果我们没有通达相应中介的方法，那么，我们便不可能认识相应层次的事物。认识发生的信息中介性在这里也十分明确地体现出来了。然而，我们并不认为，可以从事物的无限中介的情境中推出什么"多元"……"N元"哲学的理论。因为，无论有多少层的中介，它们在性质上也只能是物质和信息的统一体，其存在方式也只能划归为直接存在和间接存在两类。

三　认识发生的信息中介理论对其他中介理论的超越

在谈及认识发生的主客体中介的时候，肖文认为我所提出的信息中介并不比已有哲学提出的身体、符号或实践中介，尤其是实践中介所能解释的更多、更合理。然而，无论是身体、符号或实践中介都不是在基本存在领域的层次上言说的，至于肖文指出的笛卡尔的"松果体"则更不能放到这样的层次上来比较了。对于这些中介的解释必须依赖于对基本存在领域的认识进行再规定。由于囿于传统哲学的物质和精神、客体和主体的二分原则，人们总是把身体做物质和精神（身与心）的解释、把符号做能指（主体规定的形式）与所指（客体）的对应关系的解释，把实践做主体精神活动和客体物质活动相沟通的解释，更有甚者则直接把实践看作是物质活动的过程。凡此种种的观点都不可能提出一种"物质、身体、精神"，或"物质、符号、精神"，或"物质、实践、精神"的存在论学说，因为在物质和精神二元分割的存在论框架内，无论是身体或符号，还是实践都不具有独立于物质或精神的存在论品格。

我所提出的认识发生的信息中介说是基于一种新的存在论理论的基础之上的。这就是"物质、客观信息、精神（主观信息）"的学说。在这里，与所谓的身体、符号和实践的中介学说完全不同，客观信息不可能归结为物质或精神，也不能归结为物质和精神的融合状态。可见，已有的诸多认识发生的中介理论根本无法与信息中介的理论相并列，它们根本不在同一个哲学层次上，并且，前者还有在后者的维度上被重新解释的必要。如，身体不仅是身与心（物质和精神）的综合体，而且还有自在信息融于其中，并且身体中介还无法解释对象通过信息场作用于身体的中介问题。符号中介也一样，符号的实质是信息关系的人为代示，是人类思维创造的再生信息的一种形式，它并不可能包括认识过程发生的所有层面上的信息中介形式；人的实践活动也一样，从信息活动的维度上来看，实践是人所创造的主体信息在客体中实现的过程，同时也是客体信息在主体中实现的过程，它虽然构成了人的认识和行为活动得以展开的主要信息中介的形式，但是，实践活动的目的性和计划性特征，并不能阐明人的所有层面的认识发生的机制和过程。如，人的个体从无意识到有意识的发生学的过程的机制，人的无目的的、盲目的、下意识的或随机性的感知活动的过程和机制。如此看来，信息中介的理论层次高于其他已有的所谓中介理论的层次，并能从自身规定的维度上解释和包容其他已有的所谓中介理论，而不是相反。我的哲学认识论的信息中介论是一种关于认识发生的复杂涌现论的学说，它所阐明的认识发生的中介包括五个方面：客体信息场、主体生理结构、主体认识结构、主体物化工具、主体发生的历史（自然史和社会史）维度。[①] 细究起来，所谓身体中介仅仅涉及了主体生理结构、主体认识结构两个方面；所谓符号中介仅仅涉及了主体认识结构中的部分形式；所谓实践中介主要涉及的是通过物化工具的有目的的认识和行为的活动。

我们还注意到，肖文强调说，所谓主客体之间的中介都可以归结到两端，即或者划归到客体部分，或者划归到主体部分。然而，他并没有明确地告诉我们，划归之后这些中介到底是认识对象，还是认识主体？如，载负着相关信息的能量场能够划归到客体吗？如果硬要划归，这个场难道是我们当下认识的对象吗？物化工具也一样，它并不是客体，因为它不是我们当下认识的对象，只是认识对象的工具性中介。人的生理结构和先己建

[①] 邹崑：《认识发生的多维综合"涌现"的复杂性特征——对胡塞尔现象学还原理论的单维度、简单性特征的批判》，载《河北学刊》，2014 年第 4 期。

构起来的认识结构确实构成了认识的主体，但就其并不是当下认识的对象，也不是当下产生的认识而言，相对于当下认识的产生，它也具有认识发生的中介的性质，这就是我所说的主体也是当下认识发生的中介，并且这一中介也具有客观信息或主观信息中介的性质。①

四　物质和信息：统一而双重的世界

在论及物质和信息的关系时，肖文指责我说，我一方面认为物质是直接存在，信息是间接存在，信息是对物质存在方式和状态的显示；另一方面又认为所有的物体乃至整个宇宙都是一个二重化的存在，都既是物质体，又是信息体。这两方面的认识是相互矛盾的，前者坚持了唯物主义，而后者则主张物信二元论学说。其实，这样的理解是肖峰先生对我的学说的一种误读。

我所说的物质第一性、信息第二性的学说是针对信息产生的具体机制和信息与物质的对应关系而言的，而我所说的物质和信息的双重存在是针对世界和世界上的所有事物的现实存在方式而言的。因为信息是在物质的相互作用中产生出来的，而它又是对物质存在方式和状态的显示，所以，从信息产生的逻辑开端和信息显示的内容上来看，物质是直接存在，是第一性的，信息是间接存在，是第二性的。然而，信息对物质的显示是通过物质相互作用所产生的结构改变所编码的，这就意味着，只要通过相互作用改变了的物质结构就必然会凝结相应的信息内容。由于宇宙物质和时间的无开端性，以及物质相互作用的普遍性，现实世界整体的结构以及其中所有物体的结构都已经是在漫长的时间进程中，通过物质自身的相互作用产生出来的，所以，在现实性上，世界整体和其中的所有物体都已经是具有二重化性质的存在了，即是说它们同时既是物质体，又是信息体。②

既承认物质的第一性，信息的第二性，又承认世界的物质和信息的双重存在性，这不仅不矛盾，而且是一种辩证思维的结论。正如在人类社会

---

　　①　邹崑：《论人的认识方式》，载《求是学刊》，1989 年第 3 期；邹崑：《信息哲学——理论、体系、方法》，商务印书馆 2005 年版，第 183—189 页。

　　②　邹崑：《物质和信息：统一而双重的世界》，载《西北大学学报》，1991 年第 2 期。

的范围内，既承认物质的第一性，又承认精神的第二性，同时又承认人类社会的物质和精神的双重存在性的不矛盾一样。另外，值得一提的是，在我的学说中物质和信息的双重存在的理论与物质、客观信息和精神（主观信息）的存在领域的划分方式是并不矛盾的，因为，我的信息形态的划分包括客观信息和主观信息（精神）两个部分。在这里，并不存在肖文所指责的什么"二元论"和"三元论"的矛盾现象。

五　信息本体论学说的真实意味

与肖峰已经发表的多篇相关文章的观点一致，肖文的核心是否定本体论信息。他的观点的根基就是他所说的"信息不是包含在或既存于物质对象之中的东西，物质对象传递给我们的并不是信息，而是这种或那种物质性的作用，这种作用通过我们的感官最后在大脑中才形成关于对象的信息。"然而，我们要问的是：物质对象传递给我们的东西是不是物质对象本身？我们感官接触的是某种作用力场（肖峰举了电磁波、辐射等例子），而在大脑中形成的信息却不是直接关于这个力场的，这是什么原因？如果不对诸如此类的问题给以直接的判明，那么，任何一种否定本体论信息存在的学说都是值得商榷的。另外，如果按照肖文所阐明观点的逻辑，在我们神经系统和脑结构中发生的过程同样必须通过物质性的相互作用（脑电波、化学递质的流动或传递）来实现，那么，精神便也可以完全化归到这种物质作用之中，从而完全被消解掉。如此看来，肖文所持逻辑所导致的可能结论比起庸俗唯物主义的观点更胜一筹。

还有一个问题就是对哲学本体论的理解。在人类哲学史上，关于本体论意义的哲学的解释五花八门，但是，有一个一般的基本理解，这就是把本体论看作是研究存在的哲学，与存在论是同等尺度的哲学学说。具体说来，本体论不能简单归结为关于世界本原的学说，它还包括存在的基本领域，以及各领域的起源、各领域之间的关系和不同领域在整个存在中的地位和价值等方面的学说。

事实上，只有确定了存在的基本领域，才可能通过对各领域之间关系的解读阐明什么是世界的本原，以及本原有多少的问题。这样，通常所说的"××本体论"，并不就直接意味着"××"就是世界的本原，而是意在阐明"××"在存在的基本领域中的地位，以及它与其他存在基本领域之间的关系。在哲学史上，这样的学说并不少见。如，费尔巴哈就把"上帝本体论"的学说改变成了"人类本体论"的学说。他的"人类本体论"并不是强调人类是世界的本原，因为他的哲学是建立在唯物主义基础上的，并同时承认自然界的基础性地位。他提出的"人类本体论"学说是要消解"上帝本体论"，从而确立人在世界上的地位和价值，并由此阐明并不是上帝创造了人，而是人创造了上帝。我所提出的"信息本体论"同样具有类似的性质，它并不是要强调信息是世界的本原，而是要强调信息是构成世界本体的基本领域之一，具有基本存在领域的存在论地位。正是在这一意义上，信息本体论不仅是可能的，而且也是必然的。

如果不能确定信息在世界本体，亦即在基本存在领域中的地位，就无法判明其他基本存在领域，如物质和精神这些基本存在领域与信息之间的合理关系，这也就无法阐明世界的本原。正是与这一观点相一致，我才提出了"存在领域的分割方式是哲学的最高范式"的理论，并以是否在这一最高范式的层面上发生了变革作为哲学是否发生了根本转向的判据。①

六 顶天立地的统一信息科学

由于确立了信息在基本存在领域中的地位，信息哲学提出了一种关于物质和信息双重存在和双重演化的理论，从而揭示了信息乃是宇宙和宇宙事物中普遍存在的现象。这就导致，在对世界整体以及世界上所有事物进行研究时都有必要采取物质和信息的双重考察维度。由于传统哲学和科学对世界以及世界上的事物的考察方式都缺乏信息维度，所以，在已经发展起来的信息科学和信息哲学所提供的全新科学范式面前，就有必要对传统哲学和科学的研究方法予以全方位的改造。通过这一改造，人类所有的科学和哲学领域都面临着某种范式转换的全新综合发展的趋势。我把这一趋势称为"科学的信息科学化"。正是由于这一全新发展趋势的出现，人类

---

① 邬焜：《存在领域的分割和信息哲学的"全新哲学革命"意义》，载《人文杂志》，2013年第5期；邬焜：《从信息世界看哲学的发展及其根本转向》，载《中国人民大学学报》，2014年第3期。

的科学和哲学再一次面临一种统一发展的新态势。这就有必要建立一种包括哲学、科学、技术和工程所有领域在内的广义的统一信息科学。在相关研究的基础上，我曾把这样的统一信息科学的体系划分为六大层次：信息哲学、一般信息理论、领域信息学、门类信息学、分支信息学（可能存在多级分支层次）和工程技术信息学。①

由于跨越了从哲学到科学，再到工程技术学的所有人类知识的层次，所以，统一信息科学乃是一门顶天立地的学科体系，其中的学科既具有跨层次、广交叉的性质，而且还具有相互贯通、内在融合的统一性关系。

既然是一门跨越人类所有知识层次的顶天立地的科学，那么，不同的学者，不同的学科便完全可以从各自特定的视角和层次出发来建构相应的信息科学的具体学科、理论或观点。这也是为什么我们面对的信息科学的具体学科、具体学派、具体意见是如此多样的原因，并且，这种多样化的发展趋势还在展开之中。

从我国的统一信息科学发展的趋势来看，著名信息科学家钟义信先生的工作十分值得赞许，他已经成为中国信息科学领域最杰出的代表。他所提出的全信息理论为建立统一信息科学提供了一个很好的参照范本。钟先生相当谦虚，他在多种场合说自己不是哲学家，仅只是一个信息科学的研究者。在此次提供的讨论文章中，他仍然这样介绍自己。然而，其实，钟先生并不是一般层次上的信息科学家，他是具有很强哲学思维力度的信息科学家。在我国，他是最早从哲学层次提出具有独立意义的信息本体论和认识论定义的学者。② 从研究的相关成果来看，无论是他关于信息定义谱系的探索和表述，还是他关于形式（语法）、内容（语义）和价值（语用）的全信息理论的建构，或是他提出的信息—知识—智能层级转换的信息转换定律，都能体现出他不仅具有深厚的科学素养和科学创新能力，而且还具有很强的哲学抽象思维素质和哲学创新能力。

更令人可喜的是，由钟先生所代表的中国信息科学的理论与由我提出的中国信息哲学的研究无论从一般思路上，还是从具体结论上都具有一种

---

① 邬焜：《科学的信息科学化》，载《青海社会科学》，1997 年第 2 期。
② 邬焜：《中国信息哲学核心理论的五种范式》，载《自然辩证法研究》，2011 年第 4 期；邬焜 等：《中国信息哲学研究的三个阶段》，载《西安交通大学学报》，2011 年第 5 期。

天然默契、交相辉映、殊途同归的性质。在钟先生的文章中，他已经从"总体风格：和而不同"；"'存在分割'：哲理开路"；"基本概念：异曲同工"；"'认识论信息'：相映成趣"；"'信息中介'与'信息转换'：各有发现"等五个方面对我国信息哲学和信息科学研究的这种和谐默契进行了论证。

钟先生在文章的最后指出："几乎独立行进的我国信息哲学和信息科学研究如此和谐默契，颇为发人深省！"在我看来，在我国的相关研究中，之所以能够出现这种信息哲学和信息科学的研究天然默契、交相辉映、殊途同归的情景，决非偶然。第一方面，它是信息所具有的普遍性品格的体现；第二方面，它是哲学研究和科学研究具有统一性、无法割裂的体现；第三方面，它是统一信息科学必须建立在哲学和科学研究相互贯通和融合的基础之上的体现；第四方面，它也是我国长期以来辩证唯物主义哲学思维方式的体现。虽然，长期以来，我国的辩证唯物主义哲学的教科书体系教条化倾向严重，但是，如果我们能够不拘泥于它的教条，而是加入相关复杂性思维的再造性理解，那么，我们便会重新挖掘辩证法和唯物论的真谛。由于我国的信息科学和信息哲学的研究都是在当代复杂信息系统科学的相关背景中展开的，所以，它便能够很好地把信息思维、系统思维和复杂性思维的方法与辩证唯物主义的思维方法融合一体，从而使前者具有辩证唯物主义的性质，使后者具有复杂性的韵味。这其中所体现的不仅是哲学对科学的规范和影响，而且同时就是科学对哲学的改造和重塑，以及哲学自身批判性的发展。正是在这种科学和哲学的相关辩证统一发展的过程中呈现出了中国的信息科学和信息哲学发展的一般方式：信息科学的信息哲学化，信息哲学的信息科学化。在这里，不仅是科学的改造和升华，而且同时就是哲学的改造和升华。由此科学和哲学的新的内在贯通和融合的综合性发展导致的便是顶天立地的统一信息科学的诞生。我国信息哲学和信息科学的研究成果已经为统一信息科学的建立带来了希望。让我们为这样一门全新的哲学和科学相统一的信息科学的最终诞生和健康发展做出我们的贡献。

信息本体论何以可能?

——关于邬焜先生信息哲学本体论观念的探讨

信息本体论无疑是邬焜信息哲学最为重要、最为核心的基石。如他所说："正是在这一新的本体论观念、新的世界存在图景的基础上信息哲学的其他领域的开拓，如信息认识论、信息进化论、信息价值论、信息社会论、信息思维论等的开拓，才可能有一个合理立论的根基，从而将信息哲学的众多学科、领域、观点和理论在本质上统一为一个有机联系和综合的整体构架。"②因而，任何欲对其思想进行认真严肃的研究、评价乃至争议，都不能绕开他的信息本体论，都不得不追问这种信息本体论何以可能?

近年来，邬先生侧重于与西方哲学进行对话，力图强调信息哲学给整个哲学发展带来了"全新的哲学革命"。他始终强调对话必须在本体论的层次上进行，才能真正显现出信息哲学转向的"革命"性质。然而，贯穿西方哲学史的本体论在形态上虽有多种变化，但其保持不变的基本精神究竟是什么? 它与邬先生持有的"本体论"观念是否一致? 这一问题直接影响着对话的有效性，当然也必然影响着他对其信息哲学转向带来了"人类哲学的发展从未实现过真正意义上的根本性哲学革命"③这一判断的

---

① 作者简介：邓波，西安建筑科技大学工程技术与社会研究所所长、教授。

② 邬焜：《信息哲学——理论、体系、方法》，北京：商务印书馆2005年版，第34页。

③ 邬焜：《存在领域的分割和信息哲学的"全新哲学革命"意义》，载《人文杂志》，2013年第5期。

有效性。

一　邬焜信息本体论产生与发展的境域

邬焜先生对我而言亦师亦友，他长我 10 岁，原是同一所高校的同事，也是使我决心放弃原来的专业，踏上哲学之路的最早引路人。可以说，我应该算邬先生信息哲学思想构造过程比较贴近的"知情者"之一。本打算从我与他交往的亲身经历来评说其思想的产生和发展，但由于篇幅限制，只好从略。概括地说，邬先生的信息哲学产生与发展于如下的境域：

其一，20 世纪 80 年代，对科学精神的敬仰甚至崇拜，对技术进步的推崇乃至渴求，对现代物理学、"老三论"、"新三论"等讨论之热烈，构成了当时中国自然辩证法界的基本语境。在此背景下，邬焜先生自然对科学抱有极其坚定的信念，认为哲学的建构必须以科学为基础，主张"在一般科学发展的过程中所孕育和展现出来的哲学自身的发展。"①哲学必须走"科学化"的道路。虽然他本科专业是哲学，但从学生时代至今，邬先生都特别注重对自然科学的学习与研究，他广泛涉猎现代自然科学的多个领域，特别注重对信息科学、系统科学、控制论、耗散结构理论、自组织理论、超循环理论、突变论、协同学、复杂性科学、脑科学、认知科学等科学原著（非科普作品）的深入研读。无疑，其信息本体论的创立有着深厚的实证科学基础。

其二，20 世纪八九十年代，唯科学主义在国内学界盛行，尤其是自然辩证法界，要么套用"教科书传统"的哲学原理、范畴去解释现代自然科学的成果，认为自然科学的新发展与那些原理、范畴相符合，于是，欢呼科学的新成果再次证明了它们"放之四海"的真理性；要么紧跟自然科学某些领域的新进展进行哲学解读，其中不乏一些有真知灼见的成果，但大多数研究只是轻率地把具体的科学成果直接生搬硬套地移植到哲学中来，"创造"了许多没有哲学学术价值的"新理论"、"新范畴"。邬先生可以说也是一位坚定的科学主义者，但他决不唯科学，决不亦步亦趋

①　邬焜：《从信息世界看哲学的发展及其根本转向》，载《中国人民大学学报》，2014 年第 3 期。

地唯"科"是瞻，而是强调对有哲学意蕴的科学成果必须进行"哲学化"的反思、批判、归纳、抽象、概括与提升，才能凝炼出真正的哲学成果。比如，他关于信息的哲学界定就是在香农、维纳等科学家关于信息科学定义的基础上，经过其哲学化的反思、批判，思辨地提炼出来的。

其三，新中国成立至今，马克思主义哲学在中国哲学界的统治地位毋庸置疑。与时俱进，跟随时代而发展，原本是马克思主义哲学活的灵魂，但由于极左思维方式的长期影响，它却被教条地僵化为众所周知的哲学"教科书体系"，这个完全从苏联照搬过来的体系存在两个最根本的方面：一是由辩证唯物主义和历史唯物主义两大板块构成的原理和范畴；二是日丹诺夫关于整个哲学史就是唯物主义与唯心主义、辩证法与形而上学斗争的发展史，并把它与阶级利益联系起来的政治化准则。它们成为长期盘踞哲学及哲学史教学与研究不可逾越的"金科玉律"。20世纪80年代初，哲学界提出了一个响亮的口号："改革需要哲学，哲学需要改革"。对哲学"教科书体系"的反思、批判、争论、重构，各种观点可谓风起云涌，热闹非凡。邬先生正是在这样的背景下学习和研究哲学的，可以说，哲学"教科书体系"对他的思想产生了挥之不去的双重效应：一方面，他痛彻地不满意它的教条、封闭与僵化，极力主张利用现代自然科学的成果来改造它；另一方面，它却在其意识甚至潜意识中留下了深刻的烙印。在哲学改革的浪潮中，一种主流性的观点认为"教科书体系"没有体现出马克思哲学以"实践"作为"世界观"对于整个西方哲学的革命性意义，仅把实践观点限制在认识论的狭小领域，所以，"传统教科书体系不是在马克思思想的基础上往前走，甚而可以说是反向逆行，甚至退回到本体论哲学和朴素实在论。"①反本体论成为当时哲学改革的一个显著特征。邬焜断然不同意这种"去本体论"的作法，主张在自然科学发展的基础上来改造和发展本体论，但他所具有的本体论观念却与"教科书体系"是一致的：本体论就是探究世界存在的本原或用邬焜的说法"世界存在图景"的学问。不同的是，他要在信息科学"哲学化"提升的基础上，以及应用黑格尔关于事物相互作用通过"中介环节"辩证转化的思想，来改造"世界存在图景"，原创性地把"自在信息"引入进传统本体论层次的存

---

① 高清海：《哲学与主体自我意识》，吉林大学出版社1988年版，第6页。

在领域。90 年代以来，许多学者虽然不赞同"教科书体系"的物质本体论，但并未抛弃本体论这一概念，往往在广义上采用各种各样的本体论提法，比如，实践本体论、社会本体论、人类本体论、结构本体论、语言本体论等等，莫衷一是。然而，可以说包括邬先生在内的众多学者并没有对"本体论"（ontology）这一来自西方，并贯穿西方哲学史两千多年的核心哲学形态进行过学理上的深究。

　　其四，由于接受了"教科书体系"的本体论观念，并以它为其哲学改造的前提与对象，邬先生自然也接受了"整个哲学史就是唯物主义与唯心主义、辩证法与形而上学斗争的发展史"的断言（当然，剔除了政治化的因素），力图与这种框架下的西方哲学史乃至于现代西方哲学进行全面对话，从而在本体论的最高层次显现出信息本体论的产生在哲学史上的价值。于是，邬先生断言，西方哲学无论是从古希腊的自然哲学、柏拉图的理念论、亚里士多德的"第一哲学"，到中世纪的上帝存在的本体论，还是从近代的经验主义和理性主义的认识论转向，到康德的物自体不可知论、黑格尔绝对精神的辩证运动，乃至于现代西方哲学的语言转向和现象学转向，甚至包括马克思主义哲学，等等，由于它们始终没有突破本体论上物质和精神的二元结构关系，所以都不可能造成哲学上的根本转向！而"自 1980 年代以来在中国兴起的信息哲学的相关研究，也许能够为人类哲学的发展提供第一次具有根本性变革意义的理论转换。因为，正是信息世界的发现为人类提供了对存在领域的构成和人的认识方式的复杂性的新看法，从而打破了传统的物质和精神、主体和客体的二元对立关系，并由此为哲学本体论、哲学认识论、哲学进化论、哲学方法论、语言哲学论、实践哲学论、人的本质与人的生存论、人类生产与人类社会论、价值哲学论等领域带来全新意义的根本性变革。"因而，邬先生满怀信心地认为"信息哲学实现了人类哲学的第一次根本转向。"①

　　显然，邬先生的断言与信心来自哲学"教科书体系"存在严重误解的本体论观念及其在唯物、唯心僵死框架内对西方哲学史简单化、标签化、公式化的描写。如果要与西方哲学展开真正有学术价值的严肃对话，深入地理解它的思想精髓是对话的必要前提。

---

　　① 　邬焜：《哲学基本问题与哲学的根本转向》，载《河北学刊》，2011 年第 4 期。

二 西方本体论的传统观念及其对它的误解

本体论这个词，因沃尔夫（1679—1754 年）的使用，才在西方哲学界流行起来。沃尔夫对其给出了至今仍获得普遍认同①的定义："本体论，论述各种关于'öv（即 on，笔者加）'的抽象的、完全普遍的哲学范畴，认为'öv'是唯一的、善的，其中出现了唯一者、偶性、实体、因果、现象等范畴，这就是抽象的形而上学。"②他认为形而上学属于理论哲学，它包括：本体论；宇宙论；理性灵魂学；自然神学。其中，本体论居于核心首要地位，次一级的是宇宙论，是探讨关于形体、关于世界的抽象形而上学命题的普遍学说。按照这个定义，本体论是形而上学的核心，但决不是整个形而上学。反过来，也不能把形而上学或它的其他组成部分等同于本体论。本体论既不是关于世界抽象本质原理的宇宙论，也不是关于世界存在本原的自然哲学。那么，本体论③究竟意味着什么？

无论从历史上还是从逻辑上讲，把"on"首先从语言上作为系动词"是"（to be）去加以理解是打开本体论之门的关键钥匙。从词源学上说，古希腊有两个表示"存在"的实义动词：φυσις 和 εστι，前者强调从动态的角度来表示"存在"，它来源于动词 φυω，表示无常、无驻、流变、涌现等变化不定的过程，汉译为"自然"。因此，最早的希腊哲学被称为"自然哲学"（physics），其重要特征之一正是可感世界乃至其本原都具有不确定性。后者强调从静态的角度来表示"存在"，本来作为其来源的实义动词 es，指的是生命、活着、存在着（existence），也强调动态，然而，随着 εστι（即 on）演变为系动词"是"（to be）及其确定性的名词"存在"（Being）之后，其源始的动词意义就被遮蔽了。巴门尼德认为可感

---

① 《不列颠百科全书》、《美国大百科全书》等工具书对"本体论"词条的解释大都以沃尔夫的定义为基础。

② ［德国］黑格尔：《哲学史讲演录》（第四卷），贺麟、王太庆译，商务印书馆 1983 年版，第 189 页。

③ 传统上，除了"本体论"这个来自日本的译名，还有"万有论"（陈康）、"有论"（贺麟）等译名。新近研究主张的汉译主要有"存在论"和"是论"两种。鉴于"本体论"已在学界广泛流行，约定俗成，本文仍采用此译名。

世界变动不居，根本不可能抓住事物的真相，而不同的自然哲学家往往把不同的某种特殊可感的东西当作世界的本原，由此又带来无休止的争议、混乱与怀疑。于是，他就用"εστι"（on）这个同样表示"存在"的词取代"φυσις"（自然），以便在确定性中把握住真实的存在。这样，哲学才得以摆脱依赖可感经验的"意见之路"，走上"真理之路"，实现从早期自然哲学到本体论的转变，从此开启形而上学（meta‑physics）对自然哲学的超越。

巴门尼德这样做实际上有着深厚的语言与文化背景。美国学者 kahn 曾对古希腊以荷马史诗为首的古典文献中使用了"on"的句子进行了大量统计分析，发现其中作为系动词（to be）的用法占 80%—85%，其他如表示"存在"、表示"真"等各种用法加起来不足 20%，而且这些语义、用法来源于系动词。①这充分说明在古希腊的日常语言中，系动词"是"构成的主谓结构陈述句占据了统治地位，人们主要用这种句型来进行思考与表达。哲学家的理性思辨，反过来又推动了日常语言向哲学语言的转化。巴门尼德采用的"存在"（on, to be）一词，是一个十分特殊的"单词句"，实际上它隐藏着构成命题的主谓结构（S 是 P），可分为两种句型：（1）无补语的主谓结构（S 是），此时该词作存在动词用，意为"某存在者存在着"，即"存在本身"；（2）有补语的主谓结构（S 是 P），此时该词作系动词用，意为"某存在者是如此"。这两种结构合起来，既表示了事物保持自身同一性的确定性存在，又表达了事物是如此这般或是其所是的存在。②由于只有通过系动词"是"才能构成命题，而唯有命题才能展开真或假的判断，哲学要辨识真假，要追求真理，就必须从"是"何以构成范畴、命题的"先验构造"为思想的起点，这正是西方本体论缘起的关键。

柏拉图的本体论从根本上讲正是来源于对有补语的主谓结构命题（S 是 P）的思考，举例来说，当面对具体事物时可这样下判断：花是美的，人是美的，衣服是美的……，在这些命题中，主词是个别的、具体可感的，但谓词"美"却是共同的、普遍的。然而，这个普遍的"美本身"

---

① 参阅杨适：《古希腊哲学探本》，商务印书馆 2003 年版，第 57—61 页。
② 参阅同上，第 222—226 页。

是什么? 何以存在呢? 柏拉图此时已把谓词"美"置于主词的位置来考虑, 已进入"是者"无补语主谓结构命题 (S 是), 即进入追问"存在者"本身的思考。柏拉图认为"存在者"本身只能是与一切具体可感的事物相分离, 没有时空的、不生不灭的、永恒的、完善的存在者。这样, 他把"存在者本身"(Being) 规定为普遍的、超验的、确定的、永恒的"相"的世界。在相论的基础上, 柏拉图力图通过辩证法, 以"存在者"为核心, 建立起"相"之间具有逻辑必然联系的"通种论", 形成了西方本体论传统的第一个思想体系。

亚里士多德早、中期反对柏拉图的本体论, 重视经验研究。但他仍然按"是者"这一"单词句"有补语的主谓结构命题 (S 是 P) 进行逻辑思考, 首先把作为主语 S 范畴化为"实体"(ousia), 并称之为"第一实体", 指现实可感的"这一个"。再将表示本质 (essence)、属性 (being-ness) 的谓语规定为实体 (第二实体)、数量、性质、关系等 10 个范畴。这些范畴形成了把握世界的工具。在《物理学》中, 他进一步把现实可感的"这一个"(实体) 归结为质料与形式的结合, 并把质料当作第一实体。但他后来发现质料是无规定的, 达不到"存在者"本身, 于是开始向柏拉图的本体论回归。① 在《形而上学》中, 亚里士多德关于"作为存在的存在"思考, 侧重于从"存在者"隐含的无补语的第一个句型 (S是) 来思考"存在者本身", 来追问"第一实体", 发现它不仅是最普遍的范畴, 而且还必须是唯一的、永恒的、不动的、作为终极原因的最高实体范畴, 其他范畴来自于它并依附于它才能存在, 它就是"纯形式"。任何一门特殊学科都要使用以这样的"第一实体"为核心的范畴及其推理体系, 以它为前提和基础。这个意义上的"第一哲学", 构成了亚里士多德的"本体论"。在此本体论的基础上, "第一哲学"还包括他的宇宙论, 宇宙就是从潜在质料向现实形式的连续转化生成过程, 这个"永恒过程"本身作为整体, 必然是不动的, 是所谓的"不动的动者", 也就是"神", 它并非宗教意义的"神", 而是包含生成演化于一身的"纯形式"。

中世纪的神学家将本体论应用于神学, 但对其基本观念并没有太多的

---

① 参阅: G. E. L. Owen, "Logic and Metaphysics in Some Earlier Works Aristotle", *Logic, Science and Dialectic, Collected papers in Greek philosophy*, Martha Nussbaum (ed.), Duckworth, 1986.

发展。近代认识论的兴起给本体论带来了冲击，但认识论在相当程度上仍然是以本体论为基础或参照的。康德把本体论范畴改造为整理可感世界经验的先天综合的认识形式，认为传统本体论对超验本质世界的把握是独断的、矛盾的，"物自体"作为实体是不可知的。面对经验主义者，特别是康德对本体论的批判，黑格尔创造性地提出了"实体即主体"的本体论原则，把近代认识论带来的"主观性"原则与亚里士多德为主的古代本体论的"客观性"原则融为一体，实现了"实体"的能动性，认为主观精神不过是绝对精神（实体）能动地自我发展的一个环节，人的认识实际上就是绝对精神自己对自己的认识。其逻辑学研究绝对观念作为纯粹思想的范畴、概念的自我规定与辩证展开，它显然就是黑格尔的本体论。

总而言之，西方传统本体论的基本观念可概括为：作为第一哲学，本体论是以思想本身的范畴及其逻辑展开的先验原理为对象的学问。

在理解西方本体论传统观念的原意之后，我们再来谈一谈"本体论"这个译名以及我们中国人的思维方式对 ontology 的误解。陈康先生早在 20世纪 40 年代就指出这个译名不准确。俞宣孟教授更是认为该译名不但不准确而且十分有害："'本体论'这个译名最大的危害是，用它译 ontology牛头不对马嘴，但却容易使我们的同胞望文生义，由它而想起中国传统哲学中有关'体用'、'本根'的论述，于是在中国哲学中勾勒出一种'本体论'，当作是与 ontology 相应的东西，其实是南辕北辙。"[①]中国人总是强调"言之有物"的思维方式，把"ontology"望文生义地视为某种"言外之物"的"本体"之学是再自然不过的事了。而这种思维习惯与"教科书体系"关于哲学基本问题的核心原则结合在一起，导致在相当长的时期里，在大多数中国学者的心目中，本体论就是关于世界存在的本原论："世界上纷繁复杂的事物现象，有没有一个统一的本体或本原，作为它们存在的共同根据？这个本体是物质性的东西还是精神性的东西？本体和事物现象的关系是怎样的？这是历来哲学家们所要回答的问题，回答这些问题的哲学理论就叫本体论。"[②]

---

① 俞宣孟：《本体论研究》，上海人民出版社 1999 年版，第 17 页。

② 《中国哲学范畴集》，人民出版社 1985 年版，第 130 页。

邬先生显然持有上述意义的本体论观念："广义的'存在'即'有'，它是世界上所有事物和现象的统称。所有形式的哲学对世界本原、本性的追问，无不是从对存在领域的构成范围的思考开端的。"①他只是不满意这种本体论将存在领域分割为物质和精神二元的教条，以及把客观实在等同于客观存在的推论，认为它们"只是未经科学考察或逻辑论证的两个先验的观念"而已。邬先生或许会认为，我们中国人完全可以创造自己的本体论观念，根本不必跟着西方人的本体论观念走！这当然没有问题，我们完全可以自创一套自圆其说的本体论观念及体系。但是，当邬先生要与西方哲学史及现代西方哲学进行对话时，就不能不对作为西方哲学传统核心的"本体论"之本义弃之不顾。

三 关于邬焜信息本体论的探讨

按照上述西方本体论的传统观念的基本精神，我们现在来讨论邬焜先生的"信息本体论"究竟意味着什么？究竟何以可能？是否确实带了哲学的"革命性"转向？

1. 关于本体论的对象问题

西方本体论作为第一哲学，是以思想本身的范畴及其逻辑展开的先验原理为对象的学问，它并不直接以现实可感的世界为对象，因而它还不是世界观、宇宙论，更不是自然哲学，只为各种世界观、宇宙论得以思想提供范畴、原理等逻辑前提和思维范式。邬先生明确地认为他的"信息本体论"就是一种新的世界观："把信息首先看作是一种存在，而不是仅仅把它看作是一种方法，这其实就等于确立了一种新的本体论的观念。由这种新的本体论的观念引出的是一种新的世界观，即是一种新的世界存在图景。"②把信息看作是一种存在，这里的"存在"指的是现实世界中的某种存在，即他所说的与物质同在的"信息体"。显然，邬先生的"信息本体论"是以现实世界为对象的。

---

① 邬焜：《信息哲学——理论、体系、方法》，商务印书馆 2005 年版，第 35 页。
② 同上书，第 34 页。

2. 关于信息本体论的思想起点问题

邬先生如是说："广义的'存在'即'有'，它是世界上所有事物和现象的统称。所有形式的哲学对世界本原、本性的追问，无不是从对存在领域的构成范围的思考开端的。这便产生了种种关于存在领域分割的相关理论。"①不用说，他的信息本体论也必须从存在领域的分割开始。在他看来，世上的一切事物都是"存在者"，一切事物的总和就是"存在"领域，也即世界整体，这是自明的，无须论证。以此为前提，追问世界的本原，必须从世界整体的构成分类开始。然而，西方本体论却是从反对追问世界本原的早期自然哲学登上舞台的，它以思想本身为对象，必然以对思想本身的追问为起点，更具体地说，追问从隐含真理性"命题"的"存在者/是者"范畴开始。

3. 关于本体论的最高范式问题

邬先生可能会这样反驳：所谓西方本体论不就是强调从哲学的基本概念、范畴的逻辑规定与推演开始进行思考的吗？他的信息本体论就是从"存在"范畴开始的啊！前面我们说过，"存在"范畴是隐含着两个句型的"单词句"："某存在者存在着"（S 是）即"存在者本身"和"某存在者是如此"（S 是 P）。或许，在邬先生看来第一个句型没有补语，也就没有任何规定，只是同语反复，它是自明的，无须讨论。而后者事关"存在者"的本质类别，牵涉邬先生所说的"存在领域分割"，他一定赞同关于"存在"的研究就应该从第二个句型开始。在抛弃了"存在者本身"这个本体论最普遍的、最高的、最基础的范畴起点的追问之后，在邬先生看来，"存在领域的分割"就成为本体论的最高起点。然而，从西方本体论的观念看，本体论之为本体论的关键却在于第一个句型，即对"存在者本身"的追问。它才是西方本体论传统的最高范式，它按同一律规定了一切思想的起点，同时，按"思想与存在同一"的原则，它也意味着规定了全部存在的起点。

---

① 邬焜：《信息哲学——理论、体系、方法》，商务印书馆 2005 年版，第 35 页。

4. 关于按逻辑重新分割存在领域的问题

邬先生力主首先从逻辑上对存在领域进行新的分割："如果我们假设：客观的 = P；实在的 = Q，那么，客观的反题'主观的'就是 – P（读'非 P'）；实在的反题'不实在的'就是 – Q（读'非 Q'）。现在我们在这四个命题中建立两两组合的合取式，我们便可以得到如下六个逻辑公式：P∧Q；P∧ – Q；– P∧Q；– P∧ – Q；P∧ – P；Q∧ – Q。除去后面两个违反形式逻辑的'不矛盾律'的'永假公式'，我们将其余四个公式所对应的字面含义分列如下：P∧Q = 客观实在；P∧ – Q = 客观不实在；– P∧Q = 主观实在；– P∧ – Q = 主观不实在。"①这些推理从纯逻辑形式看，似乎没有问题。但问题在于：（1）为什么存在领域的分割要从"客观的"和"实在的"这两个概念开始？它们是什么样的种或属？能否进行两两组合？这是否意味着它们其实只是"客观实在"的人为分裂？（2）客观的反题为什么不是"不客观的"，而是"主观的"？这是否已经预先暗含着主观—客观、精神—物质二元对立的假设？（3）更进一步，仅从形式逻辑就能对存在领域进行合理周全的划分吗？实际上，无论是柏拉图，还是亚里士多德，特别是黑格尔，他们的本体论思辨推理在形式逻辑的基础上大都采用辩证推理。

5. 关于四个"逻辑公式"与世界中存在者的对应问题

邬先生认为他按照形式逻辑重新分割存在领域所得到的上述四个"逻辑公式"，在现实世界中是有其对应所指内容的：（1）关于"客观实在"，按照列宁的定义就是指物质，邬先生把它规定为"直接存在"这一"哲学范畴"，作为"各种物料的总和"，该范畴可根据现代科学理论将各种物料归类为实体和场这两种具体存在形式，同时，该范畴还包含着对直接存在物的存在方式和种种相互作用关系的规定；（2）关于"客观不实在"，邬先生用"水中月，镜中花"等日常现象和自然科学揭示的种种现象为例子，并借助列宁认为事物间具有类似于反映的特性等思想，认为找到了一个"客观不实在"的存在领域即信息世界，并把它规定为"客观

① 邬焜:《信息哲学——理论、体系、方法》，商务印书馆 2005 年版，第 36 页。

间接存在"，也即"客观信息"；（3）关于"主观实在"，邬先生按照唯物反映论，认为它是没有指谓的；（4）关于"主观不实在"，邬先生认为它"显然指的就是意识、精神之类的现象。它们是主体对客体的主观反映和虚拟性建构，是主观的，不实在的。"①他相应把它规定为"主观间接存在"，也即"主观信息"，可进一步分为"自为信息"与"再生信息"。因此，在邬先生看来，"整个宇宙（世界、自然）中的一切'存在'都可以划归客观实在（对应物质）、客观不实在（对应客观信息）、主观不实在（对应精神即主观信息）这三大领域。"②

问题在于：首先，逻辑与现实世界的关系确实是本体论的重大问题，巴门尼德、亚里士多德依靠"思想与存在同一"的原则来解决，柏拉图靠现实世界"分有"本质的"相"来解释，黑格尔靠绝对精神将逻辑"外化"来实现，早期维特根斯坦直觉到语言与世界共有相同的逻辑结构，但为什么会有这种对应关系却不可言说，等等，那么，邬先生依靠什么来解决这一大问题呢？在我看来，他从逻辑上得到的概念形式，与从解释上赋予它的内容仍然是彼此外在的；其二，本体论对概念的规定，始终坚持范畴、概念从"存在者本身"这个最普遍、最基本、最高的范畴开始，自上而下的、纯逻辑的、非经验的演绎推理或辩证论证，在这样的推理中，概念的形式与内容不可分割地联系在一起。我们来分析一下邬先生的概念规定。

首先，把客观存在等同于物质，邬先生某种程度上接受了列宁的物质定义，但认为它是在把存在领域无逻辑证明地划分为物质与精神两大领域的前提下，通过物质和精神的相对关系得出的结果，那么，这样的物质定义还是抽象的。他进而按恩格斯的定义，把物质具体界定为"各种物料的总和"，相当于亚里士多德的质料，在《物理学》中亚里士多德曾赋予质料第一实体的地位，但在形而上学本体论中质料却是无任何规定的、潜在的范畴。邬先生显然避开了本体论的思辨推理，从经验性的现代科学成果概括出实体和场来规定直接存在物，并连同它们的存在状态和运动方式一起，构成了"直接存在"这一哲学范畴。这样做倒正好符合邬先生的

① 邬焜：《信息哲学——理论、体系、方法》，商务印书馆 2005 年版，第 37 页。
② 同上书，第 37 页。

科学主义立场,但却远离了本体论。

其次,从"客观实在"范畴推出"客观不实在"范畴,从"直接存在"的范畴推出"间接存在"范畴都具有逻辑上的合理性,但把"客观不实在"等同于"间接存在",更进一步等同于信息,并不具有逻辑必然性。对此,邬先生借助日常经验和科学事例来进行说明,比如,天上的月亮是客观的、实在的直接存在,而水中的月亮是客观的、但不实在的间接存在,"这样,我们便把实在和直接存在看成是同等程度的概念,把不实在和间接存在看成是同等程度的概念。从间接存在的角度看,间接存在是直接存在的反映(广义的),从直接存在的角度看,间接存在是直接存在的显示。"①而间接存在作为直接存在的显示又被邬先生规定为客观信息,于是,"客观不实在"="客观间接存在"="客观信息"就这样建立起来了。不用多说,这同样的论证与西方本体论非经验推理的理性主义传统不一致。

最后,关于精神或思想的领域,邬先生坚持从认识论的唯物反映论出发,他认为:"意识是一种反映,在意识之外有一个直接存在的对象,在意识中有一种关于这个对象的摹写、知识。因此,主观存在归根到底是反映直接存在的一种间接存在。"②进而"意识作为一种主观呈现着的现象,它本身就是显现着的,所以,它本身就是信息活动的一种形式(高级形式)。"③由此,邬先生为认识论规定了信息本体论的基础。西方形而上学就是通过本体论范畴和原则来从思想上规定"世界"的,"世界"在思想中,在思想中的"世界"里,"思想"又如何规定?在"世界"中占据什么位置?也就是说,从"实体"如何推理出"思想"的规定?按柏拉图的"相"论,整个"相"的世界实际上就是"思想"的世界,"思想"本身的规定也就是"存在者/是者"的规定,人的灵魂或心智通过对"相"的"回忆,通向"思想"。亚里士多德在《形而上学》中,他认为整个世界由充满整个宇宙的宇宙灵魂"努斯"推动,它就是由纯粹的"思想"构成的最普遍最高的实体(纯形式),"努斯"在人之中的神圣

---

① 邬焜:《信息哲学——理论、体系、方法》,商务印书馆 2005 年版,括号内的文字为笔者所加,第 38 页。

② 同上。

③ 同上书,第 46 页。

功能就是让人进入哲学沉思。在黑格尔那里，人的思想不过是绝对精神自我发展、自我实现的一个环节，人的意识不是外在地反映了世界，而是绝对精神自己认识自己的过程。

在近代认识论产生之前，古代人还没有明确的主观—客观、主体—客体、精神—物质的二分概念，意识作为"主观不实在"反映客体这个"客观实在"当然根本就无从谈起。如果借用这些近代概念，那么可以说，古希腊人的"思想"领域恰恰反过来是超验的"客观实在"的领域（"实在"即真实的、实体的、本质的），可感的物质世界作为流变的现象却是"客观不实在"的，人的主观沉思通过逻辑或辩证法上升到客观思想的领域就达到了"主观实在"（也即从主观思想上回到客观实在）这一邬先生认为无所指的领域，而人的思想如果仅停留于经验的、现象的可感世界，充其量它只能达到"意见"这一"主观不实在"的领域。由此可见，从不同的哲学立场出发，对"实在"这"第一实体"就会有不同规定，也将赋予四个"逻辑公式"不同的意义，它们只有形式上的必然性，而没有思想内容上的必然性。

6. 关于信息作为本体论范畴的可能性和必要性问题

邬先生对已有的关于信息本质的种种哲学解释进行了分析，认为它们绝大多数"还只是停留在与已有的实用信息科学的解释或哲学的已有范畴间的简单比附上"。但是，其中有两种思想对邬先生还是有重要影响的，一个是维纳的观点："信息就是信息，不是物质也不是能量。"[1]以及"信息是我们适应外部世界，并且使这种适应为外部世界所感到的过程中，同外部世界进行交换的内容的名称。"[2]另一个是前东德哲学家格奥尔格·克劳斯（Georg Klaus）的观点："在意识和物质之间存在着一个'客观而不实在'的信息领域。"[3]这两种观点促使邬先生意识到必须把信息作为某种相对独立的"存在领域"来进行思考。更深入一步说，对信息本质的探索要具有真正的哲学品味，就必须把它纳入本体论的范畴体系，并

---

① 维纳：《控制论》，郝季仁译，科学出版社 1963 年版，第 133 页。

② 维纳：《维纳著作选》，钟韧译，上海译文出版社 1978 年版，第 4 页。

③ ［德］格奥尔格·克劳斯：《从哲学看控制论》，梁志学译，中国社会科学出版社 1981 年版，第 62 页。

在这个以"存在"为核心的"存在范畴之网"中得到内在的逻辑规定，成为这个网上不可缺少的环节。最终他给出了一个本体论的信息定义："信息是标志间接存在的哲学范畴，它是物质（直接存在）存在方式和状况的自身显示。"①

下面我们按照西方本体论传统的基本观念来进一步讨论"信息"作为本体论范畴的可能性与必要性：（1）坚持唯物主义本体论，就必须以"物质"范畴作为最普遍、最基础、最高的"第一实体"，即按本体论的第一个句型（S是）来规定"物质本身"。前面我们说过，邬先生按列宁定义把它规定为"客观实在"后，就没有进行深究了。（2）在"物质本身"即客观实在规定的基础上，按照本体论的第二个句型（S是P），应该进一步来规定"第一实体"的"种属"（第二实体）和"偶性"。邬先生用自然科学的分类（实体和场）来规定"种属"，那么，信息作为物质存在方式和状况的自身显示，作为物质的属性，作为与物同在的"信息体"，应该把它置于什么位置呢？也就是说，信息显示着作为"第二实体"的"种属"及种种"偶性"，那它与实体和场这些作为种属的"第二实体"是相并列的吗？它与其他范畴规定的数量、性质、关系、地点、时间、状态等偶性相等同吗？或者它与它们既不相同也不并列，而是相对独立的、新的"第三实体"？如此关键的问题邬先生并没有给予解释与论证！以至于让我质疑在本体论中增加"信息体"的可能性与必要性，由此想到奥卡姆的经济原则"若非必须，请勿增加实体"；（3）西方本体论传统还有一种说法，本体论是从思想探讨事物本质的先验范畴和原理的研究，信息作为物质（直接存在）存在方式和状况的自身显示，作为"客观不实在"的间接存在，它涉及的只是显现出来的现象，而不是本质实体，因此，它在本体论中没有位置，而可在现象学这一研究事物"显现"的学科中大显身手。邬先生或许不会同意这种说法，因为现象学是从主体的表象来讨论"事物"的"显现"的，他的信息本体论的关键在于讨论事物自身的显现。（4）本体论传统始终强调超越经验的、纯逻辑的规定与推理，从经验科学提升而来的"信息"概念，如何与之相融？邬先生的"双重批判和双重超越"能否真正解决此问题？仍然是悬而未决的，

---

① 邬焜:《信息哲学——理论、体系、方法》，商务印书馆 2005 年版，第 46 页。

比如，香农、维纳关于"信息"的科学定义与邬焜的哲学定义之间究竟在思想上有什么样的关系，并不十分清楚。

综合以上6个方面问题的讨论，我的结论是：邬焜先生关于"信息本体论"的论证是不彻底的、不够严密的，甚至是可疑的。他为了给"信息"奠定一个坚实的哲学基础，就将它置入本体论的"存在范畴之网"，力图将"信息"实体化为"信息体"，以确立它相对独立自在的地位。邬先生之所以坚持这么做，认为"信息本体论"不仅可能，而且是符合信息时代精神的对本体论的全新改造与发展，它甚至可能给哲学带来了前所未有的"革命性"转向。实际上，这源于他把本体论当作"本原论"的误解，源于他在这种误解的本体论基础上，把西方哲学史当成唯物—唯心二元结构演变史这种哲学"教科书体系"式的曲解。这势必影响他对西方近代认识论转向以及现代西方哲学语言转向和现象学转向"革命性"的恰当评判，反过来，则放大了他自己的信息本体论的学术价值。

本文以上对邬先生信息本体论的质疑与批评，并不是要用西方传统本体论来强制他的信息本体论，更不是对他整个信息哲学的否定。相反，在我看来古老的本体论在当代已经面临被抛弃的巨大危机，将"信息"本体论化不但不可能，而且没有必要，无须用本体论这个"旧瓶"去装信息哲学这一"新酒"。实际上，从内容的实质看，他的"信息本体论"应该是一种宇宙论或自然哲学。众所周知，西方严格的传统自然哲学是以本体论为基础的，以本体论提供的概念、范畴和原则去观察自然，与经验结合进而解释自然。有的甚至认为在本体论基础上先构造某种宇宙论的形而上学框架和原理，然后才能进一步开展自然哲学和具体自然科学的研究。这样，自然科学往往就会被禁锢在这些宇宙论或自然哲学的"理性牢笼"之中，限制了它生机勃勃的发展，黑格尔的自然哲学就是典型，难怪它后来痛遭科学界和哲学界的严厉批判。

去除了本体论的自然哲学依然是可能性的，它可以建立在"自然主义"哲学的基础上。"自然主义"可表述为这样一种立场：不存在高于自然科学自身的真理仲裁者。没有比科学方法更好的办法来研究科学命题，不需要、也不存在如形而上学本体论或科学哲学之类的基础哲学来规范科学或科学方法。因此，哲学可以自由地应用科学发现，同时自由地批评无根据、迷惑的命题。这样一来,哲学便与科学贯通了。当然,自然主义也不是那种认为现代科学观点就是完全正确的教条。程炼将其总结为;"自然主义者的两个口号,拒绝第一哲学和强调哲学与科学的连续性。"① 近几十年来,"自然主义"哲学被广泛应用在自然哲学、心灵哲学、数学哲学、语言哲学、认识论、伦理学等领域,产生了大量学术成果。不要忘了,它们从前也曾经是以本体论第一哲学为基础的。

　　邬先生作为坚定的科学主义者,在我看来,其思想深处本来就是自然主义的,他说:"哲学和科学的统一不能仅仅看成是一种外在的衔接,而应该看作是一种内在的融合;普遍理性和具体感性在人类认识活动中的不可截然分离乃是哲学与科学内在统一的最终根据。"②去除"信息本体论"的信息自然哲学不仅足以支撑邬先生的信息认识论、信息进化论、信息价值论、信息社会论、信息思维论等整个信息哲学的体系,而且能够更好地跟随自然科学的发展,在哲学与科学的张力之间,充满活力地不断发展自身,继续为信息时代的哲学贡献思想,而不至于受到"信息本体论"的羁绊,蜕变成僵化的体系。

---

① 程炼:《作为元哲学的自然主义》,载《科学文化评论》,2012 年第 1 期。
② 邬焜:《试论科学与哲学的关系》,载《科学技术与辩证法》,2004 年第 1 期。

论信息的随附性特征

张 怡

（东华大学人文学院）

最近受邬焜先生的邀请参加哲学分析的研讨会，由此而再一次地仔细拜读了邬焜先生关于信息哲学方面的一些文章，颇受启发。对于邬焜先生近 30 年坚持不懈地从事信息哲学体系建构的精神由衷敬佩。笔者也一直喜欢对信息有关方面进行哲学思考，但都是在应用层面，从未去仔细思考信息哲学能否成为"第一哲学"的问题。然而通过拜读邬焜先生的一些文章与著作后，一些曾经思考过的关于信息方面的哲学问题又油然而生，"信息究竟是什么？""信息具有什么样的属性？""信息能否独立于物质载体？或者更宽泛一点讲能否独立于任何媒体而存在？"这些问题的产生源于邬焜先生信息哲学体系构建所设定的逻辑前提。

一 信息能否独立于载体而存在

邬焜先生在多篇论文和著作中提出，我们现在哲学体系中关于存在领域的分割存在着不合理性。在邬焜先生看来，不管是传统的唯物主义一元观点还是列宁的物质定义在存在问题的理解上都预设了世界可以分为物质和精神两大领域，其核心概念是客观存在。而这些预设又衍生得到两个未经科学考察或逻辑论证的先验等式：存在＝物质＋精神；客观实在＝客观存在＝物质。这种关于存在领域分割的方式因信息理论的出现，特别是信息哲学的产生而显示其局限性。他提出："如果我们假设：客观的＝P，实在的＝Q，那么，客观的反题'主观的'就是 – P……；实在的反题'不实在的'就是 – Q……，我们可以得到六个逻辑公式：

$$P \wedge Q; P \wedge \neg Q; -P \wedge Q; -P \wedge -Q; P \wedge -P; Q \wedge -Q$$

除去后面两个违反形式逻辑的'不矛盾律'的'永假公式',我们将其余四个公式所对应的字面含义分列如下:

$P \wedge Q =$ 客观实在

$P \wedge -Q =$ 客观不实在

$-P \wedge Q =$ 主观实在

$-P \wedge -Q =$ 主观不实在。"①

根据这样的逻辑设定,客观实在指称物质;客观不实在指称客观事物间反映的内容;主观实在没有实际的指称对象;主观不实在指意识和精神之类的现象。由于客观不实在是间接地反映了事物的存在,因此它可以理解为间接存在。作为主观不实在的意识和精神之类的现象,从反映内容看,也是间接反映了存在,因此也属于间接存在范畴。这样,存在就只有直接与间接之分,如果引入信息的概念,就可以用信息来标志间接存在。

仅从数理逻辑的形式推理上看,邬焜先生对信息哲学体系构建所设定的逻辑前提似乎没有问题。但是进入语义层面考虑,这种推理又存在着一些值得商榷的地方。客观实在在中国传统哲学思想体系中是没有这种说法,也就是说它是外国哲学体系中的语词。在英语中客观实在表达为 objective reality,表达的是一类不依赖于主体而存在的实在的形态,并用形容词 objective 修饰名词 reality 的语法方式构成,在语义上它并不是客观与实在的逻辑合取关系,而是通过修饰关系指称一类实在。但是汉语中因为不存在着语词的词根变化现象,因此翻译成中文时,根据中文可以用名词修饰名词的使用习惯,objective reality 不必译为客观的实在,而可以直接说客观实在。所以,P 与 Q 一旦赋予语义,那么 $P \wedge Q =$ 客观实在就存在语义逻辑问题。我国古代公孙龙之所以能够提出白马非马的诡辩命题,其中一个重要的原因就是因为中国语言的这种语用习惯会带来语义问题,从而构造了这样的诡辩命题。

从语义上看,西方哲学传统中 Reality(实在)的哲学含义有多重性,它有时是指存在(Being),包含着世界中的一切;有时也是指与现象对立

---

① 邬焜:《信息哲学——理论、体系、方法》,商务印书馆 2005 版,第 36 页。

的那种存在本质；当然从认识论上讲它指的是不依赖于我们的意识和意志的客观存在。尽管哲学的立场不同，可以导致实在的含义相差很大，但是在语义上它指称的还是一类特殊对象。一般来讲，当我们指称一类对象时不应该引入其他中间过渡语词，否则会造成语义上恶的无限性。邬焜先生为了给信息预留存在领域的位置，对存在领域的重新分割却是引入了直接和间接的术语来表达存在的类型，他讲："把实在和直接存在看成是同等程度的概念，把不实在和间接存在看成是同等程度的概念。从间接存在的角度来看，间接存在是直接存在的反映（广义的），从直接存在的角度来看，间接存在是直接存在的显示。"① 这样我们便可以把直接存在理解为物质范畴的具体现定，而间接存在则可以用现代科学中的"信息"概念来规定。

从语言哲学上讲，引入直接与间接等术语事实上是引入了一种语境。如果我们不能讲清直接和间接的具体含义，特别是不能讲清间接的具体路径时，我们无法理解间接存在在本体论上是怎么一回事。关于这个问题中国人民大学张辑哲教授也曾提出异议。② 美国当代著名的科学哲学家帕特里克·苏佩斯（Patrick Suppes）曾经对身心问题上持强还原论给出这样一个评价，某类实体 X 还原到另一类实体 Y，如果不能够提供关于实体 X 的理论、实体 Y 的理论以及可以称之为还原的这种理论内在关系，那是没有意义的。③ 德国结构主义代表者莫林（Moulines C. U.）也明确地提出："对我来讲似乎非常清楚，除非我们能够考虑用理论去处理某类实体以及它们的形式和内容，否则我们是不能够充分地讨论任何实体间可能的本体论关系。"④ 虽然这两位哲学家都是围绕着还原论来谈的，事实上也是可以类比地用在这个问题的思考上。当我们在本体论层面去考虑一类现象与另一类构成直接或间接关系时，如果不能讲清直接或间接的具体过程，这种直接与间接的引入就会产生问题。比如，邬焜先生认为"水中

---

① 邬焜：《信息哲学——理论、体系、方法》，商务印书馆 2005 年版，第 38 页。

② 张辑哲：《虚实间的精灵：关于信息本质的哲学思考》，《档案学通讯》，2004 年第 6 期。

③ ［美］帕特里克：《苏佩斯：科学结构的表征与不变性》，成素梅译，上海译文出版社 2015 年版，第 7 页。

④ Moulines C. U. Ontology, reduction, emergence: A general frame ［J］, Synthese (2006) 151: 313—323.

月"就是间接地反映了月亮存在的信息。但是，正因为是间接，所以就产生了"水中月"的判别问题。我们总可以用 LED 光源做成一个"月亮"，让它产生所谓的"水中月"。于是我们必须进行甄别。然而这种甄别工作从逻辑上讲是无穷多的。从另一方面去考虑，如果我们想讲清直接与间接关系，那么又会发现那是一个依赖于"直接与间接"理论的问题，也就是科学哲学中讲得一个（T - dependent）的问题。它也是一个逻辑上无穷倒退的问题。所以，从语义上讲我们一般是不能简单地引入中间过渡语词来指称某类对象。

如果我们不能够简单地引入直接与间接等不明确的术语来指称信息，那么信息含义究竟是什么？它究竟有些什么本质特征？虽然我们很难给信息一个明确的定义，但是有一点却是学界肯定的，它无所不在，具有客观性。控制论创始人维纳（N. Wiener）的经典表述非常能够说明这一点，"信息就是信息，不是物质，也不是能量"。信息的本质之所以难以把握，主要是因为信息既是客观的，但在现实中又找不到类似于物质那样的具体独立形态。所以，不少哲学家和科学家给出的定义是：信息是对事物运动的状态和方式的表征。但是从现象上看，信息的存在必须依赖于一个特定的载体，没有载体，就没有信息存在的"场所"，从而也无信息可言。所以，信息存在的前提条件是信息对载体的依赖性。如果我们能够从理论上说明信息对载体的依赖性究竟是怎么一回事，那么在一定程度上也说明了信息究竟是什么了。

二 随附性与信息的随附性

在日常生活中，我们常见的一个基本现象是一个事物是否存在或者是否具有某种属性往往依赖于或决定于其他某种事物的存在以及其他事物有何种属性，也许正是这种原因使得我们认识主体可以用一事物来解释另一事物。在当代哲学中，对依赖性的哲学规定在身心问题上讨论的最多。本文想借用心灵哲学中的随附性（supervenience）概念来讨论信息对载体的依赖性关系，从而给信息一个合理的本体论解释。

如果我们认为下列说法是合理的，即根据一个事物可以说明另一个事物的主要原因是因为事物之间存在着一种依赖性和决定性关系，那么从直观上讲事实的依赖性（决定性）就可以用属性的依赖性（决定性）来加以理解，甚至属性的依赖性（决定性）可以用状态的依赖性（决定性）加以理解。在心灵哲学中属性的依赖性关系被当代物理主义看成是一种随附性关系，而所谓随附性也就是指属性的种类之间的一种关系。在当代心灵哲学中，随附性有着不同的理解，美国当代哲学家金在权（Kim Jaeg-won）曾把它归纳为三种类型：弱随附性、强随附性和全体随附性。① 后来，不少学者认为全体随附性更弱于弱随附性。所以，本文想从弱和强两个方面对信息的随附性进行一些研究。

弱随附性内涵最早是由美国当代最活跃的哲学家戴维森（Donald Herbert Davidson）所提出，他认为身心关系有一定的因果关系，但是又存在着不对称性。物理因素变化可以引起心理因素的相应变化，然而心智又有自主性因而又不完全服从物理的因果关系。他从黑尔（R. M. Hare）那里借用了随附性这个概念来表达这种既依赖又独立的现象。戴维森的弱随附性的含义在于基础属性 B 一旦确定了，那么随附属性 A 也就确定了。金在权对这种随附性给出形式方面的规定：②

如果存在两类非空属性集 A 和 B，A 弱随附于 B 是指存在着这样一种必然关系，对于 A 中任意客体 x 和任意属性 P，如果 x 具有属性 P，那么当 B 中存在着属性 P' 使得 x 具有属性 P' 时，对于任意 y 具有 P'，它就有属性 P。

从身心关系上讲，金在权认为这种随附关系有一定的价值，因为它揭示了，在任何可能世界的内部，如果两个事物在基础属性上一致，不可能它们的随附属性会不同。但只是太弱了，它只是说明了部分的依赖和决定关系。因为，弱随附性并没有说明基础属性一定会决定随附的属性，他认为随附性还有更强的要求。

如果存在两类非空属性集 A 和 B，A 强随附于 B 是指存在着这样一种必然关系，对于 A 中任意客体 x 和任意属性 P，如果 x 具有属性 P，那么当 B 中存在着属性 P' 使得 x 具有属性 P' 时，并且必然地，对于任意 y

① 金在权：《随附性的种种概念》，载高新民、储昭华主编《心灵哲学》，商务印书馆2008年版，第203页。

② 同上书，第220页。

具有 P'，它就有属性 P。

强随附性在这里主要强调了，基础属性中的每一个属性对于随附性属性来讲是充分的，因为一个随附的属性通常具有多种可供选择的随附性基础。只要属性集 A 强随附于属性集 B，那么一个对象的属性集 B 的极大属性就是属性集 A 的随附性基础。金在权认为强随附性的价值在于，强随附性可以推出弱随附性，而反之则不能。两种随附性关系都是可递的、可反射的，并且既非对称，也不是不对称。

在现实的世界中依赖性关系和决定性关系的一个最大特征在于依赖性关系和决定性关系常常是不对称的，比如信息依赖于或决定于载体现象，但是反之并不成立。这种现象产生的原因金在权认为主要根源于个体的依赖性源于系统的依赖性。因此，金在权提出随附性还存在着一个等价于强随附性的全体随附性。① 所谓全体随附性是指：如果存在两类非空属性集 A 和 B，属性集 A 全体随附属性集 B，当仅仅当 B 方面不可分辨的诸世界也是 A 不可分辨的。全体随附性的价值在于揭示了一个随附属性在基础属性集里都有一个必然的共外延的存在，金在权讲："如果接受全体随附性，这个承诺就是不可避免的。"②

随附性在当代心灵哲学中是一个非常有争议的概念，支持者与反对者都有自己独特的哲学立场。这些争论源之于对心灵的本质有着不同的理解。但是本文认为，信息与心灵有很大的区别，其中最关键的还在于信息不是物质的某种功能。但是信息的存在又必然地依赖于载体。应该讲，随附性为信息与载体之间的依赖性与决定性关系的研究提供了一定的哲学依据。按照金在权的随附含义，③ 我们给出信息的一个随附性定义：任何一个代码系统 s 在时间 t 例示了一个信息属性 M，那么必然地存在着一个代码属性 P，使得代码系统 s 在时间 t 例示了代码属性 P，并且必然地对于任何代码系统例示了 P，同时就例示了信息属性 M。比如，生物 DNA 中

---

① 金在权在以后的 "strong" and "global" supervenience 的文献中认为，全体随附性等价于强随附性是错的，强随附性包含着全体随附性。

② 金在权：《随附性的种种概念》，载高新民、储昭华主编《心灵哲学》，商务印书馆 2008 年版，第 226 页。

③ Kim Jaegwon：*Physicalism，or something near enough*，Princeton University Press（2005），P33.

碱基配对法则在时间 t 例示了一个特定的遗传信息属性，那么必然地存在着一个特定的配对法则，而且只要是 DNA 系统，当它在特定时刻例示了这种特定法则，那么必然地例示了特定的遗传信息。

所以，信息在本体论意义上随附于载体是成立的。首先，两个物理载体的属性如果存在着物理意义上的不可分辨性，那么载体之上随附的信息也是不可分辨的。比如，我们通常认为 DNA 中的遗传信息是一种自然信息，如果两个 DNA 片段在物理化学意义上不可分辨，那么 DNA 中的遗传信息也是不可分辨的。从另一方面也可以讲，两个不同 DNA 片段一定随附着不同的信息。信息与载体之间的随附关系与心身的随附关系有着很大的区别，一般来讲，不同的物理属性原则上应该有不同的心理属性（当然强人工生命观并不这样认为，这里涉及对生命的哲学理解）。但是，信息与载体的关系不是这样，只要物理载体的属性在结构或状态上不可分辨性，即使不同的物理载体，也是不可分辨的。这就是说同一个信息可以依附于不同的载体，信息对载体的这种随附性特点使得信息具有可存储、可传递和可转换的伴随特点。关于属性不可分辨性金在权在《随附性的种种概念》一文有着非常明确的论证，认为他所提出的强随附性定义一定可以推出下面弱随附性的等价命题：如果存在两类非空属性集 A 和 B，A 弱随附于 B，当且仅当必然地：对于任意 x 和 y，如果 x 和 y 共有 B 中的所有属性，那么 x 和 y 共有 A 中的所有属性，那就是说，关于 B 的不可分辨性可衍推出关于 A 的不可分辨性。[①]

其次，信息与载体之间具有典型的不对称性。信息不能独立存在，需要依附一定的载体，这是信息的基本特征。从这个意义上，载体的属性往往是信息属性的充分条件。在信息科学中信息有时也被认为是一种形式，是一种抽象的结构，但是这种抽象结构与代码、传递、转换、噪声等分不开的，它是符号系统的一种特殊配置。在本体论意义上，信息是随附于代码、传递、转换、噪声等物理现象上。即使对于代码来，它有时也是一种抽象的东西，但是抽象形式的代码离开物理载体也是无法存在。比如，离开代码载体的可变化性去抽象地谈信息是差异度的表征是没有意义的。但

---

① 金在权：《随附性的种种概念》，载高新民、储昭华主编《心灵哲学》，商务印书馆 2008 年版，第 217 页。

是，我们无法去寻找一个离开载体而独立存在的信息。正因为存在着这种不对称性，我们可以推断信息所具有的属性应该在载体中找到它存在充分条件。事实也是如此，信息属性没有载体的相应属性，它无法存在。反之，并不成立。我们不能说载体属性必须依赖于或决定于信息属性。信息与载体之间的这种不对称性揭示了从结构实在论进路上去把握信息也许是一条难以走到底的路径。

最后，从不可分辨性和不对称性中我们可以进一步得到信息具有多重实现现象。所谓多重实现是指随附的属性在随附基础集中能够找到多个与之相对应的基本性质，这些基本性质对于随附属性的实现来讲常常是冗余的。多重实现现象的哲学思考来源于对物理主义还原论的批评。物理主义还原论主张把高级运动形式还原为低级运动形式，但是这种还原观受到心理现象可以多重实现的挑战。因为从现象看，心理性质可以在不同的生物物种以及不同的物理状态和生物状态中实现，这种一与多的映射关系意味着还原论有着内在的缺陷。所以，物理主义的非还原论主要想从功能上给予身心问题一个合理的物理主义解释。随附性概念的不断深化与多重实现能否得到合理解释也是相关的。前面我们谈到载体的属性在结构或状态具有不可分辨性，那么不同载体所依附的信息也是不可分辨的。这种不可分辨性意味着信息具有多重实现性质，只要符合一定的编码规则，不同的载体是可以产生同样性质的信息。信息与载体之间的关系虽然不能从功能上加以解释，但是物理主义的非还原论所采用的随附性解释方式对信息的多重实现现象是给出了一个解释策略。在这里编码成为理解信息具有多重实现现象关键，它也是我们人类能够更好地利用信息的重要手段。

三　信息随附性的哲学意义

如果把信息依赖于载体理解为一种随附性，那么它在本体论、认识论上究竟有些什么意义？这也是本文想阐述的一个重要内容。

随附性，特别是强随附性虽然在当代哲学中是一个颇具争议的概念。但是，随附性概念的提出，在本体论上让我们对于一些具有依赖性关系的现象给出合理的解释。金在权曾经说过："就事实本身而言，必须承认一个具有必然的属性—属性可衍推性的普遍系统的存在。"因为"每一个随附的属性在基础族里有一个必然的共外延的属性"。① 如果说信息依赖于载体是一种随附性关系的话，那么就意味着信息在本体论上是一种随附性的存在。至于这种随附性的存在的本体论意义我们认为是一种共外延的存在。

从随附性的含义来讲，随附性并不能必然地衍推随附对象的不存在，也不能衍推随附于其上的对象的同一性。随附性的这种属性曾被一些心灵哲学家用指责随附性不能解决身心关系问题。但是信息与心灵不一样，它不是某种自然物体的功能，因此这些论点恰好对信息的存在给出了说明。我们只要给信息随附于载体是一种本体论上的依赖性关系的说明即可，也就是在特定的编码规则下，特定载体的变化必然意味着信息的变化。特定时刻条件下，特定载体的变化从编码角度看，就是载体的结构或状态发现变化，而载体的结构或状态发现变化也就是信息发生了变化。而在同一时刻里没有发生变化的就是信息与载体共享着载体的那些基础属性。

信息随附于载体，但是直观上存在着信息可以通过转换代码形成的界面产生流动性，这似乎又说明信息在本体论意义上具有独立性。从现代信息科学的理论看，信息的这种流动性应该理解为编码规则在另一个代码系统（另一载体）中的映射，它并没有脱离载体而存在，也不是物理意义上的从一个载体走向另一载体。也正因为信息可以通过编码规则在另一个代码系统映射，因此形成了所谓的信息自然界。由于信息在不同系统之间的流动是一种映射关系，因此信息随附于载体用本体论上的还原论来解释是无效的。那么如何理解信息在不同系统之间流动的本体论意义？金在权曾经在《物理世界中的随附性》文献中对层级模型的随附性关系上给出一个属于弱随附性的定义：

"对于属于层级 L（不是最初层级）的任意 x 和任意的 y，若 x 和 y 在低于 L 的所有层次上的有关性质是不可分辨的（或者说 x 和 y 是微观不可分辨的）则 x 和 y 在 L 层次的所有性质是不可分辨的。"② 金在权提出层级模型的随附性关系主要是想解决不同层之间的属性是如何相关的？生物

---

① 金在权：《随附性的种种概念》，载高新民、储昭华主编《心灵哲学》，商务印书馆 2008 年版，第 227 页。

② *Kim Jaegwon*：*Mind in a Physical World*, The MIT Press, 1998, P17.

属性是怎样与物理化学属性相关的？意识和意向性是如何与生物/物理属性相关的？社会现象和社会集团的现象特征是如何与那些含有个体成员的现象相关的？但是信息在不同系统中的流动关系不同于身心关系，因此对金在权层级模型的随附性关系可作一些适当的修正来满足信息流动性关系中所蕴含的随附性关系。由于不同载体系统之间信息是通过转换代码形成的界面产生流动性，其实质是两个系统之间的映射关系，因此类比于金在权层级模型的随附性关系的定义，我们可以给出不同系统中信息对载体随附性的一个定义：

对于属于系统 L 的任意 x 和任意的 y，假如 x 和 y 在另一系统 L' 的有关性质在特定编码规则的映射下是不可分辨的，则 x 和 y 在 L 系统的所有性质是不可分辨的。

上述定义关键在于如何理解在特定编码规则的映射下是不可分辨的含义？所谓 x 与 y 在特定编码规则的映射下是不可分辨，也就是说由 x 分解出于 L' 系统的任意元素 <m> 的性质与关系 <r>，而在 y 中有一个同构分解，使得到 Px<m> = PyF<m> 和 Px<r> = PyF<r>。公式中 F 是映射关系函数。在特定编码规则的映射条件下，信息的流动性只表示了同一信息可以依随于不同的载体，但是不能脱离载体，因为不同系统之间还存在着随附性关系。从直观上讲还存在着下列递推关系的成立：如果系统 L_1 随附于 L_2，L_2 随附于 L_3，那么有 L_1 随附于 L_3。当然信息在本体论上对载体的随附性能否解释信息的一些自主性特征？这个问题涉及信息随附性的认识论意义。

自从笛卡尔把身心归之于两类不同实体以来，世界的一元论与二元论之争就没有停止过。在唯物主义立场上，笛卡儿的属性二元论，也就是说能被个体所例示的心理属性在本体论上不依赖于物理实体或属性这种观点不能成立。但是唯物主义也很难对有些现象，比如心灵问题、信息问题给出令人信服的解释。其中信息的自主性问题就是其一。主张信息具有自主性的观点有许多理论表现形态，比如信息的结构实在论、信息的计算主义纲领、信息的间接存在论等，这些表现形态的主要精神都是同一的，给信息一个具有独立存在形态的合理解释。

从认识论上讲，信息是否具有独立形态依赖于我们如何认识和理解信息。信息论的创始人香农最早是从通信的角度来认识和理解信息的。他认为一个消息所携带的信息可以通过测量接收者如何减少不确定性来量化处理，并由此而成功地创立了信息论。香农的信息论，主要考虑的是一组可能的符号中哪一个符号，或者哪种符号的组合对接收者来讲是表征着信息。也就是说信息论所处理的不是信息本身，而是信息的携带者。从这个意义上讲香农的信息论具有浓厚的技术含义，他是在编码层面，或者讲在信息的语法层面做了数学处理。

当然香农理论中蕴含着浓重的物理主义精神，他把原始的信息视为某种物理量，如同质量和能量一样，想要解决的核心问题也是那些未经解释的数据如何能够通过一个给定的字母集和信道被编码和传输，解决的方法是用概率理论来处理编码中的数据空缺，最后将得到的形式结论与经典热力学进行类比，从而得到信息就是负熵的经典定义。

从香农的对信息的认识和理解来看，某一时刻一个信息的具体性质 M 的发生取决于这样的事实，在同一时刻性质 M 随附着一个代码基础性质 P 获得例示。香农想借此给信息一个有客观物理量的解释，从而确定信息的本体属性。但是，香农忽视了信息的语义特征。因为从语义上看没有信息的内容编码，信息的形式是得不到说明的。而编码，不管是自然的还是人工的都是在特定环境下进行的，环境（语境）往往规定了信息属性。从接收者来讲同样是如此，不同的接收者，因为环境（语境）的问题，对信息的理解也是不一样的。因此，从代码的形式方面上对信息进行规定是无法完全把握信息的本质。

然而，从语义上对信息进行进一步的规定，又必须预设信息的客观存在性。离开这个本体论的承诺，信息的语义性质是得不到说明的。这样，似乎又回到了讨论问题的原点。事实上，我们一旦从语义上去讨论信息的本质属性，在理论上一定是随附于更大范围的一个科学范式。香农的信息论事实上是随附于经典物理学中的热力学理论，如果没有热力学第二定律，香农的信息论无法建构。从这个意义上讲，信息论是随附于一定的科学理论。蒯因（Willard Van Orman Quine）早就指出，何物实际存在与我们说何物存在是不一样的，前者是关于本体论的事实问题；后者是涉及本体论的承诺问题。一个理论的本体论承诺问题，就是按照那个理论有何物存在的问题。"一旦我们择定了要容纳最广义的科学的全面的概念结构，我们的本体论就决定了；而决定那个概念结构的任何部分（例如生物学的或物理学的部分）的合理构造的理由，同决定整个概念结构的合理构造的理由没有种类上的差别。"① 所以，信息的语义解释一定是随附于特定的科学框架，而特定的科学框架对信息之类的存在物只能做出本体论上的承诺。

总之，信息的随附性的探讨让我们看到信息本体论的属性的真实含义应该是什么。

---

① 蒯因：《从逻辑的观点看》，江天骥等译，上海译文出版 1987 年版，第 16 页。

与信息本体论相关的若干重大问题的讨论

——对两篇文章的回应

邬　焜

（西安交通大学人文社会科学学院教授）

　　本文仅对参加本次会议研讨的两篇文章涉及的若干问题进行回应和讨论。这两篇文章是：邓波：《信息本体论何以可能？——关于邬焜先生信息哲学本体论观念的探讨》（下称"邓文"）；张怡《论信息的随附性特征》（下称"张文"）。

一　西方本体论哲学的三条研究路径

　　邓文的立论是以阐明西方本体论的真意为基点的。他一方面承认本体论即是存在论、有论；另一方面又从德国哲学家沃尔弗（Christian Wolff，1679—1754 年）关于本体论的定义出发把西方传统本体论的基本观点概括为："作为第一哲学，本体论是以思想本身的范畴及其逻辑展开的先验原理为对象的学问。"然而，细究起来，这两个方面的观点是矛盾的。

　　邓文引述的沃尔弗关于本体论的定义是："本体论，论述各种关于' öv（即 on，邓文加）'的抽象的、完全普遍的哲学范畴，认为'öv'是唯一的、善的，其中出现了唯一者、偶性、实体、因果、现象等范畴，这就是抽象的形而上学。"其实，从这个定义根本不可能推出"本体论是以思想本身的范畴及其逻辑展开的先验原理为对象的学问"这样的结论。

　　沃尔弗定义的基本含义是要强调本体论是关于普遍性存在的哲学理论，这也类似于亚里士多德所说的"作为存在的存在"的"第一哲学"。由此出发，凡是对具有普遍性存在性质的事物和现象的探讨都理应属于本体论哲学的范围。

当然，我们知道，沃尔弗是一个唯理论者，他继承莱布尼茨的单子论学说，认为存在着某种超验性的预先设定好的普遍存在的具有理性性质的本体世界，对这个世界的认识无须求助于经验和自然科学，仅仅依靠纯粹思维的抽象运演，借助于对概念的逻辑分析便可以实现。这也是从柏拉图的理念论到莱布尼茨的单子论，直到黑格尔的绝对精神的学说所遵循的基本信条。西方哲学的这样一条研究路径的虚妄之处并不在于通过人的逻辑思维的运演，通过相应概念分析的抽象可以获得某些类型的认识中的普遍理性原则，而是在于他们把这些人的认识达到的普遍理性状态在主观上投射到客观世界之中，并赋予其普遍性、无限性、永恒性、不变性、绝对性、唯一性和完满性的客观实在的本体性的存在论地位和特征。这一条研究路径的更为粗俗的表现便是西方宗教神学中的上帝或神的理论。

本来，这样的一个世界是人的主观创造的，但是，通过这样一种客观化的投射，这个世界竟然成了本原性的世界，而其他的世界，包括物质世界、人本身，以及人的意识世界都成了这个世界的派生现象。邓文提到的柏拉图理念论的"相"世界就具有这样的性质。

柏拉图的理念论并不能证明邓文所强调的"本体论是以思想本身的范畴及其逻辑展开的先验原理为对象的学问"的观点，也不能为他否认西方哲学史上存在一条唯物主义和唯心主义相互斗争的学术轨迹的观点提供支持。因为，柏拉图把具有普遍性和完满性的理念客观化了，并认为万事万物，包括人的灵魂和认识都仅只是这个客观理念的分有状态。据此他还得出了人的个体灵魂的不死性和人的认识仅只是对不死灵魂早已拥有的，从那个具有普遍性和完满性的客观理念世界中所获得的有限的和不完善的知识的回忆。在这里，普遍性不是蕴含在特殊性之中，而是特殊性由普遍性派生出来，并且这个普遍性的存在还具有客观实在世界的性质。

承认某种具有普遍性的客观精神世界的永恒存在性，并认为全部的物质世界，人和人的个体精神都是由这个具有普遍性的客观精神世界创生出来的，这就是这条西方本体论哲学研究路径的基本观点和理论。本来是由人的思维所追求的一种观念形态的普遍理性，在这条研究路径中它和人的关系居然颠倒过来了，不是人的思维创造了普遍理念、绝对精神、上帝和神，而是相反：普遍理念、绝对精神、上帝和神创造了万事万物、创造了人，创造了人的精神。这就难怪，随着科学昌明的发展，这样的一条研究路径及其相关观点和理论已经在一般科学和哲学的领域中被摒弃了。然而，可悲的是，邓文仍然对这样的一条已经死掉了的研究路径倍加推崇，并把它作为唯一的哲学本体论的范式，并以此来排斥和否定其他类型的哲学本体论范式和研究路径。

其实，从本体论是关于普遍性存在的第一哲学的理论这一基本规定出发，在西方哲学中还存在着另一条研究路径。这就是把客观的物质世界看成是一种具有本体论地位的普遍性存在，并把人的精神看成是由这个世界所派生的现象的唯物主义路径。从古希腊哲学的水基论、火基论、四元素说、原子论，到西方近、现代哲学中的唯质量论、质—能统一论、辩证唯物论，等等。这是一条没有上帝和神，没有客观的普遍理念或绝对精神的存在论地位的哲学本体论的研究路径。邓文宣称柏拉图的理念论是西方本体论传统的第一个思想体系，这样的评价并不符合西方哲学史的实际情况。且不说在他之前的巴门尼德运用形式逻辑的方法所建立的存在论学说，就是那些众多的在他之前的唯物论学者，包括泰勒斯、赫拉克利特、恩培多克勒的相关学说，尤其是留基伯和德谟克里特所创立的原子论学派也都有各自的本体论哲学体系。

当然，在西方哲学的本体论研究中还有第三条研究路径，这就是主观意识哲学的研究路径。在这条研究路径上，没有了上帝和神，没有了客观的普遍理念或绝对精神，但是也没有了客观的物质世界（被悬置了），只剩下了一个孤零零的个体意识层面的意向活动和意向构造。这一研究路径的虚枉性并不在于我们对世界的认识必须通过人的认识建构的中介，而在于它割断了人的认识活动与其客观物质基础（外部物质环境和人的肉体）和客观认识对象之间的相互关联和相互规定。虽然后来考虑到了他人意识的存在，这一领域的代表人物又提出了"主观间性"和"生活世界"的理论，但是上述的主观意识哲学的基本性质仍然未能根本改变。

显然，邓文对哲学本体论的研究方式的理解是狭隘的，他试图要用我们上述的西方本体论哲学研究的第一条路径去排斥其他的路径，尤其是去排斥上述的第二条路径的做法显然是以偏概全了。这也是他为什么质疑我的信息本体论哲学能否成立的原因。

二　本体论和本原论：哲学范式的层次

邓文认为不能把本体论归结为关于世界存在的本原论，我同意这一观点，但是，由此派生的另一个观点我却不能同意，这就是本原论不属于本体论哲学的范围，另外，我也不能同意邓文将我的"世界存在图景"归结为"世界存在的本原"论的说法。如果说在我的早期研究中，我还未能把存在论和本原论的关系给以明确的揭示的话，那么，在我近些年来的研究成果中我已经有了一个明确的说法："哲学本体论的范式是分层次的。关于存在领域的分割方式是最高范式，而关于各存在领域之间的具体关系的解读则是次一级的范式。"① 这就是说，在我的相关理论中本体论包括本原论，但不能归结为本原论，并且，本原论也不是本体论哲学的最高层次的问题。因为，要确定世界的本原，必须首先解决一个前提性问题，这就是世界上有多少基本的存在，然后才能论及不同基本存在领域之间的关系，其中就包括谁是世界的本原，本原有几个？这就构成了本体论哲学要探讨问题的层次。

邓文虽然不同意把本体论归结为本原论，但是，在他的相关论述中却又以本原论为本体论的起点。他写道："在邬先生看来，'存在领域的分割'就成为本体论的最高起点。然而，从西方本体论的观念看，本体论之为本体论的关键却在于……对'存在者本身'的追问。它才是西方本体论传统的最高范式，它按同一律规定了一切思想的起点，同时，按'思想与存在同一'的原则，它也意味着规定了全部存在的起点。"我不知道，邓先生在这里所讲的"一切思想的起点"、即"全部存在的起点"是不是本原？在这里，思想的起点能否成为存在的起点？在没有搞清楚"全部存在"都包括哪些领域的情况下，要规定"全部存在的起点"是否可能？在没有搞清楚有多少种"存在者"的情况下，去"追问""存在者本身"是否可能？当然，如果邓先生认为存在只有一个领域，"存在者"也只有同一种类型，那么，问题就十分简单了。然而，这样一来，在邓先

① 邬焜：《存在领域的分割和信息哲学的"全新哲学革命"意义》，《人文杂志》，2013 年第 5 期，第 1—6 页。

生的哲学中，我们这个复杂的、多领域的世界也就不复存在了。在这里，全部存在也仅只是"一切思想"，"一切思想的起点"还是思想，全部存在也只能被看作是以思想为起点的思想自身的活动，"思想与存在同一"也便只能是"思想与思想同一"。这就是"思想＝思想"，"Ａ＝Ａ"。这就是邓先生所说的"本体论是以思想本身的范畴及其逻辑展开的先验原理为对象的学问"。在这里，不仅起点是思想，对象是思想，而且过程仍然是思想。面对这样的一种存在论学说，我们还有什么话可说呢？

　　而我们要阐明的则是，思想不能以思想自身为起点，它必须借助于不同于思想的其他性质的存在（物质和自在信息）才可能产生。这不仅在思想者（主体）的自然史和社会史的发生学的维度上，而且同样在思想自身现实发生和展开的过程和机制的维度上都是成立的。要阐明这样的哲学理论就有必要坚持存在领域的多样性的学说，这就是我为什么强调"存在领域的分割"是哲学的最高范式的理由。在这一最高范式之下才可能去探讨各存在领域之间的关系的问题，从而来确定存在的起点，以及其运动演化的过程、机制，并由此确定本原性的存在领域和派生性的存在领域及其相互关系。可见，提出"存在领域的分割"是哲学的最高范式的理论是对传统西方哲学思维模式的一种突破和创新。正是这一理论在对存在问题的解读方式上引入了多维度、复杂性的方法，从而超越了西方哲学某些哲学路径中的从思想到思想、从意识到意识的单维度、简单性的特征。另外，由于信息维度的引入，信息哲学对存在领域分割方式的全新变革也使我们的新哲学更能与我们这个时代的科学和社会的发展相统一，更能全面而清晰地展示信息时代的精神特质。

　　邓文不同意我把西方传统哲学关于存在领域的分割方式的一般模式归结为"存在＝物质＋精神"，也不同意西方哲学史上存在一条唯物主义和唯心主义相互斗争的学术轨迹。问题的要害并不在于这个一般模式的判定是由什么人提出的，而在于，这个一般模式在多大程度上反映了西方传统哲学的真实？其实，我们只要不把这个一般模式当成百分之百的教条，那么，我们便可以针对这个一般模式发表我们的意见，并在相应批判分析的基础上提出我们的新的一般模式，从而创新哲学。

　　其实，"一般模式"并不是"绝对模式"，它只强调了一种带有普遍性的倾向，当然，并不排除有个别的游离于一般模式之外的情况。只要这个"一般模式"能够反映某种主流观点和理论的特征，我们便有对其进行足够重视的理由，而不是因为有些人把它教条化我们便去全盘否定这种模式的存在。最重要的问题是，我们如何结合当代科学和社会的发展，对传统的一般模式进行批评（无论这种一般模式有多少），并在此基础上提出我们的更为合理的模式。

我注意到邓文对沃尔弗关于本体论的定义给予了充分的肯定，但是，我不知道邓先生是否知道，正是这个沃尔弗首先采用"一元论"的说法，从本体论的层面把各类一元论的哲学区分为两类：唯物的一元论和唯心的一元论。[①]

三　本体论和自然哲学

邓文从他对本体论哲学的狭隘认识出发，认为我提出的信息本体论学说"不是严格意义的本体论，而是响应信息时代精神的自然哲学。"按照这样的说法，这就意味着自然哲学不可能有它的本体论学说。从西方哲学史上的哲学流派来看，几乎所有的唯物主义学说，包括古代的和近现代的，都是自然主义的，也都是自然哲学的。在邓文中似乎表述了这样一种思想，古希腊的自然哲学（其实指的是唯物主义哲学）没有本体论，而只有那些从概念逻辑出发，崇尚客观理念或个体精神的哲学才配得上有本体论哲学的部分。因为他强调说：正是从巴门尼德用存在概念取代了自然概念之后，"哲学才得以摆脱依赖可感经验的'意见之路'，走上'真理之路'，实现从早期自然哲学到本体论的转变，从此开启了形而上学对自然哲学的超越。"

巴门尼德提出具有哲学一般抽象的存在概念确实是对哲学发展的一种贡献。但是，这并不意味着用自然概念所描述的哲学便不具有存在论的哲学本体论的意义和价值，因为，自然本身就是存在的。问题的要害在于，评判理论性质的依据并不在于它所使用的概念，而在于理论本身所揭示的内容。如果说，以自然主义的态度，把自然本身就看作是具有真实意义和

---

① 韩振峰：《一元论、二元论、多元论》，《天津师大学报》，1986 年第 5 期，第 17—18 页。

价值的存在的哲学就是自然哲学的话，那么，任何一种自然哲学都应当首先是一种本体论哲学。在西方哲学史上，这样的自然本体论哲学并不仅仅是唯物主义哲学的特征，而且也是客观唯心主义哲学的特征。因为，几乎所有的客观唯心主义哲学理论都是自然主义的，只不过在他们那里，自然首先是一种理念性、精神性的存在。柏拉图的普遍理念是自然，黑格尔的绝对精神是自然，宗教神学中的上帝和神同样也都是自然。

笛卡尔被西方哲学界称为"近代哲学之父"，他的哲学思考虽然是首先从肯定思维着的我的存在（我思故我在）开始的，但是，他的哲学却并不具有唯我论的性质。因为他从个体思维的有限性推论出必然存在一个具有普遍理性思维和创造能力的上帝的存在，并且认定正是这个上帝创造了物质世界，创造了人，并赋予人思维的能力和相关观点的内容。正是在这样的意义上，他把上帝称为"自然"，把上帝的理性称为"自然之光"。并且，在笛卡尔的学说中上帝以及上帝的理性不仅是普遍的、完满的，而且也是客观实在的。①

黑格尔在把客观的绝对精神作为他的哲学展开的起点的同时，他又强调了哲学开端的相对性和无起点性。他写道："哲学开端所采取的直接的观点，必须在哲学体系发挥的过程里，转变成为终点，亦即成为最后的结论。当哲学达到这个终点时，也就是哲学重新达到其起点而回归到它自身之时。这样一来，哲学就俨然是一个自己返回到自己的圆圈，因而哲学便没有与别的科学同样意义的起点。所以哲学上的起点，只是就研究哲学的主体的方便而言，才可以这样说，至于哲学本身却无所谓起点。"② 黑格尔强调哲学无起点，无终点的性质的本意是要彰显绝对精神的运动，以及他的哲学本身的完满性，但是，他的这样的一个设定同时就为解构绝对精神作为第一存在的合理性，解构他的哲学的合理性埋下了伏笔。因为，没有起点便处处是起点。当我们以自然为起点时，绝对精神的先验的第一存在性便不再合理了，而在此基础上则可能建构起某种形式的唯物主义哲学；与此同理，当我们以人类精神为起点时，则可能建构起某种形式的主

① ［法］笛卡尔：《第一哲学沉思集》，庞景仁译，商务印书馆 1986 年版，第 41、43、44—45、49 页。

② ［德］黑格尔：《小逻辑》，贺麟译，商务印书馆 1980 年版，第 59 页。

观唯心主义的哲学，而那个以绝对精神为第一性存在的黑格尔的客观唯心主义哲学便不能不被瓦解了。

黑格尔把他的哲学分为三个大的部分：逻辑学、自然哲学和精神哲学。从研究内容来看，逻辑学是关于绝对精神自在自为存在的学说；自然哲学是关于绝对精神异在或外在化存在的学说；精神哲学是关于绝对精神由它的异在存在返回到它自身存在的学说。这样，黑格尔哲学的三个大的部分其实是确定了存在的三大领域，以及各领域之间的关系。并由此构成了他关于存在领域分割的基本模式及各领域间关系的理论。这个模式是："存在＝绝对精神＋物质自然＋个体精神"；而各领域间的关系是：绝对精神是世界的本原，其他两个存在领域都是由绝对精神外化而派生出来的，是绝对精神异在的和发展了的形式。

黑格尔是截至他那个时代西方哲学的集大成者，他关于存在领域分割的这一模式集中体现了西方哲学史上不同的哲学流派所坚持的存在领域分割的一个基本的模式。这一模式直到笛卡尔的哲学仍然被坚守着。因为笛卡尔强调了三种实体——上帝、灵魂（自我思维）和物质。其实，唯物主义哲学也并不是不承认绝对理念、绝对精神、上帝与神的存在，只不过，唯物主义哲学不认为此类存在具有客观的和实在的性质，唯物主义哲学仅仅把此类存在看作是人的精神创造出来的人的主观世界的一部分。这就是费尔巴哈所说的：不是上帝创造了人，而是人创造了上帝。

由于把上帝（客观理念、绝对精神）归并到了人的主观世界之中，从而消解了西方哲学关于上帝（客观理念、绝对精神）存在的客观性和实在性，所以，在现代一般科学和哲学关于存在领域分割的标准模式中所可能保留下来的存在领域便只能是两个：物质和精神。这就是我为什么说"存在＝物质＋精神"乃是传统西方哲学的一个基本信条的理由。

既然本体论就是存在论，就是关于存在的学说，那么，当哲学家们谈论存在是什么，有多少种存在，这些存在之间具有怎样的关系的时候，他们就是在阐释着某种哲学本体论的学说。当然，任何一种哲学，也包括科学的理论都是以概念、定理所结成的范畴逻辑展开的理论体系，而其中所涉及的任何观点和理论都有一个从感性经验的"意见之路"上升到理性抽象的"真理之路"的过程，并且，并非所有的理性抽象都可以通达"真理之路"，因为无论是人的感性经验，还是理性抽象都有其失误和谬误的时候。在这里，并不像邓文所说的那样，仅仅是"本体论是以思想本身的范畴及其逻辑展开的先验原理为对象的学问"，也并不是只有依靠范畴逻辑的展开达到什么"先验原理"的境界"哲学才得以摆脱依赖可感经验的'意见之路'，走上'真理之路'"。难道说，当西方哲学通过范畴逻辑的展开达到了所谓的客观理念、绝对精神、上帝和神的客观实在性的"先验原理"的存在论境界的时候，他们便走上了"真理之路"了吗？其实，任何观点和理论的真理性并不来自于它是否是以范畴逻辑的形式展开的，也并不来自于它是否以"先验原理为对象"（而这个先验原理是否可能具有纯粹的先验性则同样是值得商榷的问题），而是来自于它与它所指的对象世界本身性质的关系。人类追求的普遍理性，人类对普遍理性的认识可能达到的程度永远只是一个过程，在这一过程中谬误和真理是相互兼容、交织和相伴而行的，并且，人类认识中的某些普遍理性虽然能够更深刻地反映它所概括的特定层次事物的一定程度的真理性，但是，人类认识中的所有的普遍理性都只能以主观精神的方式存在，而不可能以客观实在的外在于精神的世界本体的方式存在。须知，普遍性寓于特殊性之中，客观世界本身永远是变动不居的特殊性存在者的体系，任何一种企图把主观世界所追求和所能达到的普遍理性的状态外在化、客观化、实在化的企图都是不可能走上所谓的"真理之路"的。

其实，在西方哲学史上，唯物主义哲学并不是由"以先验原理为对象"的所谓其他性质的什么本体论哲学所超越的。西方唯物主义的本体论哲学在自身发展的过程中便经历了不断超越自身的不同发展阶段。从最初的以个别有形自然物为第一存在的水论、火论、四元素（火、气、水、土）论，到以固定不变的、不可入的、有重量的微粒为第一存在的原子论，再到一般科学抽象的以具有质量的"物质"为第一存在的学说，直到以不具有质量，仅仅有能量效应的场能为第一存在的"质—能"统一的现代唯物论学说。唯物主义哲学自身不断超越自身的这一发展历程，不仅昭示着科学和哲学自身进步和发展的过程，同时也揭示了人类科学与哲学发展的内在融合的统一性关系。

西方意识哲学走到今天，有一个基本的路径和方向。胡塞尔开创的现象学将整个世界看作是意向的活动和构造，并以此模式来解读一切；到后来，梅洛庞蒂将现象学悬置的身体首先解放了；再往后，海德格尔将悬置的"存在"问题开始解放，但没有彻底解放。海德格尔主要强调了人的"此在"的"存在者"地位。其实，世界本身就是存在者，并没有一个作为"存在"的存在者，存在只不过是我们观念中的抽象，存在者也就是存在，存在就是存在者，它就是一个永恒运动、变化和演化着的事物体系的过程。真正的哲学应当从人的世界走向自然，把胡塞尔悬置的一切重新找回，建立一个人和自然，物质、信息和精神相统一的全新哲学，这样的哲学才可能为当代信息生态文明提供合理的哲学基础。

四　关于存在领域分割逻辑推演中相关问题的讨论

邓文和张文都对我通过对客观的、主观的、实在的、不实在的这四个命题进行两两组合的逻辑分析来揭示存在领域分割的领域的做法进行了讨论，张文还对之进行了语言学的分析。对其中所涉及的某些问题有必要做出简短的回应。

客观实在这个概念在不同的哲学流派中确实有不同的内容指谓。在上面讨论的有些表述中我已经提到了西方客观唯心主义学说是把客观理念、绝对精神、上帝等都看作是客观实在的。由于我的哲学坚持了唯物主义的立场，所以，在我的哲学中，只有物质世界是客观实在的，无论是客观信息世界还是主观精神世界都是不实在的。而客观的精神世界则根本不存在。邓文强调说：因为"从不同的哲学立场出发，对'实在'这'第一实体'就会有不同规定"，所以，我所推演的逻辑式"只有形式上的必然性，而没有思想内容上的必然性"。然而，由于我的哲学仍然是唯物主义哲学，所以，在这里"实在"就有了特定性质和内容的规定性。这样一来，邓文的指责则只能是无的放矢了。

张文对我用逻辑的方式推出客观和实在的合取式"P∧Q＝客观实在"的做法提出批评，他说：相应的西方用语"在语义上它并不是客观与实在的逻辑合取关系，而是通过修饰关系指称一类实在。但是汉语中因为不存在着语词的词根变化现象，因此翻译成中文时，根据中文可以用名词修饰名词的使用习惯，objective reality 不必译为客观的实在，而可以直接说客观实在。所以，P 与 Q 一旦赋予语义，那么 P∧Q＝客观实在就存在语义逻辑问题。"其实，在逻辑上，根据合取式为真的条件，"P∧Q＝客观实在"的真实含义是：有一种存在，它既是客观的，又是实在的。所以，在中文的表达中"客观的实在"和"客观实在"并不矛盾。问题的关键并不在于语言表达的形式，而在于我们用相应的概念和范畴指谓了怎样的一种现实性存在。

为了强调"中国语言的这种语用习惯会带来语义问题"，以证明我在存在领域分割的逻辑推演中存在着语义逻辑问题，张文还举例说："我国古代公孙龙之所以能够提出白马非马的诡辩命题，其中一个重要的原因就是因为中国语言的这种语用习惯会带来语义问题，从而构造了这样的诡辩命题。"其实，把公孙龙的"白马非马"论说成是"诡辩命题"而直接加以否定，是不懂辩证法的简单性做法。公孙龙通过对色与形、白与马的区别的论述得出了"白马非马"的命题，这一推论过程虽然有以特殊性否定普遍性的偏颇之处，然而却又不无深刻地道出了人是以相互割裂的方式把握对象的不同特征和属性的。具体的马的形与色是不可分离的，而在人的观察认识中，形与色则是可分离的。造成这种分离现象的恰恰是由于人们对对象的认识通过了人的感官和神经生理结构的中介，而不同的感官和神经生理结构的部位对对象信息的感知和抽取分析方式必然存在普遍的差异性，从而其所获得的关于对象性质与特征的信息内容也便具有了普遍的差异性。而诸如此类的差异的认识内容只能是在不同的感官和神经生理结构的不同部位的中介中被分别建构和虚拟出来的。如果结合公孙龙关于"天下无指"、"物不可谓指"、"离坚白"的相关观点加以认识，那么我们便会更为清晰地体会到"白马非马"说的深刻之处。[①] 另外，"白马非马"说还体现了普遍范畴和特称范畴之间的差异，其中体现出的思维方式不仅深刻，而且还极富辩证思维的特色。

五　关于几个重要范畴基本含义的讨论

本来，在已有的哲学传统中客观和主观、实在和不实在（虚在）就是两组相对的范畴，客观实在也只是客观的和实在的一种组合。在传统相

---

① 邬焜：《古代哲学中的信息、系统、复杂性思想——希腊·中国·印度》，商务印书馆2010 年版，第 112 页。

关哲学的理论中用客观实在来指谓某些存在领域已是不容争议的现象，如客观唯心主义用它指谓客观精神世界（也包括上帝），唯物主义用它指谓物质世界。因为客观是与主观相对的，所以，把客观实在理解为客观的和实在的一种组合并不存在邓文所指责的什么对"'客观实在'的人为分裂"的问题。另外，邓文所指责的"客观的反题为什么不是'不客观的'，而是'主观的'"这样的问题则仅仅是一种不顾哲学常识的狡诈的诡辩。因为他并没有告诉我们"不客观"还是不是"主观"？或"不客观"在外延上是一种怎样的存在？其范围是大于，还是小于或等于"主观"？

对我用"直接存在"范畴替换称谓"客观实在"范畴、用"间接存在"范畴替换称谓"不实在（客观不实在＋主观不实在）"范畴的做法，邓文批评说，这"并不具有逻辑必然性"，而张文则批评说，这是一种语境的转换，是简单地引入中间过渡语词来指称某类对象，令人无法理解。其实，我在这里所做的范畴转换并不是一种逻辑的或语境的更新，更不曾引入什么"中间过渡语词"，而仅只是从实在和不实在的存在方式的差异和对应关系上用另外的一组"直接存在和间接存在"的范畴实现的一一对应转换。事实上，在人类认识的活动中，语言逻辑的分析并不是万能的，尤其是在存在领域分割的哲学最高范式的层面，语言逻辑分析的方法更显出它的不足。这就是，我为什么在进行了概念推演的逻辑分析之后，又把所得逻辑式的具体含义与现实世界的可能领域进行对应性分析的原因，并且通过这种对应性分析揭示了某些逻辑式的无现实指谓的性质。至于谈到对"直接存在和间接存在"范畴的理解，这并不是一个纯粹逻辑或语境的问题，而是一个与现实存在着的世界领域相对应的关系问题。因为我们现在已经认识到，我们面对的世界有三个大的存在领域：物质世界、客观信息世界和主观信息世界。如果我们从这三个世界的对应关系入手来进行范畴规定，那么我们就有理由把物质世界称为直接存在的世界，把客观信息世界称为客观间接存在的世界，把主观信息世界称为主观间接存在的世界，并且，这后两个世界则有理由统称为间接存在的世界。在现实存在的领域中，我们完全可以举出与这三个世界相对应的事物的存在形式，如，天上月、水中月（也包括场中月及其他类型的月的客观信息存在的形式）、脑中月，就分别对应着月的三种不同的存在方式：直接存在

（物质）的月、客观间接存在（客观信息）的月、主观间接存在（主观信息）的月。由此我们也可以十分清晰地明了物质和信息在存在方式上的区别，以及二者所存在的现实的对应性关系。

邓文指责说，我为了确立信息"相对独立的自在的地位"提出"信息体"的概念是要把"'信息'实体化"。其实，这是一种不负责任的望文生义。事实上，"体"可以是"实体"，也可以是"虚体"，可以是有质量的"体"，也可以是无质量的、仅只有场能效应的"体"。在这里，"体"指谓的仅只是一个系统，一个体系。在我的所有成果中都没有"信息实体"这样的提法。不仅如此，就连"物质体"、"实在体"这样的概念，在我的相关学说中也不具有"实体"的性质。因为，从亚里士多德首先开始阐释的"实体"概念，直到近代科学和现代科学中的"实体"概念都指的是有质量（重量）的实在，而旧唯物论也是以有质量的微粒（实体）作为其所揭示的"物质"世界的基本存在形式。然而，自从现代科学揭示了能量比质量具有更基本的性质之后，科学和哲学对物质世界的理解便都已经场能化和非实体化了。① 至于"实体"概念在相关文献中不严谨、不规范、多义化使用的混乱情况，则不在我们的讨论之列。

六　关于信息和载体的关系

我注意到，张文的基本内容是借用西方心灵哲学中用以解释身心关系的随附性概念来解释信息和其载体的关系，并由此得出了"信息在本体论上是一种随附性的存在"，"信息在本体论意义上具有独立性"，并且"无所不在，具有客观性"的结论。张文的这些观点我是赞成的。但是，问题的关键并不在于承认信息是一种随附性现象，因为，迄今为止还很少有人认为存在脱离载体的"裸信息"。我们需要进一步讨论的问题是，随附性的存在既然仍然是一种存在，那么，它与它所显示的对象，以及它与其载体的存在方式的本质区别是什么？我所提出的直接存在和间接存在的双重存在理论回答的正是这一层面的问题。

---

① 邬焜：《"客观实在""实体唯物伦""唯能论"与唯物论的非实体化——论列宁的"客观实在"物质观的科学价值》，《西安交通大学学报》，2004 年第 2 期，第 69—75 页。

　　然而，我并不同意张文中这样的一种说法："信息属性没有载体的相应属性，它无法存在。反之，并不成立。我们不能说载体属性必须依赖于或决定于信息属性。"

　　在自然发生学的意义上，信息对载体的随附性是通过改变载体的质—能分布的结构而实现的，这就意味着，当载体载负了特定信息的时候，它同时也便改变了自己的结构和性质。因为世界上所有的事物都是在普遍相互作用中通过结构的改变而演化生成的，所以，世界上不仅没有"裸信息"，而且也没有不载负信息的"纯载体"。在一个最一般的意义上我们有理由承认：信息决定了载体的结构，载体的结构又载负着信息；信息呈现着载体演化生成的内外关系的过程和内容，载体又是这一演化生成过程所导致的结果。另外，由于载体的结构是由信息决定的，所以，信息也规定着载体当下的性质，并同时规定着其未来演化的可能性的方式。正因为如此我才说，在任何物的结构中，都同时凝结着关于事物历史、现状和未来的三重信息。[①] 在这里，载体和信息是一种相互生成和相互规定的关系，特定的信息离不开特定载体的特定结构模式，载体的特定结构模式又由它所载负的信息所决定。这里呈现的是直接存在和间接存在的内在融合、相互生成和相互规定的不可分离的统一性关系。这也正是我创立的信息哲学所揭示的物质和信息双重存在和双重演化的全新复杂世界图景的真实韵味。

---

　　① 邬焜：《信息哲学——理论、体系、方法》，商务印书馆2005年版，第46页。

附　录

第十届《哲学分析》论坛

——"信息时代的哲学精神"学术研讨会综述

刘琅琅

（西安交通大学人文社会科学学院博士生）

由上海社会科学院《哲学分析》编辑部、西安交通大学国际信息哲学研究中心和陕西省自然辩证法研究会共同举办的题为"第十届《哲学分析》论坛：信息时代的哲学精神全国学术研讨会"于 10 月 12 日至 15 日在西安交通大学召开。来自全国的 30 多位专家学者参加了本次会议。本次会议共录取学术论文 20 篇。其中包括两篇分别由法国著名学者 Joseph E. Brenner 和丹麦著名学者 Søren Brier 提交的论文。

本次会议的内容是对西安交通大学邬焜教授创立的信息哲学的基本理论和观点进行专题讨论。参会论文和专家们的讨论针对邬焜信息哲学的整体思想或某个观点、问题进行评论、批评、商榷或比较研究。

一 对邬焜信息哲学的意义和价值
及邬焜学术品格的评价

丹麦哥本哈根商学院教授 Søren Brier 和他的中国学生周理乾通过网络连线的方式做了会议报告并参与了讨论，他们报告的题目为《具有中国特色的信息哲学？——评邬焜教授的信息哲学体系》。报告认为，邬焜教授在信息哲学领域辛勤耕耘 30 余载，其成就有目共睹。他哲学体系的独特性和运思的巧妙性令欧洲学者拍案叫奇，很多人给出了很高评价，但同时也存在着质疑的声音。报告指出，邬焜的信息哲学是依附于斯大林教科书体系的自然辩证法和中国 1980 年代思想解放相结合的产物，具有明显的"中国特色"。该哲学体系通过对存在领域的重新分割发现了被以往哲学理论所忽视的客观不实在域，他称之为信息世界。由于他所说的客观信息没有解释者，他的哲学体系中的信息与日常生活意义上的信息并不相同，因此，不是真正关于"信息"的哲学。恰当的信息理论框架应该是一个涵盖客观规律、主观意义和主体间规范的跨学科框架。所以，邬焜的信息哲学有些名不副实，但这并不影响他哲学的原创性与启发性。相信随着国际交流的进一步开展，邬焜信息哲学将会越来越有影响力。

法国国际跨学科研究中心研究员约瑟夫·布伦纳在提交的会议论文《作为信息时代精神的哲学——对邬焜信息哲学的评价》中认为，邬焜提供了一种指向科学与哲学相互融合的桥梁。信息科学和哲学不仅不是分离的，而且是在一种哲学的科学化和科学的哲学化的向度上动态地相互作用的。信息哲学可以被看成是哲学的一种根本的信息转向，反映着一种时代的信息精神。邬焜的研究对于恢复辩证法作为一种适当的哲学策略和包括社会和政治科学在内的科学策略做出了贡献。邬焜的研究构成了从整体上对现代哲学基础的崭新的和原创的必要批评。信息哲学的解释超越了现象学的解释。现象学并不具有一个自然本体论基础。信息哲学不为现象学所决定，而是相反。在信息时代的精神的术语中，一种信息现象学将既不可能也不必要。他还认为他所提出的现实逻辑理论能够为邬焜的信息哲学提供逻辑基础。

陕西省社会科学院王玉樑研究员认为马克思所倡导的治学精神是理论要彻底，而邬焜的治学特点就很好地坚持了理论的彻底性，坚持实事求是，坚持逻辑一贯。他还结合邬焜教授关于价值本质、关于马克思主义哲学的性质、关于哲学的根本转向等问题的观点对邬焜教授理论的彻底性进行了论证。

中国人民大学苗东升教授以《由邬焜信息哲学想到的》为题具体剖析和解读了具有独立特征的邬焜现象。他强调指出，中国的科学哲学是从西方引进的，学界弥散着浓厚的学术自卑感。邬焜的信息哲学是中国科学哲学界独立创建的第一个理论体系，树立了榜样。他能够坚持在信息哲学领域勤恳耕耘30余年，表现出献身学术研究的可贵精神；勇于独立探索敢于在信息哲学这篇新天地开疆拓土，表现了他的创新勇气；建立起以信息本体论、信息认识论、信息进化论、信息价值论、信息思维轮为框架的信息哲学体系表现出他较强的理论创造力。邬焜的成功还得力于西安交通大学给他的有力支持，提供必要的环境条件，形成一支队伍，我常常称之为信息哲学的邬家军。学校给学者以支持，学者给学校争光，这才是正常现象，西安交大树立了榜样。

西安石油大学副教授李国武就邬焜教授的学术品格做了报告，他认为邬焜先生之所以能创立信息哲学，与他鲜明的学术品格是分不开的。他将邬焜教授的学术特色总结为九点：思想深刻，独树一帜；顽强自学，学识渊博；哲学科学化，科学哲学化；概念创新，体系完整；勇于变革，创造力强；追求真理，献身科学；文风朴实，逻辑严密；治学严谨，独立思考；视野宽广，立论宏大。并认为邬焜在对信息哲学的研究中形成了独特的宏大视野、独思感悟、高明独断、理性思维的精神和思想风格。

二 对信息哲学理论基本观点的探讨和交锋

中国青年政治学院肖峰教授认为，邬焜先生在其建构的信息哲学体系中，主张只要承认了对世界进行物质、精神和信息的三元划分而无论认为其中谁是世界的本体，就意味着对哲学进行了全新的革命；同时邬焜还重申了"信息是物质与精神之间的中介"以及"信息是标志间接存在的范畴"等观点，这些主张和看法中存在诸多的不周延。肖峰认为，信息作为对象的"虚化"存在方式，和精神属于同一序列的存在，它并不构成一个独立的"第三类存在"，所以信息哲学并没有带来什么"全新的哲学革命"。

中国社会科学院段伟文研究员利用量子信息学的相关成果对信息哲学进行了若干方面的反思与追问。他强调说，传统哲学所坚持的哲学基本问题并不一定是基本的，高度概括的体系化信息哲学是一种封闭性的话语体系，其价值与意义值得进一步推敲。鉴于信息在认识和表征世界的同时也选择性地构造或再造着世界，信息哲学的理论起点应该是在"以信息为中介"的哲学分析的基础上构建一种整体性的"本体论—认识论"构架。

西安建筑科技大学邓波教授指出，信息本体论是邬焜信息哲学体系的基石，也是用来判断信息哲学是否带来哲学"革命性"转向的最终依据。由于哲学"教科书体系"及日丹诺夫哲学史观念的长期影响，包括邬焜在内的众多学者往往把"本体论"误认为是关于世界存在的"本原论"，把西方哲学史简单化、公式化地曲解为物质—精神二元结构的演变史。邓波认为西方本体论的产生有其深厚的西方语言与文化背景，加上它的艰深晦涩和复杂多变，给我们中国人的翻译、理解带来困难甚至误解。他通过对西方本体论传统基本观念的梳理，并以此为基准来对邬焜的信息本体论进行了较为深入的讨论，认为它不是严格意义的本体论，而是响应信息时代精神的自然哲学。以自然主义的哲学取代其信息本体论，邬焜的信息哲学体系仍然能够成立，并且能为当代哲学的发展做出思想贡献。

东华大学人文学院张怡教授认为邬焜在存在领域分割的逻辑推演中将信息定义为不实在，这虽然从逻辑推理形式上没有什么问题，但进入语义逻辑层面，就存在问题。英语中客观实在表达为 objective reality，其译为客观的实在，而在中文中可以直接译为客观实在，这就产生了语义逻辑问题。张怡认为邬焜在信息定义中引入直接存在与间接存在等术语事实上是引入了一种语境。如果不能讲清直接和间接的具体含义，特别是不能讲清间接的具体路径时，我们便无法理解间接存在在本体论上是怎么一回事。所以，邬焜关于信息的定义存在着语义逻辑问题。张怡还认为信息的存在必须依赖于载体，这种依赖性可用随附性来解释。信息的随附性特征从哲学上说明信息是一种随附性存在，不具有本体性。

空军工程大学康兰波教授认为邬焜的"存在领域分割"理论提出了一个隐含在以往哲学信条中的重大问题，即"存在＝物质＋精神"，而这恰恰是"未经证明但已被公认的一个基本信条"。邬焜的"存在领域分割"理论正是试图解决上述关涉到整个哲学基本范式的非常规科学问题。因此，他的"存在领域分割"理论具有革命性和创新性。

西安交通大学哲学系博士生邬天启结合信息世界的发现讨论了存在与哲学基本问题，他认为，邬焜对哲学基本问题进行了重新理解和反思，并把何物存在，即存在领域的分割问题凸显了哲学基本问题需要首先解决的前提性问题的高度。

三 对信息哲学的比较研究

北京邮电大学钟义信教授做了题为《从信息科学视角看〈信息哲学〉》的报告，从信息科学的视角审视信息哲学。阐释了信息—知识—智能转换的过程。钟教授回顾了我国信息科学的发展历史，介绍了信息科学的主要成果，并将之与邬焜信息哲学的相关理论进行了对照评价。钟义信认为，我国信息哲学的研究和信息科学的研究虽然几乎是独立进行的，但彼此却是和谐默契的。他从五个方面做了具体说明。第一，邬焜的信息哲学的总体风格站在哲学立场"自顶向下"地阐发信息哲学的基本观念，宏观而大气磅礴，涵盖了本体论、认识论、进化论、价值论、思维论等纲目；信息科学的研究则微观而深入，研究了信息的基本概念、度量方法、运动规律，以及人工智能统一理论和高等人工智能理论。两者分别独立地回答了诸如"信息是什么"和"什么是信息的运动规律"等基本问题，彼此相通，互相印证。第二，邬焜信息哲学对存在领域进行了全新分割，得出了"存在＝物质＋信息"的新结论，这和信息科学认定的"信息是一种普遍的存在，存在于自然界，存在于人类社会和人的精神领域"自发地与"存在＝物质＋信息"的分割方式达成了天然默契。第三，邬焜关于信息本质的定义"物质存在方式和状态的自身显示"与信息科学将本体论信息定义为"事物呈现的运动状态及其变化方式"虽然文字表达风格不同，但在实质上互相等效。第四，邬焜信息哲学认识论中的"信息层次分析"理论和信息科学的"信息转换原理"一个阐明了信息认识论的宏观原则，一个挖掘了信息转换的深刻机理，两者相向而行，殊途同归。第五，信息哲学将信息作为认识主客体之间的中介，消除了传统哲学中主客体之间相互作用的神秘感，而信息科学中的"信息转换定律"通过对信息转换具体过程的系统分析，实现了认识论中"中介"作用的科学化和技术化。

西安交通大学哲学系副教授王有腔比较了波普尔和邬焜的世界划分理论。他指出，波普尔在传统世界——物质（世界1）和精神（世界2）二分的基础上增加了世界3（客观知识）。邬焜在传统世界划分（物质和精神）的基础上，提出了一个物质世界和三个信息世界（客观信息、主观信息、社会文化信息）的理论。比较二人在此方面的观点，波普尔的世界3难以独立自存，借用邬焜对存在领域分割的方法和理论，知识可以归入社会文化信息的范围。它既是主体精神的外化结果，也是客观存在的现象，同时又内在凝结、蕴含着主体的精神和思想，呈现复杂性特征。

西安交通大学哲学系博士生王健对法国学者西蒙栋（Gilbert Simondon）和邬焜的信息哲学进行了比较研究。他指出：西蒙栋和邬焜作为法国和中国信息哲学的奠基人物，各自建立了卓有创见的信息存在论思想。他们都从对"作为实在的存在"探究入手，对哲学基本问题和控制论中的信息观念进行了相异志趣的批评和发展，分别描绘了事物生成和世界图景的崭新面相。在"自然化"的方向上，相比于西蒙栋，邬焜更为明确地规定了信息的本质，揭示了信息的丰富特性，同时也深刻揭示了，基于信息存在论，哲学观念的变革并不仅仅体现在西蒙栋所提出的知识观上，而且还更根本地发生在整个哲学体系乃至哲学史的发展之中。

西安交通大学哲学系博士生李乖宁从符号与信息的角度，对信息哲学和技术哲学进行了比较。她认为美国技术哲学家阿尔伯特·伯格曼先生与我国信息哲学的代表邬焜教授的不同的实在论思想反映了符号与信息作为不同的哲学要素的区别与联系。伯格曼先生把符号作为连接物质与社会生活和精神世界的桥梁，邬焜教授把标志间接存在领域的"客观信息"视为物质世界和精神世界之间的纽带。但是，在信息形态的划分上，符号与信息的关系中以及信息的价值论方面，二者分别所代表的技术哲学和信息哲学泾渭分明，伯格曼先生的信息观是从信息伦理的角度所展开的技术哲学思想，具有鲜明的批判性和反思性；邬焜先生的信息哲学思想，具备了新的理论视野和宏大的理论空间。从长远来看，信息哲学的发展在大力推动技术哲学发展的同时，将促成哲学基本观念的变革。

西安交通大学哲学系本科生董思伽在《信息哲学作为一种新兴哲学能否解决现代西方哲学危机》的报告中认为，可以从三个方面考察信息哲学是否能够为走出现代西方哲学的危机提供契机：信息哲学是建立在庞大知识基础和生活实践上的吗？信息哲学的理论精髓形成了系统化的知识吗？信息哲学可以做到贯通生活实际，让人把握哲学本身之所在吗？她认为对于前两个问题信息哲学都能给出肯定的答案，但对于第三个问题信息哲学仍未能通透实际，但因为信息哲学提出的新的存在领域的划分方式所具有的优越性，信息哲学已经具有了引领哲学走出危机的希望。

四　信息哲学的扩展性研究

西安交通大学哲学系博士生南琼通过信息由自在到自为再到再生形态的演化机制的阐释，对时空行为的次第展开进行了考察，并由此揭示了时空在不同信息层级上的具体内涵、样态，以及作为自在、自为和再生的信息时空样态所具有的内在统一关系。她还基于此种主客统一的时空观，对线性和循环的，以及现代系统科学中的复杂性时空观进行了具体评析。

西安交通大学哲学系博士生毕琳从人类信息活动方式和人类社会发展的历史关系的角度，探讨了当前信息技术对人们的交往模式和信息社会形成的作用。认为不同时代的信息传播工具既反映了当时的社会交往需求，又限定了当时交往模式的种类和范围，这是一种双重进化的过程，在这个进化过程中依次产生了农业文明、工业文明、信息文明。

西安交通大学哲学系博士生王亮从邬焜教授关于信息的定义中引申出物质与信息之间的密切关系，进而从理论上探讨了信息的复杂性问题。他指出，物质系统作为一个统一的整体，其无限多样的要素、丰富的结构和无限的环境互相影响，深刻地体现了物质系统的复杂性，同时也决定了作为物质存在方式和状态的自身显示的信息的复杂性。

西安交通大学哲学系博士生冯洁认为，人类历史上的医学模式都是以疾病的诊断和治疗为核心的模式。信息哲学提出的物质和信息双重存在的理论将可能引导医学模式从疾病医学型向健康医学型转变。

五　邬焜教授的回应

邬焜首先对《哲学分析》杂志社提供了这个机会对大家感兴趣的信息哲学问题进行讨论，以及各位专家的积极参与表示感谢。他指出信息哲学是一个全新开拓的领域，学者们从不同视角进行解读、争鸣是难免的。此次会议将不同意见的学者聚集在一起，就是要进行对话和交锋。

　　邬焜教授认为自他提出信息哲学以来受到的批评大致来自两个方面。一是教条式的传统唯物主义哲学的方面，他们认为客观的就是物质的，提出客观信息就是要用信息代替物质，就是违背了马克思主义哲学的基本原理；二是来自西方当代意识哲学，尤其是现象学的方面，他们同样坚持信息的主观性意义，否定存在客观信息。

　　关于本体论的问题，他认为我们不一定非得认为自然背后的那个东西才是本体。我们完全可以把自然本身就看作是本体，看作是存在，并由此确定自然本身、物质世界、人、人的精神、人的社会在世界本体，或在存在论上的地位。其实，在西方哲学史上，本体论本身也有不同的进路。古希腊的本体论也不都是探讨自然背后的东西，本体本身就可以有多重解读，存在问题也可以有多重解读。我们把存在规定为有，这就足够了。信息哲学的本体论指的是信息在存在中的地位，这就是信息本体论，并不是说信息是第一性的、排他性的存在。

　　邬焜认为在将存在分为直接存在和间接存在的层面，逻辑的分析失效了，因为这是对存在的最高层次的划分，这种划分不是从逻辑推出的（也不可能从逻辑推出），而是从现实事物的不同存在方式的对应关系中给出的。信息哲学中关于存在领域的分割是为了解构传统哲学用客观实在代替客观世界的模式。恩格斯所说的哲学基本问题的具体解读首先需要确定一个前提性问题——存在领域的划分。只有确定了不同的存在域才能谈及不同域之间的关系，所以，存在领域的划分才是哲学的最高范式，只有在这一层面发生的变革才是哲学的根本变革。西方后现代哲学的反体系思路是不可取的，按照系统科学的观点，所有的概念和理论，只有在特定的系统关系中（或特定的语境中）才能够获得规定和理解。没有体系的哲学仅仅是某些支离破碎的个别意见而已，根本无法引领整体哲学的进步和发展。

　　关于本体论和认识论统一的问题，邬焜认为正是因为在物质和精神之间有了客观不实在的信息作为中介，才有了主客体间没有直接接触的认识论前提，然后再产生多级中介的理论，以及在中介中建构、虚拟的理论，这才是信息哲学认识论的理论结构。由此进而上升到对人类生产和实践的信息化全新解读方式。所以，在信息哲学中，本体论、认识论、演化论、实践论、价值论是统一的。不承认客观信息的存在，仅仅局限于解释者或主观意义的层面是根本无法建立所谓的"客观规律、主观意义和主体间规范的跨学科框架"。哲学的思维就是要超越日常经验理解的狭隘性，否则它便不可能是一种真正的哲学。

邬焜谈道，诚如钟义信先生所指出的那样，中国的信息科学和信息哲学的研究在两个不同的进路上得出了许多基本的不谋而合的结论，殊途同归，这是可喜的现象。它充分展示了信息世界本身同时具有的科学品格和哲学韵味。

信息哲学承认信息必须有相应的载体所载负，如张怡先生所说它是一种随附性的存在。但是这其中有三个问题：这种随附性的存在还是不是存在？借助于载体而存在的信息能否简单归结为载体本身？如果不能简单归结，那么它的存在方式与载体的存在方式的区别何在？只有对这三个问题作出了合理解释，我们才可能看到信息既随附于载体，又可以转换载体，并具有自身独立存在的意义和价值的复杂性特征。

西方意识哲学走到今天，有一个基本的路径和方向。胡塞尔开创的现象学将整个世界看作是意向的活动和构造，并以此模式来解读一切；到后来，梅洛庞蒂将现象学悬置的身体首先解放了；再往后，海德格尔将悬置的"存在"问题开始解放，但没有彻底解放。海德格尔主要强调了人的"此在"的"存在者"地位。其实，世界本身就是存在者，并没有一个作为"存在"的存在者，存在只不过是我们观念中的抽象，存在者也就是存在，存在就是存在者，它就是一个过程。真正的哲学应当从人的世界走向自然，把胡塞尔悬置的一切重新找回，建立一个人和自然，物质、信息和精神相统一的全新哲学，这样的哲学才可能为当代信息生态文明提供合理的哲学基础。

《哲学分析》编辑部成素梅研究员对此次论坛进行了总结。她认为此次论坛体现了国际性，既有国外的专家通过国际连线的形式参与讨论，也有将邬焜教授的思想放到国际哲学界的视野中做比较性研究。并通过将中国的学术思想和国际学术思想的比较、对话彰显了我们自己的学术特征和活力。此次会议跨学科的视野得到了跨学科的交流，与会代表不仅有哲学家，还有科学家，这使得会议的讨论既有科学的底蕴，又有哲学的视野。此次讨论体现了老中青的结合，与会代表既有老一辈的学者，又有中年一代学者，更有青年一代的研究生、本科生。此次会议体现了观念的传承、扩展、交锋，会议讨论的内容既有对邬焜教授学术思想的继承，又有基于他的信息哲学对其他领域的解读，还有对信息哲学理论的质疑、交锋。最后，成素梅研究员代表《哲学分析》杂志社表达了对邬焜教授及其团队的感谢，并对与会专家为此次会议贡献自己的智慧表示感谢。